Asesinos Seriales: La Colección Definitiva

Biografías y crímenes reales de: Ted Bundy, Jeffrey Dahmer, El Asesino Del Zodíaco, Jack El Destripador, Richard Ramirez, Edmund Kemper, Manson, y más

Charles Clark

ÍNDICE

Capítulo uno

Ted Bundy

A través de la historia, han vivido hombres perversos, algunos de ellos tuvieron éxito, otros no. No importa cuán duro la sociedad lo intente, no es posible erradicar completamente el crimen y la maldad. Incluso es aún más difícil comprender el hecho de que todos estos asesinos y violadores alguna vez hayan sido niños ordinarios y normales. En algún punto de sus vidas, ya sea resultado de abusos o de injusticias, el amor por infligir dolor en en la humanidad ha creado y por consiguiente gestado su entrada al mundo del crimen. Un hombre particularmente malvado fue Ted Bundy.

Durante la década de los años 70, la sociedad estaba siendo aterrorizada por las travesuras de Ted Bundy. Asesino, violador, secuestrador, ladrón, y necrófilo eran algunas de las muchas palabras que los medios de comunicación utilizaban habitualmente para describir a Ted buscando advertir a las mujeres de los Estados Unidos mantenerse alejadas de la maldad innata de este hombre. Sin embargo, el mal no prevalecerá, y Ted sería eventualmente capturado y ejecutado en la silla eléctrica.

Poco antes de su muerte, Ted tuvo una profesión religiosa, cortesía del Dr. James Dobson de ayudar al hombre que nadie el mundo se hubiese preocupado en ayudar. Sobre su muerte, se descubrió que Ted había asesinado a alrededor de 30 mujeres en crímenes que abarcaban siete estados de los Estados Unidos. La vida de Ted Bundy no sirvió a ningún otro propósito que al egoísmo dentro de sí mismo. Mientras que encontrar algo de bondad en la vida de Ted bundy es una tarea sumamente complicada, su vida sirve como ejemplo de que una vida de maldad será finalmente descubierta. No hay manera alguna en que huir y esconderse pueda ocultar a uno de las eventuales consecuencias de infligir daño a la humanidad. La vida de Ted Bundy, es un recordatorio para la sociedad de que servir y amar a la humanidad nos lleva a vivir mejor nuestras vidas.

Ted Bundy nació bajo el nombre de Theodore Robert Cowell en Burlington, Vermont. Hijo de Eleanor Louise Cowell el 24 de Noviembre de 1946. La ausencia más notable en la vida de Ted fue la de su padre. Desafortunadamente, Ted jamás llegaría a conocer a su padre. Mientras que su certificado de nacimiento pone que es hijo de un veterano de la fuerza aérea empleado como vendedor llamado Lloyd Marshall, su madre Louise sostuvo siempre que su padre biológico era un soldado de nombre Jack Worthington. Este rumor fue desaprobado más tarde cuando la hermana de Louise reveló que en realidad Louise había sido violada por su propio padre y por consiguiente de allí nació Ted. Aunque ninguno de estos rumores pueden ser probados con certeza, los historiadores encontraron evidencia que vincula el nacimiento de Ted con la violación de su madre.

Pese a todo esto, Ted jamás habría conocido a ninguno de estos hombres a lo largo de su vida. Tras su nacimiento, Ted fue puesto en custodia de sus abuelos debido a la incapacidad de su madre para cuidar de él. Con lo cual, en los tres primeros años de vida de Ted, habría residido en un dúplex en Filadelfia con sus abuelos. Durante la época en la que Ted había nacido, los estándares sociales retenían a las personas nacidas fuera de matrimonio en juicio, un aspecto que los abuelos de Ted pensaron sería un alivio ya que esto les permitirá tenerlo con ellos hasta que fuera mayor. Sus abuelos llevaron tan lejos el querer protegerlo de los estatutos judiciales que, les dijeron a todos, incluso al propio Ted, que ellos eran sus verdaderos padres y que su madre biológica era en realidad su hermana. Este engaño encaminó a Ted a una vida cotidiana muy rara durante su juventud. Sin embargo, ellos no podrían ocultarle la verdad a Ted por siempre y pronto el descubrió que toda su familia estaba implicada en la mentira. Para Ted, la revelación del engaño de su familia fue algo muy shockeante. Un día, luego de haber estado jugando con su primo, éste se refirió a Ted como un "bastardo", lo cual originó que Ted comenzara a preguntarle el por qué del origen de este insulto. Su primo procedió a mostrarle una copia de su certificado de nacimiento en el cual, quien Ted había creído siempre que era su hermana, figuraba como su madre biológica. Esta revelación condujo a una incomodidad incluso mayor en el núcleo familiar y la vida hogareña y Ted jamás perdonó a su madre por haberlo negado como su propio hijo. Los psiquiatras que analizaban de qué manera Ted se inició en su vida como criminal, señalaron este momento como el punto clave que alimentó su deseo de aceptación y sometimiento de una mujer. Sin embargo, en este punto Ted aún estaba a años de lejanía de su vida como criminal.

A pesar de odiar a su madre por su aparente repudio, Ted amaba mucho a sus abuelos, declarando a menudo que su abuelo era su persona favorita con la cual hablar. Si bien sus abuelos tuvieron gran parte de responsabilidad en las mentiras durante su niñez, Ted había recibido una vida un tanto más estructurada de su parte. Sin embargo, el amor y el respeto de Ted por su abuelo no era para nada saludable debido a sus opiniones sexistas y relaciones interraciales. A menudo, su abuelo exponía su odio por cualquier otra raza que no sea caucásica y golpeó a su abuela en reiteradas ocasiones. A Ted nunca nadie le dijo que en realidad su abuelo fue quien violó a su madre, lo cual dió como resultado su nacimiento.

Las autoridades locales también se cuestionaron si el abuelo de Ted no sufría de algún tipo de posesión demoníaca, citando que a menudo solía hablar violentamente con personas que eran invisibles para todos excepto para él. Una vez, su abuelo incluso tiró a su propia hija Julia por las escaleras por quedarse durmiendo hasta tarde. Con un núcleo familiar fomentado por el odio y la falta de respeto mutuo, Ted no tenía noción de ningún tipo de respeto hacia la humanidad. Tristemente, estos abusos verbales y físicos constantes fueron la base de su maldad.

Ted comenzó a mostrar señales alarmantes a la temprana edad de tres años. Una vez, Ted juntó todos los cuchillos que encontró en la cocina y rodeó a su tía Julia con ellos mientras dormía. Cuando Julia despertó, Ted estaba parado tímidamente junto al círculo de cuchillos, riéndo mecánicamente. Desafortunadamente el niño nunca fue disciplinado por sus comportamientos. A menudo, El abuelo de Ted solía reír ante las travesuras alarmantes de su nieto. Aunque la familia no lo veía en aquel momento, ellos estaban criando y alentando a un hombre que en un futuro infligiría tristeza y crímenes horrendos a una incontable cantidad de familias Norteamericanas.

Poco después de que Ted cumpliera cuatro años, su madre demostró su volatilidad y cambió el apellido de su pequeñas familia de Cowell a Nelson. Adicionalmente, Louise se fue de la casa de su padre y se mudó a Tacoma, Washington, en donde ella y Ted vivían con su primo Alan Scott y su esposa Jane. Siguiendo el movimiento de su familia, Louise conoció a un cocinero en el hospital en el cual trabajaba, un hombre llamado Johnny Bundy. Ellos empezaron a verse y poco después, se casaron. Johnny parecía poner mucho empeño en incluir a Ted en los asuntos familiares e incluso lo adoptó como su hijo legalmente. Sin embargo, Ted jamás dejó que Johnny pudiera romper esa barrera que él había instalado en torno a cada una de las relaciones de su vida personal. Ted había sido abusado psicológicamente en demasía y sus instintos ya estaban permanentemente estropeados. En los años seguidos al casamiento de su madre con Johnny, Ted había recibido cuatro hermanos venidos de ese matrimonio.

Más tarde, Ted le había remarcado a su novia que él encontraba a Johnny "un poco mal de la cabeza" y "No ganaba mucho dinero." Mientras que Johnny intentaba darle un hogar a Ted, Ted habría rechazado constantemente ese hogar hasta que Johnny dejó de intentar ser su padre. Por el resto de sus años de primaria, el residió en la ciudad de Tacoma. Cuando inició su transición a la escuela secundaria, hubo un cambio muy marcado en sus hábitos personales. Ted se volvió aún más callado y raramente asistía a eventos sociales. Aunque en el colegio era conocido por ser un chico gracioso y ruidoso, su comportamiento cambiaba drásticamente apenas volvía a casa. Junto con haberse vuelto más abstraído, Ted quedó absorto en la pornografía y a menudo solía revolver la basura de sus vecinos buscando cualquier tipo de fotografías que incluyeran contenido pornográfico. En suma, Ted reveló que durante esta época, él se había enamorado ciegamente de todos aquellos crímenes que eran de una naturaleza particularmente gráfica. Sus hábitos de lectura regulares involucraban libros centrados en crímenes sexuales o que contenían fotografías de cuerpos destrozados o decapitados.

Además de leer notas pornográficas, Ted comenzó a beber en su adolescencia, en ocasiones emborrachándose hasta quedar inmóvil. Ted también comenzó a espiar las casas de sus vecinos anhelando, tener algún vislumbramiento de una mujer quitándose su ropa o de otros actos sexuales.

La vida de Ted comenzó a volcarse a un comportamiento oscuro y se sentía a menudo insatisfecho a menos que pudiera leer sus novelas gráficas o ver pornografía diariamente. Mientras los días de la vida personal de Ted fueron oscuros, los efectos de su visión depresiva y retorcida de la vida culminarían en el daño y la muerte de otros.

Mientras su vida en sus años de estudiante secundario comenzó a girar en torno al sexo y al alcohol, aún disfrutaba de otra menos horripilante actividad: esquiar. En ocasiones, Ted falsificaba tickets de un resort de esquí local y usaba el equipo que había robado de su colegio. Los compañeros de colegio de Ted de la secundaria Woodword Wilson recuerdan que Ted era un compañero brillante "popular y querido." Sin embargo, el recuerdo de Ted de su escuela era diametralmente opuesto. "No sabía qué era lo que hacía que las personas quieran tener amigos" recuerda Ted. "No sabía cuál era el trasfondo de las interacciones sociales." Pese a su sensación de incomodidad, Ted mantuvo un aura de confianza, un aura que se vería truncada por sus crímenes futuros. Mantuvo un prontuario policial relativamente limpio durante sus años de estudiante secundario. Fue arrestado dos veces como sospechoso de hurto y robo de autos, sus años de secundaria estuvieron lejos de ser perfectos. Sin embargo, sus crímenes no dieron signos de advertencia a las autoridades locales y, como es costumbre en Washington, su historial criminal fue eliminado cuando cumplió 18 años de edad. Hasta ahora, Ted era un hombre corriente sin ningún signo de intenciones criminales.

En 1965, Ted se graduó de la secundaria Woodrow Wilson y comenzó sus estudios en la Universidad de Puget Sound. Sin embargo, el propósito de Ted era simplemente aclimatarse a la universidad para un año después, cambiarse a la Universidad de Washington con la intención de estudiar Chino. Ted comenzó la segunda relación de su vida mientras era estudiante de segundo año en la Universidad de Washington, su novia, una compañera de clase que recibió varios nombres en las diversas cuentas de los años de universitario de Ted Bundy. Mientras que casi todos los libros contenían diferentes nombres para la mujer, el nombre más común que se recuerda fue Stephanie Brooks. Sin embargo, la relación con Brooks no fue suficiente para mantener a Ted en la universidad y poco después del comienzo del semestre de primavera en 1968, Ted abandonó la universidad. Mientras se mantuvo relacionado con Brooks, Ted tuvo varios trabajos en el área local. Adicionalmente, Ted comenzó a mostrar interés en la política y se convirtió en un voluntario clave para la campaña presidencial de Nelson Rockefeller. Ted se volvió tan instrumental en la campaña que fue enviado a la Convención Nacional Republicana de 1968 como delegado de la campaña Rockefeller. Este logro en su vida creó un contraste con el hombre en el que Ted eventualmente se convertiría.

Pese al aparente interés de Ted en las cualidades profesionales, Brooks comenzó a sentirse infeliz con el nivel de inmadurez que él poseía y pronto terminó con la relación. Años más tarde, Dorothy Lewis, una psiquiatra cercana a Ted describió esto como "el punto de inflexión en su desarrollo" como criminal.

Siendo rechazado ahora por dos mujeres, la mirada de Ted ante la vida, así oscura como ya de por sí era, pronto aún más nublada, lo sumió más y más profundamente en la depresión. Ted se sintió profundamente destrozado a causa de la ruptura y huyó de sus responsabilidades dentro del área de Washington. Haciendo paradas ocasionales en el camino para visitar a su familia, Ted continuó emigrando al Este antes de anotarse en la Universidad de Temple por un semestre.

Durante estos días de rechazo, la angustia de Ted aumentó aún más al visitar la oficina de registros de Filadelfia y encontrar su certificado de nacimiento, un recordatorio constante de que el rechazo en su vida comenzó en la etapa más temprana posible.

Luego de un corto período en la Universidad de Temple, Ted regresó a su vida en Washington y entabló relación con una nueva chica, Elizabeth Kloepfer. Esta relación, a pesar de ser cualquier cosa menos consistente, habría continuado durante toda su vida e incluso durante su corta sentencia en prisión, la cual precedió a su muerte. Kloepfer era una secretaria de Utah recientemente divorciada. Por el resto de su vida, Ted y Kloepfer romperían y recomenzarían su relación continuamente. De regreso en Washington, Ted re enfocó su vida y estaba listo para abrazar los rigores y responsabilidades de una educación colegial. Luego de reincorporarse a la Universidad de Washington, Ted cambió su curso de Chino a Psicología, un tema en el cual era extrañamente competente. Ted se eximió en sus estudios y se volvió el estudiante favorito entre sus profesores debido a su duro trabajo y a su verdadero genio en psicología. Durante su primer año de regreso como como estudiante universitario, Ted comenzó a trabajar como empleado en la Línea Directa Del Centro De Crisis Suicidas de Seattle y comenzó a trabajar sentado junto a Ann Rule. La disposición de estos asientos algún día sería vital ya que Ann testificaría a su favor.

En su libro escrito tras su cremación, El Extraño Junto A Mí, Ann narra cuán "amable, solícito y empático" era Ted, completamente opuesto a su eventual imágen pública siguiendo su vida como criminal. En 1972, Ted se graduó de sus cursos en la Universidad de Washington y comenzó su primer trabajo fuera del colegio como asesor de campaña para el gobernador Daniel J. Evans. Ted demostró ser particularmente crucial en esta carrera debido a su apariencia juvenil. Con cara de de colegial inocente, Ted fue como estudiante encubierto a trabajar para el jefe de la oposición de Evans, Albert Rosellini. Trabajando para Rosellini, Ted fue capaz de proveer piezas de grabaciones del discurso de Rosellini a la campaña de Evans, lo que le permitió a Evans trabajar en su refutación incluso antes de que el propio Rosellini diera su discurso. La artimaña funcionó y Evans fue capaz de ganar su campaña. Con Evans continuando su mandato como gobernador, Ted comenzó un nuevo trabajo como asistente del presidente del partido republicano del Estado de Washington. El nuevo empleador de Ted pensó mucho en él y notó que era "inteligente, agresivo, y un creyente del sistema." Deseando su nueva carrera dentro de la política, Ted aplicó para entrar en la Universidad de Utah para obtener un título de abogado.

A pesar de su pobre actuación en el LSAT, Ted logró entrar y comenzar sus días como estudiante en la Universidad de Utah. Como estudiante en busca de su título de abogado, Ted comenzó a recibir varias oportunidades para adquirir un valioso liderazgo por su futuro potencial en la política. Durante una de estas oportunidades, sus viajes lo llevaron a California dónde se sorprendió de encontrar a su ex novia Brooks. Al mismo tiempo, Ted y Kloepfer seguían frecuentando pero ni Brooks ni Kloepfer eran conscientes de que Ted estaba viendo a otra mujer.

Brooks estaba impresionada por la transformación del estilo de vida de Ted, aparentemente había dejado de ser un hombre pesimista e inmaduro, para convertirse en uno preocupado por el bienestar de los demás. Brooks y Ted comenzaron a verse nuevamente, quedando Ted con dos novias en dos estados diferentes. Ted continuó su escolaridad y fue oficialmente matriculado en la escuela de leyes UPS en 1973. A lo largo de esto,

Brooks continuó viéndose con Ted e incluso comenzaron a hablar de casamiento. Durante una reunión con Davis, Ted incluso presentó a Brooks como su prometida.

Sin embargo, una disputa desconocida causó que Ted cesara todo tipo de comunicación con Brooks en el primer mes de 1974. Durante todo un mes, Ted se rehusó a contestar varias cartas y llamadas de Brooks. Luego de un mes de no tener contacto, Brooks pudo finalmente ponerse en contacto con Ted, demandando inmediatamente una respuesta a su negativa de ponerse en contacto con ella mientras a su vez le imploraba que le explique por qué su relación terminó tan repentinamente. Sin mostrar ningún tipo de emoción, Ted le contestó "Stephanie, No tengo idea de qué hablas." Con eso, Ted colgó el teléfono sin decir una sola palabra más y nunca más volvió a hablar con Brooks. Luego de la llamada telefónico, Ted le confesó a un amigo que él salía con ella porque "Sólo quería probarme a mí mismo que podía hacer que se case conmigo." Más tarde, Brooks alegó que Ted había salido con ella durante esos meses sin ninguna intención de casarse, sino que había planeado todo con el único fin de vengarse por haberlo dejado hace cinco años. Sin embargo, había mucho más detrás que una simple venganza. Ted había cambiado desde los años en los que se veía con Brooks hasta ahora, ya no habría vuelta atrás.

Al mismo tiempo de la ruptura entre Ted y Brooks, Ted había empezado a saltarse sus clases de leyes en la UPS. Lo que una vez había sido una prometedora carrera como político y un posible desvío de su camino hacia una vida de crimen ahora era una simple reflexión. Sólo cuatro meses más tarde, Ted habría abandonado completamente sus estudios y vuelto a su vida de reclusión. Alrededor del tiempo en que Ted había dejado de Estudiar, las mujeres del área comenzaron a desaparecer misteriosamente. Una a una, mujeres jóvenes de la zona habrían comenzado a desaparecer, sin que sus cuerpos hayan podido ser encontrados tras meses de haber desaparecido. Desafortunadamente, esto no era coincidencia. Ted Bundy había entrado de lleno en su vida como criminal, para nunca más regresar a su vida de civil inocente. La vida criminal de Ted Bundy definitivamente no tenía un punto de inicio determinado.

Tras su encarcelamiento, Ted reveló muchos otros crímenes a reporteros y periodistas pero nunca pudo confirmar en qué momento tuvo lugar su primer crimen, posiblemente debido a su incapacidad para recordar el crimen. Las autoridades locales sostienen que el primer asesinato de Ted probablemente haya sido a sus 14 años de edad. Siendo un mero estudiante secundario, Ted secuestró a una niña de 8 años de edad llamada Ann Marie Burr antes de asesinarla y deshacerse de su cuerpo. Aunque Ted habría negado estas declaraciones hasta el día de su muerte, hay evidencias que ponen a Ted en la escena del crimen. El primer secuestro que Ted confesó tuvo lugar en Ocean City, New Jersey en 1969 cuando secuestró a una joven niña. Sin embargo, Ted nunca tuvo intenciones de asesinar a la joven, lo que llevó a su liberación poco después del rapto. El primer asesinato que Ted confesó tuvo lugar en 1969 después de haber roto con Brooks por primera vez. Dos mujeres en Atlantic City fueron encontradas sin vida, víctimas de la inseguridad de Ted como hombre. El primer crimen documentado de Ted tuvo lugar en 1974 cuando ted asesinó a una joven autoestopista sin ningún motivo. Parte de la naturaleza inconclusa de los asesinatos de Ted fue su habilidad para dejar la menor cantidad de evidencias en la escena como fuera posible. Con Ted dejando muy poca o ninguna evidencia en cada escena del crimen, las autoridades estaban perplejas sobre a quién estaban buscando. Lo único que existía eran rumores relacionados con un hombre que conducía un escarabajo VW, nada más. Durante sus primeros días como asesino, los crímenes de Ted jamás pudieron ser relacionados con él.

La naturaleza única de cada crimen llevó a las autoridades a creer que buscaban a un criminal diferente para cada caso. Sin embargo, Ted comenzó a cometer sus crímenes de modo más consistente y en una zona demográfica similar en 1974, llevando a las autoridades a preguntarse si los crímenes podrían estar relacionados. Pronto, el mundo tendría el primer vislumbramiento de un hombre que asumiría seis alias, todos por la misma causa: liberarlo de sus crímenes.

El mismo día en que Ted rompió con Brooks, él irrumpió en el sótano de Karen Sparks, una compañera de la Universidad de Washington. Ted comenzó su ataque golpeando a la mujer hasta dejarla completamente inconsciente antes de atacarla sexualmente y golpearla aún más. Sparks había sobrevivido al incidente, quedando permanentemente dañada física y psicológicamente.

Poco después de un mes, Ted irrumpiría en el sótano de otra joven, Lunda Ann Healy, a quien también golpeó hasta dejarla inconsciente. Sin embargo esta vez, Ted decidió vestir a Healy con ropa casual antes de llevarla a una ubicación no revelada. Crímenes similares éste comenzaron a apilarse a lo largo de la Costa Oeste, desconcertando a la policía al comenzar a encontrar mujeres muertas o, en ocasiones, no encontrar ningún cuerpo en absoluto. Durante los primeros seis meses de 1974, Ted secuestró y atacó al menos a una mujer por mes, junto a otros crímenes sin resolver en la región.

Durante el mes de Marzo, Ted decidió asaltar a una chica de 19 años de edad, Donna Manson, una estudiante de música del Colegio de Música del Estado de Evergreen. Por motivos desconocidos, Ted secuestró a Manson antes de asesinarla y deshacerse de sus restos, los cuales nunca fueron encontrados. En Abril del mismo año, Ted secuestró a Susan Elaine Rancourt, una estudiante de 17 años inscripta en un colegio que se encontraba a alrededor de 100 millas de donde Ted vivía en aquel entonces. Mientras sus asesinatos se volvían una rutina para él, el asesinato de Rancourt le había dado más de lo que buscaba: Una imagen pública.

Poco después de haber reportado a Rancourt como desaparecida, dos de sus amigos se acercaron a un guardia de seguridad y dijeron haber visto a un hombre, con una férula en un brazo, que le había pedido ayuda a Rancourt para recoger sus libros del suelo y meterlos dentro de su escarabajo VW. Sin embargo, las autoridades solo tenían una vaga idea del hombre al que estaban buscando. Desafortunadamente, hubo muchísimos asesinatos hasta que las autoridades supieran con precisión a quién estaban buscando.

Debido a la sistemática y original naturaleza de las desapariciones de estas jóvenes, las autoridades locales en la zona de Washington, específicamente Seattle y King County, comenzaron a levantar sospechas acerca de las causas de dichas desapariciones. La preocupación comenzó a incrementarse, y las mujeres comenzaron a ser advertidas de aumentar su seguridad personal si iban a salir solas, o incluso en parejas. Las autoridades rastrillaron las áreas en donde ocurrieron los secuestros de estas mujeres en busca de alguna pista, pero no obtuvieron nada. Cuando compararon a las mujeres que habían sido abducidas, encontraron ciertas similitudes entre todas ellas, y todas eran: Caucásicas, jovenes, bonitas, y todas tenían el pelo peinado con un raya en medio. El intento de sacar conclusiones de un área en común tan pequeña tenía a las autoridades frustradas y a las mujeres aterrorizadas. Las desapariciones continuaron con el secuestro de Brenda Carol Ball el 1 de Junio del mismo año. Brenda era la mayor de las víctimas de Ted hasta la fecha, tenía 22 años, poniéndola dentro del rango de edades al que aparentemente Ted apuntaba. Una vez más, las mujeres que vieron a Ball momentos antes de su desaparición reportaron haber visto a un hombre de cabello castaño con un brazo roto hablando con Ball antes de su secuestro. Apenas diez días más tarde, Georgann Hawkins fue reportada desaparecida, su última ubicación conocida fue en un callejón cercano a su fraternidad. Con las fuerzas policiales ya puestas al límite, la fuerza envió a cinco de sus mejores detectives de homicidios a observar cada pulgada del callejón en busca de pruebas. Los hombres volvieron con las manos vacías. Sin ninguna evidencia con la cual continuar su búsqueda, las autoridades llevaron el caso a los medios con el fin de encontrar personas que puedan aportar datos sobre las desapariciones. Este método probó ser el más fructífero a la hora de cosechar evidencias ya que las mujeres comenzaron a proveer historias que corroboraron los testimonios de las demás testigos. A través de las historias, las autoridades fueron capaces de determinar que su sospechoso era un hombre de mediana edad, de cabello castaño que manejaba un escarabajo VW amarillo pastel.

Mientras las autoridades estaban ocupadas determinando la apariencia de su sospechoso, Ted era empleado del Departamento de Servicios de Emergencia, una agencia especializada en encontrar pistas sobre el paradero de mujeres secuestradas o desaparecidas. La interacción con estas oficinas le dió a Ted la información adecuada para saber si las autoridades se estaban acercando a él, y también dándole la oportunidad de desviar a los investigadores de cualquier pista pertinente que pudieran tener. Mientras fue empleado en esta agencia, Ted se involucró en un romance con Carole Ann Boone, una mujer divorciada que luchaba para criar sola a sus dos hijos. Empezaron a frecuentar poco después de eso, consumando así una relación que sería clave en sus últimos meses como criminal. Por aquel entonces, el secuestro de las seis mujeres junto con la golpiza de Sparks era un tema consistente en los periódicos locales y nacionales. Todas las mujeres de los Estados Unidos comenzaron a sospechar de cualquier extraño y la cantidad de autoestopistas femeninas disminuyó considerablemente. Las autoridades locales estaban bajo un serio escrutinio ya que la gente demandaba que este asesino y violador debería ser llevado a la justicia. Sin embargo, el profesionalismo de Ted en sus crímenes los inhibió grandiosamente. Con poca evidencia para continuar, tenían apenas lo suficiente como para abrir un caso además de la pequeña descripción de Ted que sus hombres tenían. Adicionalmente, las evidencias que las autoridades poseían no estaban siendo reveladas públicamente con la esperanza de que Ted se volviera descuidado y demasiado confiado. Con las autoridades sellando sus labios acerca del caso, los medios de comunicación locales comenzaron a hacer sus propias investigaciones, llegando a la conclusión de que el sospechoso estaba cazaba a sus víctimas por las noches, cerca de obras en contrucción, y cerca de la época en que debían rendir exámenes en sus respectivos colegios. La confianza de Ted desafortunadamente seguía creciendo, y las autoridades seguían sin poder capturar al escurridizo ladrón.

El crecimiento de la confianza de Ted fue evidente en su siguiente secuestro, cuando desafió todas las características que los medios de comunicación tenían sobre sus secuestros previos, secuestrando a dos mujeres de una playa llena de gente a mitad del día. Los ocupantes de la playa, ubicada en Issaquah, Washington, jamás notaron la visita de Ted, con el único reporte de un testigo visual confirmando que un hombre que vestía una férula fue visto en la playa. Finalmente, luego de entrevistar a tantos testigos de la playa como fuera posible, las autoridades dieron con cinco mujeres que habrían sido quienes tuvieron mayor contacto con Ted de todos los testigos. Las mujeres notaron que un hombre, quien dijo que su nombre era Ted, les rogó a las mujeres que lo ayudaran a descargar un pequeño bote de su escarabajo VW. Las mujeres, no conscientes de que éste hombre encajaba con la descripción del violador serial, siguieron a Ted a su auto antes de notar que Ted no tenía ningún bote en su auto. Al ver esto, las mujeres se huyeron pero continuaron observando como otra mujer, desconocida para ellas, lo siguió hasta su auto. Esta mujer era Janice Ann Ott, una oficial de prueba en la zona. Las cinco mujeres no vieron nada más después de esto y volvieron a sus actividades en la playa. Sin embargo, Ted no había acabado con tan sólo una víctima.

Cuatro horas luego de que Ott hubiera desaparecido, Ted atacó a Denise Marie Naslund mientras entraba al baño de damas, también en la playa. Tras arrastrara las dos mujeres inconscientes dentro del bosque, Ted forzó a Otts a mirar como él asesinaba a Naslund. Ted eventualmente asesinaría también a Otts. Mientras Ted todavía estaba a tiempo de completar su tortuoso plan, falló en secuestras a esas otras cinco mujeres, quienes ahora tenían una imagen muy clara de este hombre en sus cabezas. Con su descripción, la policía de King County fue capaz de pegar un identikit de Ted en varios de los medios de comunicación locales mientras también alentaban a los habitantes del lugar a identificar el auto de Ted. Finalmente Ted fue demasiado lejos, que era exactamente lo que las autoridades esperaban que él hiciera. Mientras que el identikit de Ted había saturado los medios locales a lo largo del área de King County antes de ser mostrado a nivel nacional, ambas, Elizabeth Kloepfer, la novia actual de Ted, y Ann Rule, la compañera de cubículo de Ted en la Agencia de Prevención de Suicidios, al ver el dibujo inmediatamente reconocieron al hombre que conocían como Ted.

Ambas llamaron al Departamento del Alguacil de King County e identificaron al hombre como Ted, pero el Alguacil del departamento se rehusó a creer que un hombre que parecía ser tan profesional como estudiante de leyes podría haber tenido algo que ver con esta cadena de crímenes horribles. A pesar de su decepción, ambas mujeres estuvieron de acuerdo con los detectives y simplemente retomaron sus trabajos convencidas de que sólo se trataba de alguien que lucía como Ted. La búsqueda de Otts y Naslund se completó el 6 de Septiembre de ese mismo año cuando un grupo de cazadores encontró sus restos, ya descompuestos por completo, muy cerca en las afueras de Issaquah, Washington. Estas fueron las primeras mujeres secuestradas y desaparecidas en ser encontradas, pero los detectives quedaron ligeramente perplejos. Entre los restos de Otts y Naslund había algunos huesos, que habían sido identificados como un fémur y una vértebra. Más tarde, Ted habría confirmado que eran parte de los restos de Georgann Hawkins. Luego de seis escasos meses de este descubrimiento, un grupo de estudiantes estaban de excursión escalando en Taylor Mountain cuando encontraron una fosa común ocupada con lo que parecían ser cuatro personas. Los detectives habrían confirmado que estos restos pertenecían a Healy, Rancourt, Sparks y Ball. Ted era un ávido escalador, con lo cual probablemente había enterrado a estas mujeres en su lugar favorito en Washington luego de atacarlas. Tristemente, los restos de Manson, quien habría sido reconocida como su tercera víctima, nunca fueron encontrados. Mientras que hubo un aumento en la confianza del público debido a haber podido hallar los restos de varias mujeres, ahora estaban aterrados, sabiendo que ninguna de las víctimas de Ted habían sobrevivido.

Durante un mes, no se supo casi nada de Ted. Sus secuestros habían cesado, dejando a las mujeres preguntándose si había sido asesinado o si estaba planeando algún otro crimen horroroso. Durante este período, Ted estuvo ocupado tratado de obtener otro título. Esta vez, fue aceptado en la Universidad de Derecho de Utah.

Tras la aceptación, Ted se reubicó en la ciudad de Salt Lake City, Utah. Kloepfer nunca le dijo a Ted que lo había reportado a la policía y seguían juntos. Kloepfer no acompañaría a Ted a Utah, sin embargo ambos seguirían juntos y en buenos términos. De todos modos era muy extraño que Ted se avocara completamente a una sola relación. En un punto, Ted admitió haber estado viendo a "una docena de mujeres" al mismo tiempo. Cuando Ted comenzó sus estudios, comenzó a notar que algo estaba cambiando dentro suyo.

Mientras que sobresalió en la Universidad de Washington obteniendo un grado en psicología, ahora ni siquiera era capaz de comprender la variedad de conceptos que se presentaban cada día. Kloepfer reportó "Ted se sintió devastado al ver que los demás estudiantes tenían algo, una capacidad intelectual que él no tenía. Encontraba las clases completamente incomprensibles. 'Fue una gran decepción para mí' dijo." Ted se sintió devastado y para hacer frente a este sentimiento, recurrió a la única acción que lo dejaba lleno de satisfacción y deseo: Atacar y matar. La segunda gran oleada de secuestros comenzó luego de un mes de haberse mudado a Utah. Esta serie dejó muchos crímenes sin resolver hasta que él mismo los confesó luego de haber sido sentenciado a prisión. El primero de la cadena de asaltos cometidos por Ted ocurrió el 2 de Septiembre de 1974 cuando ted raptó y mató a una mujer en una ruta de senderismo en Idaho. Luego del asalto, Ted procedió a fotografiar a la mujer antes de arrojar sus restos en un río. La identidad de esta mujer jamás ha sido descubierta. Exactamente un mes más tarde, Ted secuestró, violó y estranguló a una chica de 16 años llamada Nancy Wilcox en Utah.

Ted declaró que este asalto fue un intento por disminuir sus "urgencias patológicas" y que nunca tuvo intención de matar a Nancy. Su intención original fue la de liberarla, pero de acuerdo a las declaraciones de Ted, la estranguló por accidente debido a que ella nunca dejaba de gritar. Luego de atacarla, Ted procedió enterrar sus restos, los cuales nunca fueron encontrados.

Mientras Ted continuó usando a las mujeres para disminuir sus inseguridades, su siguiente víctima fue Melissa Anne Smith, una chica de 17 años del área de Salt Lake City. Sus amigos comenzaron a preocuparse cuando Smith no regresó a casa luego de haber salido de una pizzería. Durante nueve días luego de comprender que ella se había ido, su familia decía que ella no era una víctima de este desconocido violador que estaba merodeando en sus calles. Sus temores fueron confirmados cuando fue encontrada, muerta y completamente desnuda, en una ruta de senderismo en las montañas de Utah. Luego de realizar una autopsia en el cuerpo de Smith, los doctores determinaron que ella estuvo con vida durante siete días luego de haber sido atacada. Sin embargo, la "solución" de Ted atacando mujeres se vió insatisfecha nuevamente y el 31 de Octubre, Ted atacó a Laura Ann Aime, marcando con este la mayoría de asaltos que Ted había cometido en un solo mes. Al igual que su predecesora Smith, Aime fue encontrada muestra y completamente desnuda en la misma ruta.

El extraño proceder de estos ataques llevó a las autoridades a creer que su sospechoso era un necrófilo, alguien que disfrutaba de tener sexo con cadaveres. Años más tarde, Ted confirmaría que a menudo regresaba a la escena del crimen para "tocar a las mujeres," muchas veces lavando el cabello de las mujeres y maquillando a las víctimas fallecidas. Luego de un breve respiro entre ataques, Ted hizo su más audaz intento, haciéndose pasar por oficial de policía y ordenandole a una mujer que lo acompañe en su auto a recuperar un supuesto auto que ella había robado. Sin embargo, esta mujer era consciente de los extraños secuestros y se negó a seguir sus órdenes, notando que su auto no estaba marcado y que él no se veía como un oficial de policía.

Cuando Ted intentó esposarla, la mujer se puso fuera de su alcance y abandonó la escena. Sin embargo, como en otras ocasiones cuando Ted no era tan exitoso como en sus primeros asaltos, encontró otra mujer, un chica de 17 años de nombre Debra Jean Kent, y la asaltó antes de asesinarla. Con los asaltos que parecían no terminar jamás, La confianza de Ted estaba todo el tiempo elevada. Sin embargo, sus días de libertad eran limitados y pronto, su última serie de asesinatos llegaría a su fin. Poco después, la noticia de la ola de asaltos en el área de Salt Lake City llegó a Kloepfer, ella comenzó a comprender que la coincidencia de que su amante se encontrara siempre en las cercanías de donde estos tan distanciados tan distanciados asaltos ocurrían era mucho más que una simple coincidencia. En un intento por alertar a las autoridades de las probabilidades de que su novio sea el violador, Kloepfer llamó al Alguacil del Departamento de Salt Lake City para reportar sus descubrimientos una vez más. Esta vez las autoridades estuvieron más que dispuestas a aceptar su opinión la llamaron para una entrevista. Luego de la entrevista, la policía estaba de acuerdo con que Ted encajaba perfectamente con la descripción y esto lo convirtió oficialmente en sospechoso. Una vez que la entrevista terminó, Kloepfer hizo arreglos para volar a Salt Lake City en Agosto. A su llegada, Kloepfer no le dijo a Ted que lo había reportado a la policía y Ted no le dijo a ella de sus otras novias. Luego de visitar a Ted, Kloepfer llamó por teléfono a la oficina del alguacil del Condado de Salt Lake y retransmitió su historia y sus acusaciones sobre Ted. Sin embargo, Chocando con las mismas barreras con las que había chocado en Washington, le dijeron a Kloepfer que no había evidencia concreta en contra de Ted y que no había razón para considerar ponerlo bajo sospecha por sobre otros antiguos delincuentes de Utah. En suma, una de las testigos de un secuestro previo había sido incapaz de identificar a Ted de una lista de fotos de Atacantes, estimando que era inocente ante los ojos de las autoridades. Ted continuó sus asaltos con muchos más secuestros. Carol campbell fue reportada desaparecida el 12 de Enero, para haber sido encontrada sólo un mes más tarde, completamente desnuda y muerta por traumatismo con objeto contundente. Dos meses luego del asalto a Campbell, Ted asaltó y asesinó a Julie Cunningham. Este asaltó demostró ser particularmente horrible ya que Ted confesó más tarde que viajó a visitar sus restos en tres oportunidades, haciendo un viaje de 6 horas de ida y vuelta sólo para visitar y realizar actos sexuales con los restos del cuerpo en descomposición. Un mes más tarde, Denise Lynn Oliverson se transformó en otra de sus víctimas. Ella fue secuestrada mientras volvía a casa en bicicleta.

Ted secuestró a Oliverson, la ahogó, y la llevó con él a su apartamento donde la atacó sexualmente. Siguiendo con sus extraños actos de abusar sexualmente de sus víctimas post mortem, Ted arrojó su cuerpo en un río local. Tras este asalto, Ted aún podía mantener su vida pública y tres de sus novias iban a visitarlo a su casa en intervalos de una semana sin revelar ni decirle jamás a ninguna de sus novias que la cama que estaban compartiendo esa noche estaría siendo ocupada por otra mujer la noche siguiente. Entre quienes lo visitaban durante esta época estaba Carol Boone, su novia del DES. Una semana más tarde, Kloepfer visitó a Ted y ambos discutieron acerca de casarse. Como en tiempos previos, Kloepfer no le dijo a Ted de sus sospechas o que se había puesto en contacto el departamento del Alguacil a raíz de sus acciones. Aunque sus series de asaltos tuvieron un archivo extenso, Ted estaba ahora a un asalto de ser capturado. Mientras es un infortunio lamentable que Susan Curtis haya sido asaltada y asesinada, éste fue el asalto que le permitió a las autoridades atrapar a Ted.

En 1975, Ted reafirmó su respetable opinión pública bautizándose en la The Church of Jesus Christ of Latter-day Saints (Iglesia Jesucristo de Los Santos de Los Últimos Días). A pesar de estar en contra de la mayoría de las enseñanzas de la Iglesia, Ted fue bautizado en membresía, declarando su religión como

Metodista. Al otro lado del país, El alguacil del departamento de King County estaba peleando por conseguir utilizar la información que había adquirido productiva y eficientemente. Ya que las bases de datos eran desconocidas en esa época de la expansión tecnológica, mucha de la información de las estaciones de policía provenía simplemente de piletas llenas de papeles de conocimiento. Sin embargo, Algunos de los técnico dentro del departamento del Alguacil se preguntaban si podían usar la computadora de las nóminas como base de datos. Copiar toda la información dentro de la nueva base de datos tomó semanas, pero luego de que los técnicos lo hicieran, compararon las vidas personales, registros vehiculares e historiales criminales con cada delincuente en el sistema. Entre los 26 primeros que arrojó el sistema como posibles sospechosos, Ted estaba encabezando la lista y fue considerado el sospechoso más importante. Además, la versión en papel del "Top 100" de criminales en el cual los detectives estaban trabajando ponía a Ted Bundy en la cima de su lista de sospechosos. Sin embargo, esta lista no sirvió a otro propósito más que al de darle a los detectives una persona a la cual observar. Las cortes no aceptarían tan rápidamente las evidencias que habían sido derivadas de un sistema computarizado complejo que podría ser defectuoso o estar equivocado. Mientras que la evidencia de la base de datos era insuficiente como para emitir una orden de arresto, las autoridades finalmente pusieron sus ojos sobre el hombre indicado y pronto Ted cometería algunos costosos errores.

Casi un mes después de que los detectives hubieran terminado su lista, Ted fue visto conduciendo a través de un área suburbana a baja velocidad. Cuando un oficial se detuvo detrás de él, Ted arrancó el motor y aceleró rápidamente hacia la autopista. Cuando el oficial comenzó a perseguirlo, Ted se aparcó y obedeció pacíficamente a los deseos del oficial.

Al acercarse al auto, el oficial notó que el asiento del acompañante había sido removido y colocado incómodamente en el asiento trasero del vehículo. El oficial encontró esto extremadamente raro y procedió a revisar el resto del vehículo. Al completar su chequeo, el oficial encontró dos máscaras de esquiar, varias herramientas que podrían haber sido utilizadas para irrumpir en algún lugar, esposas, bolsas de residuos, y un número de artículos que daban la impresión de poder ser utilizados para estrangular a alguien. Ted se apuró en defender su inocencia, declarando que las máscaras de esquiar estaban en el automóvil porque el era un deportista y que las herramientas las había encontrado en una tienda de ahorro. A pesar de las proclamaciones de inocencia de Ted, el detective notó que el hombre que él acababa de detener encajaba con el perfil que Kloepfer había reportado hace bastante tiempo. Con ésta información, el detective tenía suficientes pruebas como para pedir una orden de registro del domicilio de Ted y al completar el registro se encontraron varios folletos de los lugares en los que habían tenido lugar los secuestros. Sin embargo, Había muy poca o ninguna evidencia concreta y Ted no podía ser retenido tras la obtención de información tan endeble. Contra sus propios deseos, las autoridades liberaron a Ted. Más tarde, Ted habría revelado que los detectives pasaron por alto una serie de fotografías que se centraban en los cuerpos desmembrados de sus víctimas. Claramente, estas fotos fueron destruidas por Ted poco después de haber vuelto a casa.

A pesar de haber sido liberado, Ted estaba lejos de quedar fuera de la mirada del departamento de policía. Ted estaba siendo vigilado por la policía de Salt Lake City las 24 horas. Buscando nueva información, las autoridades trajeron de vuelta a Kloepfer para realizar una nueva entrevista. Durante ésta entrevista, Kloepfer reveló que Ted poseía varias bolsas llenas de ropa femenina y que a menudo ella se despertaba luego de que Ted la "examinara" con una linterna por debajo de las sábanas. Además, Ted se había vuelto extremadamente obsesivo en mencionar que se corte su cabello; El cabello de Kloepfer estaba peinado con raya en medio. Fue también durante esta época que Kloepfer le fue presentada a Brooks, la mujer con la cual Ted había estado brevemente comprometido antes de comenzar con su vida de asesino. Ted se mantuvo fuera del radar durante un tiempo pero finalmente, luego de un mes de su breve encarcelamiento, Ted cometió extremadamente costoso error: Vendió su Escarabajo VolksWagen. Tras saber sobre la venta de su Escarabajo, las autoridades locales se apresuraron hacia el nuevo dueño y se lo compraron por mucho más de lo que el auto valía; Sin embargo, este auto era invaluable ya que contenía evidencia. Tras una nueva examinación, se reveló que el automóvil contenía cabellos de los cuerpos de Caryn Campbell, Smith, y DeRonch. Con ésta evidencia, las autoridades solo necesitaron una cosa más: un testigo visual que lo identifique. Esto vino de parte de DeRonch cuando las autoridades crearon una lista que consistía de varios hombres, incluyendo a Ted. DeRonch inmediatamente identificó a Ted como el hombre que se hizo pasar por oficial de policía y las autoridades tuvieron evidencia suficiente para arrestarlo. Ted fue inmediatamente liberado bajo fianza, un acto de sus parientes, a quienes les costó $15.000 Dólares. A pesar de salir bajo fianza, Ted estaba bajo supervisión 24/7.

Kloepfer recuerda "Cuando Ted y yo poníamos un pie en el porche para ir a cualquier lado, se encendían los motores de tantos autos de policía sin marcar que parecía el comienzo del Indy 500" Finalmente, luego de siete años de cometer los peores crímenes, Ted compareció ante el Juez y fue encontrado culpable de ambos cargos, secuestro y asalto. Mientras que estos cargos fueron sólo estimados de las únicas dos mujeres que aún estaban vivas, fueron los primeros de una larga cadena de cargos que llevaron al fallecimiento de Ted Bundy.

Luego de que Ted haya sido sentenciado a 15 años en la Prisión Estatal de Utah, él comenzó a trabajar en su escape. En varias ocasiones, los guardias encontraron a Ted en un oscuro rincón de la prisión con documentación falsa, materiales para cortar vallados, y planes de vuelo. Sin embargo, la oportunidad más grande que tuvo

Ted para escapar de prisión vino de la mano de una una fuente insospechada: el cargo por asesinato y la muerte de Caryn Campbell. Durante el primer día del juicio, Ted decidió representarse a sí mismo y debido a ésto, tenía permitido caminar dentro de la corte sin esposas en brazos y piernas. Tras la primera porción del juicio, Ted tuvo permiso de ir a estudiar a la biblioteca de la corte. Fue durante este momento que Ted fue exitosamente capaz de escaparse de la biblioteca, utilizando la ventana del segundo piso tras un estante lleno de libros. Luego de quitarse el atuendo que lo identificaba como criminal, Ted encontró encontró ropa en exposición en la vereda de una tienda y caminó tranquilamente por la ciudad mientras las autoridades se apresuraron en cercar las calles y comenzaron una masiva cacería tras él. El salto desde la ventana del segundo piso de la corte había dejado a Ted con un tobillo esguinzado, y así su movilidad se vió severamente obstaculizada. Luego de adquirir un arma y varias prendas de vestir, Ted comenzó su camino de regreso a casa pero se perdió dos días más tarde. Tras seis días de dar vueltas y algún vano intento de robar un auto, Ted fue aprehendido y devuelto a prisión. Durante los siguientes seis meses, Ted había planeado su próximo escape, asistido por las visitas diarias que su novia Carol Boone le hacía. Durante estas visitas, Carol a menudo trajo con ella materiales con los cuales Ted podría escapar. Finalmente, durante la Navidad de 1977, Ted cortó el techo dentro de su celda y escapó por el techo de la prisión, un compañero de celda se quejaba de que el techo se movía pero nadie lo escuchó. Ted era un hombre libre una vez más pero pronto se iba a embarcar en un largo viaje que no terminaría como esperaba. Durante los meses siguientes, Ted siguió su camino desde Ann Arbor, Michigan hasta Tallahassee, Florida donde atacó a tres mujeres de la Fraternidad Chi Omega en el campus de Universidad del Estado de Florida. Los asaltos fueron brutales y grotescos dejando a las tres mujeres sin vida. Ted escapó de la escena pero dejó su ADN en dos cabellos y semen en una de las camas. Luego de mudarse a Lake City, Florida por un breve período en el cual asaltó a Kimberly Diane Leach antes de asesinarla, Ted encontró el final de su camino cuando el oficial David Lee le ordenó detener su automóvil en la ciudad de Pensacola, Florida. Luego de que Lee intentara arrestarlo por haber robado el auto que conducía, Ted huyó corriendo, para ser finalmente aprehendido por Lee.

Mientras Ted estaba siendo llevado a la patrulla por un oficial que no tenía idea de haber arrestado a un criminal que habitaba la lista de Los Diez Fugitivos Más Buscados del FBI, Ted le remarcó al oficial "Ojalá me hubieras matado."

El juicio de Ted fue el primer juicio televisado con alrededor de 200 reporteros provenientes de tres de los cinco continentes. Luego de días enteros de escuchar testimonios de testigos, el Juez encontró a Ted culpable de asesinato y robo y fue sentenciado a la pena de muerte. Durante el segundo juicio de Ted en Orlando, Ted fue encontrado culpable del asesinato de Kimberly Leach y sentenciado a muerte. Irónicamente, durante una de las escuchas,

Ted demostró su volátil y extraña naturaleza declarando que él y Carol Boone estaban casados, un matrimonio que fue confirmado debido a una ley que decía que los matrimonios declarados en una corte judicial eran legales. Luego de meses de deliberaciones y juicios debido a un juicio inicial anulado, Ted Bundy fue ejecutado por electrocución el 24 de Enero de 1989 en la silla eléctrica de Raiford a las 7:16 A.M. La vida de un violador había sido silenciada, las mujeres se sintieron aliviadas al escuchar sobre la muerte de este villano y los hombres celebraron instalando fuegos artificiales a lo largo de la ubicación en la cual Ted fue ejecutado. Aunque Ted había causado daño a tantas mujeres y familias, ahora conoció a su creador y ya no era capaz de dañar a nadie nunca más. Una vida desperdiciada por la inseguridad de los celos y el rechazo.

Capítulo dos

Jeffrey Dahmer

El 12 de Mayo de 1960, el mundo vió nacer a un pequeño bebé. Un bebé inocente que crecería para un día proporcionarle un dolor inimaginable a alrededor de unas veinte familias. Sin embargo, por ahora este niño era como cualquier otro. De niño, Jeffrey Dahmer fue criado en un hogar estructurado, su madre trabajaba como instructora telegráfica y su padre era un estudiante de química en la Marquette University. A una edad temprana, Jeffrey estaba hambriento por la atención de su madre. Encontró el hábito de amamantar a Jeffrey como demasiado agotador como para continuar con él, con lo cual, la mayor parte de la infancia de Jeffrey transcurrió dentro de una cuna, con un biberón.

El resto de la familia y los amigos más cercanos a los Dahmer también notaban que la madre de Jeffrey siempre buscaba ser el centro de atención, siendo frecuentemente tan ruidosa como fuera posible con tal de tener todos los ojos puestos sobre ella. Cuando Jeffrey comenzó el primer grado de la escuela primaria, su madre comenzó a quedarse postrada en la cama todo el tiempo simplemente con el fin de recibir más atención de parte de su marido, a quien sus estudios comenzaron a mantenerlo más tiempo fuera de casa. Cuando el hecho de quedarse postrada no aliviaba su deseo de atención, la madre de Jeffrey sufrió una sobredosis con píldoras de Equanil en un fútil intento de suicidio. Sin embargo, está acción sólo creó en ella una adicción al Equanil y fracturas dentro de su matrimonio. A lo largo de toda esta lucha por obtener atención, Jeffrey y su hermano no recibían ningún tipo de atención y estaban siendo severamente descuidados. Mientras que ahora Jeffrey solía estar siempre alegre y bien predispuesto, pronto habría una marcada diferencia en él.

Jeffrey fue siempre tenido en cuenta como un chico normal con una personalidad feliz. Sin embargo, cuando tenía tres años de edad, a Jeffrey se le practicó una cirugía de hernia doble, una operación que sofocó toda la alegría por la cual era conocido. Su familia remarcaba lo tímido que el chico se había vuelto tras la cirugía. Para el final de su primer año de primaria, su maestra notó que su timidez iba en aumento y que necesitaba más atención en su casa. Sin embargo, su maestra también tenía la impresión de que la falta de atención de Jeffrey era resultado de la condición de su madre, ya que la maestra desconocía por completo las travesuras de su madre. Desde niño, Jeffrey era conocido por estar siempre interesado en los insectos y la preservación de la vida silvestre. A menudo, Jeffrey se adentraba en el bosque recolectaba varios insectos y criaturas y los ponía en grandes frascos dentro de su habitación. Sin embargo, su fascinación por la vida silvestre pronto se tornó oscura, ya que diseccionaba a estas criaturas de una manera violenta. Lo que comenzó con insectos pronto transgredió a animales de mayor tamaño. Una vez, Jeffrey llegó incluso a decapitar al perro de su amigo antes de clavar su cadáver a un árbol.

Luego de jugar con el cráneo por un rato, Jeffrey lo tomó y lo colocó en una cruz de madera que enterró debajo de la casa de sus padres.

Fue alrededor de ésta época que los miembros de su familia y amigos comenzaron a notar el amor de Jeffrey por los animales muertos. Con un interés específico en los huesos, Jeffrey habría removido todo el terreno alrededor de su casa, buscando cualquier hueso que pudiera encontrar. En las memorias de su hijo, Lionel Dahmer recuerda que Jeffrey estaba "extrañamente emocionado" ante el particular sonido que los huesos hacían al romperse. Cuando Jeffrey tenía seis años, su padre mudó a la familia a Doylestown, Ohio, donde la madre de Jeffrey dió a luz a otro hijo.

Al nacer su nuevo hijo, los padres dejaron a Jeffrey elegir el nombre del niño. Jeffrey nombró a su pequeño hermano, David. Alrededor de esta época, El padre de Jeffrey se graduó en la universidad con un título en química e inmediatamente tomó un empleo como químico analítico en Arkon, la familia decidió mudarse de Doylestown a Bath, también en Ohio dos años más tarde con la esperanza de que vivir más cerca de su trabajo le daría la posibilidad de pasar más tiempo con su familia. Jeffrey ni siquiera tenía ocho años para aquel entonces, y su pasión por los animales muertos llegó al punto de preocupar a su padre. Esta preocupación fue demostrada prudentemente mientras cenaban una noche cuando Jeffrey qué tipo de reacción tenía la lejía en los huesos. De ese punto en adelante, la preservación de animales comenzó a tomar un nuevo rumbo en el mundo de Jeffrey. Ahora él sería capaz de preservar mucho más que simplemente insectos, él sería capaz de conservar cuerpos enteros de animales.

Cuando Jeffrey comenzó la secundaria, pareció haber regresado a sus días de oscuridad. La única fuente de felicidad que Jeffrey encontró fue a través del alcohol, una adicción con la cual sus compañeros de colegio no estaban a gusto. Jeffrey a menudo vestía una chaqueta verde militar en clase y no parecía molestarse por no tener amigos en absoluto. Cuando le preguntaron por qué tomaba bebidas blancas y por qué lo hacía dentro del establecimiento escolar, Jeffrey contestó "Es mi medicina." A pesar de tener una personalidad con un aura oscura, sus profesores consideraban a Jeffrey un alumno educado y con gran potencial. Algunos profesores incluso se referían a Jeffrey como a alguien que era muy inteligente. Durante la secundaria, Jeffrey se volvió un jugador de Tenis muy habilidoso así como miembro activo de la banda de la escuela.

Por ese entonces, Jeffrey comenzó a experimentar una creciente atracción por personas de su mismo sexo. La homosexualidad era aún considerada casi como una enfermedad para la sociedad de aquel momento, por esto Jeffrey era muy cuidadoso de no decir nada a sus padres acerca de su nueva atracción. Aunque Jeffrey admitió haber tenido una corta relación con otro hombre durante la secundaria, la relación terminó rápidamente, con Jeffrey atemorizado de que sus compañeros y sus padres pudieran descubrir su homosexualidad. Sin embargo, su temor no inhibió en absoluto las nuevas fantasías sexuales que estaba experimentando.

Mientras era un estudiante, Jeffrey soñaba con tener una contraparte masculina que se sometiera a todos sus deseos sexuales. Estos diversos sueños comenzaron a tomar fuerza hasta que Jeffrey decidió que era hora de llevar a cabo un plan. Habiendo visto a un hombre que practicaba jogging frecuentemente por un camino cercano a él, Jeffrey se armó con un bate de béisbol y se situó entre unos arbustos esperando la oportunidad de reducir completamente a su víctima. Sin embargo, El jogger no pasó por allí ese día, llevando a Jeffrey a descartar su plan.

Durante este tiempo, los padres de Jeffrey estaban recibiendo asesoramiento marital en un intento por salvar su matrimonio. Sin embargo estas sesiones demostraron ser inútiles ya que la pareja se divorció poco tiempo después. Jeffrey se había vuelto absorto en su adicción al alcohol y sus calificaciones comenzaron a decaer notablemente como resultado. A pesar de que sus padres habían puesto a un tutor para ayudar a su hijo en medio de su divorcio, Jeffrey no lograba razonar y continuó fracasando. En 1978, Jeffrey se sentó en el estacionamiento del colegio y bebió muchas latas de cerveza. Cuando un profesor le preguntó por qué hacía ésto, Jeffrey contestó "Tengo muchos problemas en casa." El profesor lo dejó en paz y Jeffrey se graduó una semana más tarde. Al poco tiempo, los padres de Jeffrey finalizaron su divorcio y su madre recibió la custodia permanente. Tres semanas después de su graduación, su madre permitió que Jeffrey fuese a vivir a otra casa con otros miembros de la familia. Las fantasía sexuales de Jeffrey había regresado, y él estaba listo para considerar un asesinato como medio para satisfacer sus deseos sexuales. Su oportunidad llegó una semana más tarde, cuando Jeffrey avistó a un autoestopista cerca de su casa. Jeffrey recogió al hombre y lo convenció de pasar la noche con él, contándole de "toda la cerveza" que tenía en su casa y de la que ambos podían disfrutar. El joven hombre, Steve Hicks, bebió varias cervezas con Jeffrey antes de mencionar que debería partir. En ese momento, Jeffrey le dijo que quería que se quedara con él y procedió a golpearlo con una pesa hasta dejarlo inconsciente. Luego de noquear a Hicks, lo estranguló y comenzó a desnudarlo. Luego de masturbarse sobre el cadáver durante varios minutos, Jeffrey transportó el cuerpo desnudo al semisótano, en donde procedió a diseccionar el cuerpo en varias partes. Usando el consejo que su padre le dió inconscientemente años atrás sobre blanquear los huesos con lejía, Jeffrey separó la carne de los huesos de Hicks usando un solvente y entonces procedió a demoler los huesos y convertirlos en fino polvo usando un martillo. Con los huesos convertidos en polvo y la carne disuelta en ácido, Jeffrey descartó los restos sobrantes de carne por el retrete antes de esparcir el polvo de huesos en un campo detrás de su casa. Destruyendo completamente el cuerpo, Jeffrey estaba librándose de cualquier tipo de evidencia al mismo tiempo que mantenía su fantasía sexual con aquel hombre.

Al haber calmado sus fantasías sexuales por el momento, Jeffrey continuó viviendo solo y consumiendo alcohol fuertemente. Luego de algunas semanas, el padre de Jeffrey regresó a casa con su nueva prometida.

A su regreso, Jeffrey decidió mudarse y anotarse en la Universidad Estatal de Ohio para seguir una carrera con especialidad en negocios. Sin embargo, la estadía de Jeffrey en la Universidad de Ohio fue casi un completo fracaso. Siendo incapaz de sobrellevar su incesante adicción al alcohol, Jeffrey pasó la mayor parte del tiempo en su habitación y sin completar sus tareas. A mitad del semestre, el Padre de Jeffrey fue a visitarlo a su cuarto y se decepcionó al encontrar a su hijo fracasando en todas las clases excepto en prácticas de tiro. Al final del semestre, el GPA de Jeffrey era de 0.45 cuando la marca típica era de 4.0 en la escala. Aunque el padre de jeffrey había pagado por un año entero de educación para su hijo, Jeffrey dejó el colegio luego del primer semestre, sin jamás regresar. Con su vida escolar en ruinas, Jeffrey decició que enlistarse en el ejército podría encajar mejor con él. Su padre estuvo de acuerdo con su búsqueda y lo acompañó a través del proceso de aplicación.

Tras su incorporación, Jeffrey se convirtió en médico especialista, lo que lo llevó a tener más contacto con hombres.

Luego de su baja del ejército, dos hombres acusaron a Jeffrey de violación, testimonios que él habría confesado más tarde.

Sin embargo, por el momento, Jeffrey era un exitoso médico especialista son habilidades por encima del promedio. Jeffrey aún era incapaz de superar su adicción al alcohol, llevándolo a un decrecimiento en el valor que el ejército tenía para él. Luego de meses de un rendimiento muy pobre, el ejército decidió darlo de baja, debido a su falta de necesidad dentro de las fuerzas. Debido a que Jeffrey no había hecho nada malo, fué dado de baja con honores y regresó a su vida normal de civil. Tras su baja del ejército, Jeffrey regresó a casa de su padre, donde ayudó con trabajos ocasionales. El padre de Jeffrey había vuelto a casarse, y Jeffrey estaba bastante vinculado a su nueva madrastra. A pesar de los intentos de Jeffrey por mantenerse ocupado más allá de beber, el alcohol seguía siendo su talón de Aquiles y lo llevó a obtener una multa de $60 Dólares a causa de su mala conducta y su estado de ebriedad.

Incapaz de lidiar con un hijo tan sumergido en el alcoholismo, el padre de Jeffrey lo echó de su casa recomendándole ir a vivir con su abuela. Sin contar con nadie más, Jeffrey finalmente se mudó con su abuela. Se ha observado que la abuela de Jeffrey fue la única persona en el mundo que dedicó tiempo y se mostró afectuosa hacia Jeffrey. Durante los dos años siguientes, Jeffrey habría vivido la vida que su abuela buscaba para él. Fue aceptado como flebotomista en el Centro de Plasma Sanguíneo de Milwaukee y acompañó a su abuela a la mayor parte de sus actividades sociales, incluyendo a la iglesia. Sin embargo, el comportamiento de Jeffrey fue en gran parte, debido a su capacidad de trabajar de una vez por todas. Cuando Jeffrey fue despedido tras diez meses de trabajo, el semblante oscuro que solía tener resurgió. Súbitamente, Jeffrey dejó de pensar definitivamente en honrar a su abuela; sus deseos de someter a un hombre había regresado.

En Agosto de 1982, poco después de haber sido liberado de su puesto de trabajo como flebotomista, Jeffrey fue arrestado por exposición indecente, un acto que cometió en presencia de un grupo de veinticinco mujeres y niños. Jeffrey fue condenado a una pena mínima y multado con $50 dólares requeridos para recuperar los costos del juicio. Durante los siguientes tres años, Jeffrey viviría con su abuela y permanecería fuera del alcance de la policía y de su padre. Finalmente sin dinero y con la necesidad de hacer algo con su tiempo, Jeffrey tomó un trabajo como mezclador en una fábrica local de chocolate en Milwaukee. A excepción de los días sábado, JEffrey trabajaba todos los día desde las 11 P.M. hasta las 7 A.M.

Mientras que este trabajo no le permitía disfrutar de sus fantasías sexuales, un hombre de su mismo turno comenzó a observarlo. Este hombre era también homosexual y un día le preguntó a Jeffrey si no podía practicarle sexo oral. Jeffrey se negó, pero el hecho de pensar que podía permitir que otro hombre lo estimulara rejuveneció sus fantasías, las cuales se habían marchitado hacía no mucho tiempo atrás. Armado con mucho más que simple curiosidad y lujuria por someter a un hombre, Jeffrey comenzó a rondar por varios bares para gays y varias casas de baño para gays alrededor de Milwaukee. Además, Jeffrey había robado un maniquí de una tienda y utilizaba esto como propósito para estimularse sexualmente. Sin embargo, la abuela de Jeffrey encontró el maniquí poco después de que él lo haya adquirido y le ordenó deshacerse de él. Las casas de baño de Milwaukee se convirtieron en el hogar de los deseos sexuales de Jeffrey, pero la falta de sometimiento de sus parejas masculinas aún lo mantenían muy frustrado. Adicionalmente, Jeffrey a menudo solía quejarse por dentro de que los hombres se movían constantemente durante sus placeres sexuales, un acto que Jeffrey no apreciaba en absoluto. Jeffrey solía reducir la capacidad de movimiento de sus parejas durante el acto sexual adulterando sus bebidas con pastillas para dormir. Sin embargo, los administradores de la casa de baño se dieron cuenta de sus ordalías y le prohibieron la entrada al establecimiento. Jeffrey se sintió un poco marginado por la eliminación de esta oportunidad pero continuó sus escapadas sexuales en un hotel de la zona.

Alrededor de esta época, Jeffrey descubrió que un chico de 18 años había fallecido y sería enterrado la semana siguiente. Lleno de su lujuria por el sometimiento sexual, Jeffrey hizo planes para desenterrar el cuerpo y utilizarlo para su estímulo sexual. Sin embargo, al llegar al cementerio, Jeffrey descubrió que el suelo era demasiado sólido y no era capaz de cavar hasta llegar al cuerpo.

Jeffrey continuó teniendo relaciones sexuales con hombres y a menudo tuvo varias parejas en la misma noche.

En Agosto de ese mismo año, Jeffrey estaba pescando a la vera del río Kinnikinic cuando dos chicos pasaron caminando cerca suyo. Al ver a los chicos, Jeffrey procedió a masturbarse frente a ellos y subsecuentemente fue arrestado por exposición indecente.

A pesar de su mea culpa inicial, Jeffrey procedió a cambiar su apelación a la de no culpable alegando que él estaba en realidad orinando sin saber que estos jóvenes estaban allí. El Juez aceptó su respuesta y sentenció a Jeffrey a un período de prueba de un año con asesoramiento adicional. Luego de un año de este período de prueba, Jeffrey regresó a sus desviaciones sexuales, todo esto mientras aún residía en casa de su abuela. La primera víctima de Jeffrey de esta serie de asaltos fue Steven Toumi, de 25 años, un hombre que estaba de visita en Wisconsin desde Michigan. Jeffrey declaró que su intención jamás fue la de lastimar a Toumi, sino simplemente violarlo mientras estaba en un coma inducido por pastillas para dormir y luego liberarlo. Sin embargo, Jeffrey se levantó de la cama para encontrar a Toumi quieto debajo de él, con su pecho con una variación de rayas negras y azules y sangre brotando de su boca. Jeffrey tomó el cuerpo sin vida de Toumi y lo acomodó en el sótano de su abuela, en dónde lo mantuvo por más de una semana. Finalmente, poco tiempo antes de que la petrificación del cuerpo ocurriese, Jeffrey regreso a donde se encontraba el cuerpo y separó las piernas y la cabeza del resto del cuerpo. Luego, Jeffrey usó una cuchilla de filete para separar la carne de los huesos para finalmente cortar la carne en pequeños trozos.

Una vez separada la carne de los huesos, Jeffrey tomó los huesos y los destrozó en en partes pequeñas antes de poner los pedazos de cuerpo, a excepción de la cabeza, en una bolsa de residuos y depositarla en el cesto de basura. Jeffrey retuvo la cabeza de Toumi por al menos dos semanas antes de intentar preservarla a través del hervor. Jeffrey esperaba poder usar el cráneo como incentivo para masturbarse diariamente pero el cráneo comenzó a caerse a pedazos y se vió forzado a deshacerse de él. El asesinato de Steven Toumi pareció encender una pasión interna muy profunda dentro de Jeffrey tras la sumisión de una víctima inconsciente. Para encontrar víctimas con las cuales pudiera sentirse más cómodo, Jeffrey comenzó a acechar los bares gay en donde se toparía con homosexuales ebrios. Luego de apenas dos meses de haber asesinado a Toumi, Jeffrey encontró a su siguiente víctima, un chico de 14 años llamado James Doxtator.

Jeffrey fue capaz de atraer a Doxtator a su casa, prometiendo que le daría $50 Dólares si dejaba que Jeffrey tomara fotos de su cuerpo desnudo. Una vez en la casa de su abuela, Jeffrey le dió a Doxtator una bebida adulterada con laxantes antes de arrastrar su cuerpo inconsciente a la bodega y estrangularlo.Una vez que su víctima había fallecido, Jeffrey destrozó el cuerpo casi del mismo modo en que lo había hecho con el cuerpo de su anterior víctima, una vez más quedándose con la cabeza. Una vez más Jeffrey intentó conservar el cráneo pero se vió forzado a descartarlo cuando comenzó a romperse en pedazos. En el clímax de sus fantasías sexuales, Jeffrey estaba ansioso de encontrar a su siguiente víctima. Jeffrey la encontraría a la salida de uno de los bares gay en los cuales merodeaba habitualmente. El hombre, un joven de 22 años llamado Ricardo Guerro, siguió a Jeffrey a la casa de su abuela donde Jeffrey lo asesinó estrangulandolo.

Luego de efectuar varias actividades sexuales en el cuerpo ya fallecido, Jeffrey se dispuso a utilizar su firma, destrozar el cuerpo en pequeñas partes, rutinariamente reteniendo el cráneo para usarlo, para simplemente descartarlo dos semanas luego de su remoción. Durante su siguiente escapada, Jeffrey casi fue atrapado trayendo otro hombre a casa de su abuela.

Poco después de haber drogado a su víctima, la abuela de Jeffrey lo escuchó y entonces lo llamó "Eres tú, Jeff?" Al escuchar esto, Jeffrey se vió forzado a llevar a su víctima hacia afuera y dejarlo al cuidado del Hospital General del Condado debido a su estado de inconsciencia. A pesar de de haber escapado al encuentro, su abuela lo echó de su casa, y se quejó de que siempre traía hombres extraños a la casa y que tanto del sótano como del garage emergia un olor extraño. Mientras que Jeffrey se sentía desanimado por lo ocurrido, le dio la bienvenida a su nueva privacidad y encontró un apartamento cercano con una renta para nada costosa. Alrededor de esta época, Jeffrey atrajo a un niño de 13 años a su apartamento y lo acarició. Sin embargo, Jeffrey fue atrapado por esto y arrestado bajo el cargo de asalto sexual. Mientras Jeffrey fue condenado por el cargo, el juicio fue suspendido hasta Mayo de 1989. Para ese entonces, Jeffrey había regresado a casa de su abuela y comenzó a planear su siguiente ataque. Luego de dos meses de haber movido sus pertenencias de vuelta a la casa de su abuela, Jeffrey asaltó y asesinó a su siguiente víctima, Anthony Sears de 24 años. Jeffrey conoció a Sears en un bar gay e invitó al hombre a volver a casa con él a cambio de favores sexuales. Al poco tiempo de haber regresado a la casa de su abuela, Jeffrey estranguló a Sears y destruyó su cuerpo como lo había hecho anteriormente. Sin embargo esta vez, Jeffrey retuvo más que sólo el cráneo, él también se quedó con los genitales de Sears. Durante los meses siguientes a su asalto, Jeffrey llevaba los genitales de Sears con él a donde sea que fuera, un testamento de la profunda belleza que él encontró en Sears. Casi dos meses más tarde, Jeffrey enfrentó el juicio por asalto sexual ocurrido meses atrás.

Jeffrey fue condenado a una sentencia leve de un año en el correccional con un registro obligatorio de agresor sexual. Jeffrey fue liberado diez meses más tarde por buena conducta e inmediatamente encontró su propio apartamento, un apartamento lujoso de Oxford Apartments. Jeffrey se mudó de inmediato y se llevó con él su colección de trozos de cuerpos conservados, incluyendo los genitales extraídos de Sears. Una vez establecido en su nuevo apartamento, Jeffrey comenzó a buscar una nueva víctima.

Su siguiente víctima sería Raymond Smith, de 32 años de edad, un taxi boy tentado a entrar en el apartamento de Jeffrey tras la promesa de que recibiría $50 dólares por tener sexo con Jeffrey. Asi como lo hizo muchas veces anteriormente, Jeffrey le dió a Smith su poción y se quedó viendo alegremente cómo de a poco iba quedando inconsciente. Ya con Smith fuera de sí, Jeffrey procedió estrangularlo con sus propias manos y luego a tomar fotos del cuerpo de Smith en diferentes posiciones. Luego de tomar suficientes fotografías, Jeffrey desmembró el cuerpo de Smith e hirvió los diversos componentes en una tetera en su cuarto.

La tetera contenía Soilex (Una especie de fertilizante para suelos salinos), un elemento clave para descomponer materia orgánica. Ya con los huesos y la piel flexibles, Jeffrey se deshizo de los restos de Smith, excluyendo su cabeza, por el retrete. Como trofeo de este logro y experiencia, Jeffrey pintó con aerosol su nuevo cráneo y lo posicionó prominentemente junto a los genitales de Sears.

Los deseos sexuales de Jeffrey jamás habían sido tan fuertes, y estos deseos parecían crecer con cada escapada. Sin embargo, Jeffrey cometió un error verdaderamente costoso en su siguiente encuentro. Durante la etapa de sus intentos de asalto en la cual usualmente utilizaba pastillas para dormir para controlar a sus víctimas, Jeffrey esta vez bebió el brebaje que contenía las píldoras, quedando inconsciente por alrededor de 12 horas.

Luego de despertar del sueño inducido por fármacos, se indignó al descubrir que el hombre al que intentó asaltar le había robado algunas prendas de vestir, su reloj, y $300 dólares en efectivo. Debido a la naturaleza ilegal de un asalto convertido en robo, Jeffrey nunca contactó a la policía para denunciar el hurto de sus pertenencias. Menos de una semana más tarde, Jeffrey intentó reutilizar sus habilidades de convencimiento tentando esta vez a Edward Smith a acompañarlo a su apartamento. Una vez que Smith estaba muerto, Jeffrey quiso tratar un nuevo método de preservación: congelarlo. Jeffrey creyó que si lo congelaba se disiparía toda la humedad del cuerpo. Sin embargo, esta teoría demostró ser cualquier cosa menos verdad, ya que el cuerpo contenía aún más humedad cuando Jeffery lo sacó del Freezer. En un último esfuerzo por salvar el cuerpo, Jeffrey metió el cuerpo en el horno, un proceso que incluso dió resultados aún peores cuando el cráneo explotó. Jeffrey terminó por descartar el cuerpo completo, algo que detestó, ya que reportó a la policía local tras haber sido arrestado que se sentía "podrido" al no haber podido salvar ninguna parte del cuerpo. La serie de asaltos de Jeffrey daba pequeños respiros, ya que Jeffrey mantenía su adicción al alcohol. Sin embargo, luego de tres meses, Jeffrey encontró a su siguiente víctima, un hombre de 22 años de nombre Ernest Miller. Jeffrey fue capaz de tentar a Miller diciendo que le daría $50 dólares por el sólo hecho de dejarlo escuchar los latidos de su corazón. Apenas ambos entraron al apartamento, Jeffrey mató a miller rebanando su arteria carótida. Jeffrey procedió a fotografiar el cadáver de Miller completamente desnudo antes de diseccionar el cuerpo en su bañera y remover varias piezas de carne que comería más tarde. Este asesinato estableció la necrofilia de Jeffrey; durante el proceso de disección, Jeffrey no destrozó el esqueleto, sin embargo. Este fue blanqueado con lejía y colgado en su armario como un "amigo con quién hablar." Un mes luego del asalto y asesinato de Miller, Jeffery tentó a otro hombre a entrar en su apartamento pero se encontró esta vez a sí mismo más inclinado a querer violarlo. Sin embargo, sintió que no tenía otra opción que matarlo. Luego de estrangular al hombre, Jeffrey simplemente descartó el cuerpo.

Ya que no se quedó con ninguna parte del cuerpo, Jeffrey documentó minuciosamente los varios procesos involucrados en la disección del cuerpo, un atributo que ayudó enormemente a las autoridades a identificarlo más tarde. Luego de su asalto estropeado, Jeffery dejó de matar por casi cinco meses.

Durante los últimos meses del breve respiro de sus asesinatos, los pensamientos sobre cometer suicidio habían crecido enormemente en Jeffrey. Si bien se supo siempre muy bien que Jeffrey siempre pensó en diversas maneras en las cuales podría quitarse la vida, jamás había caído en una depresión tan grande. El amor por la muerte de Jeffrey, no era ninguna sorpresa que los detectives descubrieran eventualmente que Jeffrey mantenía largas conversaciones con los cráneos de los hombres que asesinaba.

En 1991, Las ganas de asaltar a alguien comenzaron a palpitar nuevamente dentro de Jeffrey y cuando vió al joven de 17 años Curtis Straughter cerca de su casa, conspiró para encontrar una manera de tentarlo a ingresar en su apartamento. Ofreciéndole $50 dólares por dejarse sacar fotografías desnudo, Jeffrey invitó a Straughter a su casa y subsecuentemente lo estranguló. Luego de que el estrangulamiento se llevó a cabo, Jeffrey comenzó el proceso de diseccionar el cuerpo, esta vez poniendo todo su esfuerzo en quedarse con la piel del joven.

Mientras los genitales y parte de los músculos podían ser bien conservados, la piel nunca absorbió la solución y en lugar de ello comenzó a despedazarse casi de instantáneamente. Jeffrey se vió forzado a deshacerse de la piel pero se quedó con los genitales, los cuales colocó en la cima de su estantería en su cuarto. Más tarde, Jeffrey pasó junto a un hombre llamado Errol Lindsey y fue consumido por el deseo de abordarlo. Luego de convencer a Lindsey de entrar a su apartamento, Jeffrey lo dejó inconsciente antes de intentar un experimento que jamás había intentado antes: Inyectarle ácido clorhídrico en el cerebro. Para lograr esto, Jeffrey efectuó una perforación en la parte trasera del cráneo de Lindsey y depositó el ácido clorhídrico dentro de su cerebro. Sin embargo, Lindsey despertó a mitad del experimento y se quejó de que le dolía su cabeza. Con su experimento arruinado, Jeffrey estranguló a Lindsey y desmembró el cuerpo antes de arrojarlo en el bosque detrás de su casa. Fue por ese entonces cuando algunos de los vecinos de Jeffrey comenzaron a quejarse del olor que emanaba de su apartamento. Además, muchos de los inquilinos reportaron haber escuchado motosierras a mitad de la noche. El dueño de la residencia contactó varias veces a Jeffrey acerca de estas quejas a las cuales Jeffrey simplemente contestó que su freezer estaba roto. Esto pareció apaciguar al dueño y a los demás inquilinos y nunca se volvió a hablar del tema. Jeffrey comenzó a ser más cauto acerca del nivel de ruido que generaban sus asesinatos, y comenzó a merodear en los alrededores buscando una nueva víctima, a la cual encontró en forma de un niño de 14 años llamado Konerak Sinthasomphone. Luego de prometer $50 dólares por posar desnudo en algunas fotografías, Jeffrey llevó al niño a su casa donde lo dejó inconsciente usando pastillas para dormir.

Jeffrey intentó su experimento de la inyección una vez más, y su víctima se despertó otra vez. Sin embargo, esta vez la víctima estaba completamente adormecida y seguía a Jeffrey a cualquier lugar que él quisiera llevarlo.

Jeffrey lo llevó incluso a pasar entre esqueletos de otras víctimas, lo cual no alarmó para nada al joven muchacho. Jeffrey no asesinó a Sinthasomphone pero decidió sentarse a beber alcohol y observar al joven. Tras quedarse dormido, Jeffrey se alarmó al despertar y encontrarse con que su víctima había desaparecido. Luego de una breve búsqueda, Jeffrey encontró a su víctima, estaba sentado desnudo junto a un faro en la calle, bajo la supervisión directa de tres mujeres que estaban llamando a la policía. Jeffrey se apresuró a salir, intentando en vano comunicarse con la policía. Tras la llegada de las autoridades, Jeffrey fabricó una historia en la cual Sinthasomphone era su novio y que había bebido demasiado alcohol en una fiesta.

A pesar del pedido de las mujeres de llevarse a este hombre para interrogarlo, los oficiales fueron convencidos de que la historia de Jeffrey era cierta y le devolvieron al casi inconsciente chico a Jeffrey. Pese al comentario de uno de los oficiales acerca del extraño hedor del apartamento, no se lanzó ninguna investigación, y Jeffrey pudo continuar con sus experimentos. Al volver al apartamento, Jeffrey inyectó una segunda dosis de ácido clorhídrico en el cerebro de su víctima, una inyección que demostró ser fatal esta vez. Jeffrey estaba profundamente decepcionado por esto y faltó a su trabajo al día siguiente en un intento por preservar el cuerpo de Sinthasomphone.

Durante los siguientes dos meses, Jeffrey atacaría a cuatro víctimas antes de acabar con sus vidas. En uno de los casos, Jeffrey dejó un cuerpo en descomposición sobre su cama para finalmente descubrir a su regreso que estaba completamente infestado de gusanos. Esto pareció no detener a Jeffrey sin embargo asique tuvo sexo con el cadáver previamente a destruirlo y quedarse con el cráneo y los genitales. A pesar de que durante la mayor parte de su vida Jeffrey mantuvo a la policía fuera de su camino, cometió un error fatal durante un intento de asesinato un año más tarde. El 22 de Julio de 1991, Jeffrey encontró a Tracy Edwards, un vagabundo de 32 años que fue atraído al apartamento de Jeffrey bajo la promesa de recibir $100 dólares por dejarse fotografiar desnudo. Al llegar al apartamento de Jeffrey, Tracy Edwards comenzó a sentirse incómodo por las condiciones en que se encontraba el apartamento. Jeffrey hizo el inútil intento de esposar su muñeca a la de Tracy, un movimiento que asustó mucho a Edwards- Sin embargo, a pesar de esto, Edwards permaneció en el apartamento, determinado a recibir su dinero y marcharse. Incluso antes de que Jeffrey comience a ver El exorcista III y a cantar para sí mísmo, Edwards no pudo escapar. Finalmente, Jeffrey se preparó lo suficiente y precedió a desenfundar una cuchilla y aseveró "Me voy a comer tu corazón." A esto, Edwards huyó de la casa y corrió hasta encontrar al oficial de policía más cercano. Este oficial, Rolf Mueller, regresó con Edwards al apartamento donde comenzó a pedir refuerzos dada la situación.

Al entrar en la casa, Jeffrey condujo a los oficiales por un tour alrededor de la casa, donde estaban exhibidos los genitales conservados, los cráneos, e incluso esqueletos completos. Ante esta revelación, los oficiales pusieron a Jeffrey inmediatamente bajo arresto y llamaron por refuerzos, revelando uno de los peores casos de asesinatos en serie en la historia de los Estados Unidos. En el interrogatorio, Jeffrey confesó haber sido responsable de cada uno de los crímenes a sobre los cuales estaba siendo cuestionado, culminando con la confesión del asesinatos de 19 hombres. Además, Jeffrey confesó haber asaltado y comido la carne de muchas de sus víctimas. El 15 de Febrero de 1992, Jeffrey fue procesado con 15 cargos por asesinato y fue condenado a quince cadenas perpetuas consecutivas. Dos años luego de comenzar su sentencia, Jeffrey fue encontrado muerto en las duchas, víctima de la brutal golpiza de otro de los internos del penal.

Capítulo tres

El asesino del Zodíaco

Si se nos pregunta cuál es el miedo más grande de la humanidad, habría una cantidad muy abundante de respuestas. Desde los miedos relacionados con problemas financieros hasta miedos relacionados con nuestras relaciones, los miedos de cada hombre serían completamente diferentes si nos basamos en la estructura emocional de cada uno de ellos. Sin embargo, el temor a enfrentar a un asesino desconocido es uno al que nadie jamás querría enfrentarse. A lo largo de las décadas de 1960 y 1970, una particularmente larga serie de de asesinatos permaneció sin resolver. Tras tener tantos espeluznantes crímenes sin resolver cada año, los Técnicos en criminología pensaron que estaban cerca de atrapar al asesino, pero estos crímenes habrían de trascender hasta el presente progresivamente pasando desde no resueltos a inactivos. El hombre responsable de estos crímenes sigue siendo un completo misterio al día de hoy, conocido únicamente bajo su autoproclamado alias "Zodíaco." El genio magistral del Zodíaco ha dejado perplejos a los oficiales de policía y a los historiadores a lo largo y ancho del mundo y el recordatorio desafortunado de los asesinatos sin resolver han dejado un vacío el trabajo de la justicia.

El primero asesinato documentado por el cual Zodíaco era responsable fue registrado el 20 de Diciembre de 1968. Mientras que hay numerosos asesinatos anteriores a esta fecha que los historiadores creen que pudo haber sido obra de Zodíaco, los asesinatos no llevaban su nombre, y así en 1968 tras su bautismo fue su consumación como asesino. Las primeras víctima de el asesino del Zodíaco fueron dos estudiantes de secundaria, Betty Lou Jensen y David Faraday. David y Betty acababan de conocerse e iban camino a lo que sería su primera cita, la cual supuestamente tendría lugar una noche más tarde en el marco del concierto navideño de la secundaria Hogan High School. Sin embargo, la pareja jamás llegaría allí. Luego de hablar brevemente con un amigo y detenerse a comprar algo para cenar, David y Betty siguieron su camino hacia la Lake Hogan Road donde procedieron a manejar hasta el final del camino, un lugar común para muchas parejas. Fue alrededor de este entonces cuando un auto desconocido se aparcó junto a la pareja y Zodíaco hizo su aparición. Dando órdenes a la pareja desde su auto, el asesino del Zodíaco procedió a dispararle a David, matándolo instantáneamente de un disparo en la cabeza. Al ver esto, Betty se apuró a escapar de la escena para ser acribillada de cinco disparos tras una breve huida. Luego de chequear que sus víctimas estuvieran muertas, el asesino del Zodíaco huyó de la escena. Más tarde esa misma noche, cerca de las 11:00 p.m., Stella Borges, una vecina de los alrededores, encontraría ambos cuerpos y reportaría el crimen a las autoridades policiales. Durante los meses posteriores al crimen, el Departamento del alguacil del Condado de Solano habría investigado el caso pero cada pista que seguían no conduciría a ningún lugar.

No había ninguna evidencia resultante del asesinato, con lo cual las autoridades se preguntaban si este era un crimen aislado o si sería el inicio de una serie que continuaría. Desafortunadamente las autoridades no tuvieron que esperar demasiado para saber esto.

Sólo seis meses luego de que Zodíaco lleve a cabo su primer ataque, logró perpetrar el segundo de sus ataques, uno que dejó a los investigadores conjeturando acerca de si estaban ante los primeros pasos de un asesino en serie. Poco después de que el reloj diera las 12:00 a.m. El 4 de Julio de 1969, dos amantes, Michael Mageau y Darlene Ferrin detuvieron su vehículo para ver la salida de la luna sobre el lago Lake Herman. Irónicamente, esta ubicación estaba a tan solo cuatro millas de de donde había tenido lugar el doble homicidio seis meses antes. Mientras los novios seguían viendo la luna juntos, un automóvil giró por el camino de grava y abruptamente se detuvo detrás de ellos. Sin embargo el auto se fue rápidamente, y la pareja no pensó más en ello. Sin embargo el auto pronto regresó y se estacionó pegado al auto de la pareja. Sin decir una sola palabra, el asesino caminó hacia la puerta del acompañante del auto de la pareja y dirigió el destello de una linterna por el interior del automóvil. Tras localizar a Ferrin y a Mageau, el asesino efectuó cinco disparos apuntando al interior del vehículo. Mageau recibió múltiples disparos, con todas las balas atravesando su cuerpo e impactando finalmente en el cuerpo de Ferrin. En un principio, el asesino comenzó a alejarse pero pronto regresó cuando los quejidos y gemidos de Mageau alcanzaron sus oídos. Al regresar al vehículo, el asesino le disparó ambos Mageau y Ferrin una vez más antes de subir a su auto y retirarse inmediatamente. Sin que haya nadie en los alrededores, Mageau y Ferrin permanecieron inconscientes dentro del vehículo durante muchas horas. En un retorcido intento por presentarse ante el mundo, el asesino del Zodíaco llamó a la estación de policía de Vallejo y confesó haber cometido el crimen, dándole a las autoridades la ubicación en la cual podían encontrar los cuerpos. Además, Zodíaco confesó haber matado a Jensen y Faraday seis meses antes. Dándole la oportunidad a la policía de mantener la llamada activa durante varios minutos, las autoridades fueron capaces de rastrear la llamada, la cual estaba siendo realizada desde una cabina telefónica cerca de la Estación policial. Sin embargo cuando la policía llegó a dicha cabina telefónica, no había nadie allí, simplemente un tubo de teléfono colgando de su gancho. Cuando las autoridades llegaron a la escena del posible doble asesinato, se decepcionaron al encontrar a Ferrin muerta, pero fue alentador a la vez encontrar a Mageau aún con vida. A pesar de sus heridas extensas, Mageau logró recuperarse y más importante aún, le dió a la policía lo que sería la primera descripción del hombre. Mageau describió a Zodíaco com un hombre blanco que pesaba aproximadamente 195-200 libras, que tendría entre 26 y 30 años de edad y cabello castaño claro ondulado.

Con la policía ahora efectuando un identikit de su hombre, se sintieron confiados de que podrían capturar al perpetrador. Pronto iban recibir aún más información acerca del sospechoso, pero esta vez, llegaría de la fuente menos esperada, del asesino mismo.

Un mes luego del asesinato de Ferrin y el asalto de Mageau, el asesino del Zodíaco se presentó ante el mundo a través de tres cartas encriptadas que envió a tres periódicos diferentes: El Vallejo Times Herald, el San Francisco Chronicle, y el San Francisco Examiner. Mientras que las primeras cartas eran de fácil lectura, el asesino envió también un criptograma para ser utilizado por el departamento de policía, con la promesa de que al ser revelados, el criptograma descubriría la identidad del asesino. Al examinarlo, notaron que el estilo de escritura de las cartas mostraba indicios de alguien con un pasado oscuro, alguien estaba lidiando con grandes problemas de inseguridad. Un psiquiatra incluso notó que las cartas involucraban a "...alguien que se esperaría que fuese melancólico y solitario." En posesión de las cartas, la policía estaba segura de poder finalmente capturar al hombre que había estado plagando su ciudad de miedo. Sin embargo, los criptogramas que el asesinó proveyó habían demostrado ser imposibles de decodificar. Luego de varios intentos y promesas de recompensas para cualquiera que pudiera resolver el mensaje, los tres criptogramas permanecieron sin ser resueltos y dejaron a la policía sin más opciones que publicar las cartas con la esperanza de que alguien pueda arrojar alguna pista. La carta describía los crímenes que habían sido cometidos y reclamaba la responsabilidad de los dos crímenes anteriores. En un principio, quien escribió las cartas demandó que los criptogramas debían ser impresos en cada uno de los tres periódicos a los cuales los había enviado o sino se vería forzado a " Crusar [sic] todo el fin de semana matando gente que anduviera sola por la noche y a continuar asesinando, hasta terminar con al menos una docena de personas durante todo el fin de semana." A pesar de la amenaza, el jefe de policía de Vallejo no creía que viniera de una fuente confiable y rechazó la amenaza tomándola como inválida. Por esta razón, un tercio del criptograma sólo fue publicado en un periódico, The Chronicle. El jefe de policía apostó a que el asesino no iría de cacería tras no obtener sus criptogramas publicados y así fue. Seis días después de que la carta original había sido recibida por los tres medios de comunicación, el San Francisco Examiner recibió su segunda carta del supuesto asesino, se leía en ella: "Querido editor, este es Zodíaco hablando." El asesino del Zodíaco comenzó a argumentar su plan junto con las razones de por qué había asesinado a sus anteriores víctimas. Esta carta se marcó como la primera en la que el asesino se llamó a sí mismo el asesino del Zodíaco, un alias que los medios usarían por el resto de su vida. En esta carta, El asesino mencionó que estaba sorprendido de que los medios no cumplieran sus deseos de publicar el criptograma, añadiendo que su identidad formal se encontraba dentro de uno de ellos.

Un día más tarde, una pareja ubicada en la región baja de California ofreció una solución para uno de los criptogramas. Al ser descifrado, el criptograma ponía "Me gusta matar gente porque es muy divertido es mucho más divertido que matar animales salvajes en el bosque porque el hombre es el animal más peligroso de todos matar a alguien es una experiencia muy emocionante para mi es mucho mejor que tener sexo con una chica la mejor parte es que cuando muera renaceré en el paraíso y todas las personas que maté se volverán mis esclavos no voy a darles mi nombre porque tratarán de frinar[sic] o datener mi recolección de esclavos para mi otra vida ebeorietemethhpiti[sic]." La declaración, repleta de faltas ortográficas y palabras que parecían simples garabatos, fue aceptada por la policía el más cercano y plausible código que tenían para el criptograma. La pareja, Donald y Bettye Harden, pidieron permanecer en el anonimato por razones de seguridad pero su identidad fue pronto reconocida a lo largo de todo el Estado de California, con la policía pidiendo que siguieran descifrando los los dos criptogramas restantes. Sin embargo, su éxito se terminaría y nunca serían capaces de resolver los criptogramas restantes.

Casi un mes después de publicar su segundo mensaje en el periódico, el asesino del Zodíaco reclamó su segunda serie de víctimas, Bryan Hartnell y Cecilia Shepard. La pareja de estudiantes estaban anotados en el Pacific Union College y estaban estudiando dirección de empresas y administración de Oficinas legales respectivamente. La pareja se había embarcado en una escapada de fin de semana para acampar y disfrutar de un tiempo en compañía del otro. Sin embargo, luego de haber comenzado su picnic, un hombre se acercó a la pareja y los amenazó con asesinarlos. Este hombre era de unos 5'11'' de estatura y tenía un ligero sobrepeso, encajando perfectamente con la descripción que la policía había hecho circular en los alrededores respecto a la apariencia del asesino del Zodíaco. El hombre vestía una máscara negra con capucha y vestía también lentes de sol para encubrir su identidad. Además, el hombre vestía una especie de babero blanco en su pecho que mostraba el símbolo de una cruz dentro de un círculo. Luego de una pequeña charla con la pareja en la cual les contó parte de la historia de su vida, el hombre afirmó haber sido un interno en una cárcel local de la cual había escapado recientemente. El hombre les contó que había reducido al oficial asignado a su celda antes de robar una patrulla policial y encontrarse con la pareja. El hombre dijo que iba a robar ahora su automóvil para poder continuar su viaje hasta México, un viaje que había sido desviado recientemente debido a problemas mecánicos con la patrulla de policía. Produciendo dos precintos plásticos, el hombre le ordenó a la mujer, Shepard, contener al hombre, Hartnell y atar sus manos detrás de su espalda. Luego de completar esta tarea, el hombre chequeó los precintos y se puso completamente furioso al notar que Shepard había intentado engañarlo dejando las manos de Hartnell algo sueltas. El hombre procedió a atar las manos de Hartnell con más fuerza antes de blandir una cuchilla y apuñalar a ambas personas repetidas veces.

Al final, Hartnell fue apuñalado seis veces y Shepard diez. Tras completar el asesinato, el hombre, conocido ahora como Zodíaco encontró el automóvil de Hartnell y trazó con una tiza el mismo símbolo Cruz/Círculo que tenía en su pecho, en la puerta del auto.

Tras dibujar el símbolo, el asesino agregó las palabras "Vallejo/12-20-68/7-4-69/Sept 27-69-6:30/por Cuchilla"

Luego de tres horas aproximadamente de haber cometido su atroz crimen, el asesino encontró un teléfono público en Napa Car Wash, un lavadero de autos en Napa, California y llamó desde allí a la oficina del alguacil del condado de Napa (Napa County Sheriff's Office). Tras recibir la llamada, la secretaria fue informada por el asesino que quería reportar un doble homicidio. El asesino no ofreció ninguna prueba como la ubicación en la cual había sido asesinada la pareja pero reclamaba la responsabilidad del hecho que la policía estaba a punto de presenciar. Mientras tanto, la pareja había estado gritando repetidamente por ayuda, sin ningún resultado. Sin embargo, sus gritos fueron pronto escuchados por un hombre y su hijo que estaban cazando cerca de su ubicación. Luego de comunicarse con los Rangers del parque, el hombre y su hijo atendieron las necesidades de la pareja. Desafortunadamente, Shepard moriría dos días más tarde luego de caer en coma. Hartnell, por su parte, viviría para contar su horrorífica y trágica experiencia a la policía. Armados con la descripción del hombre y la subsecuente llamada telefónica, la policía rápidamente agregó la responsabilidad del crimen a la lista de antecedentes de Zodíaco. Uno de los oficiales de policía que investigaba la escena del crimen, el detective Ken Narlow, trabajaría todos los días en el caso hasta jubilarse casi una década más tarde.

Luego de un breve receso de dos semanas en el cual Zodíaco no asesinó a nadie, sus crímenes resurgieron en una bizarra cadena de eventos. El 11 de Octubre de 1969, un hombre a veces llamaba a un taxi pasadas las 8:00 PM. El hombre pedía ser conducido a las calles Washington y Maple, cerca de Presido Heights. El conductor del taxi, Paul Stine, asintió y comenzó a llevar al pasajero desconocido a su destino. Sin embargo, Stine se pasó de las calles solicitadas por el pasajero, ya sea por accidente o intencionalmente, nunca se sabrá. Al ver esto, el pasajero, quien resultó ser el asesino del Zodíaco, se procuró un arma de fuego de su cinturón y efectuó un disparó a Stine en la parte trasera de su cabeza. Luego de asesinar a Stine, el asesino robó del automóvil su billetera, sus llaves y algo de efectivo. Adicionalmente, el asesino usó su cuchilla para cortar un pedazo de la camisa de Stine, específicamente una parte que contenía sangre de Stine. Irónicamente, la totalidad de este crimen fue observado por un grupo de adolescentes. Luego de ver que el asesino limpió el auto sin dejar rastros de la sangre de Stine, los chicos alertaron a las autoridades locales, quienes emprendieron su camino hacia la escena. Mientras iban camino a la escena, los policías pasaron junto a Zodíaco pero no pararon porque había sido avisados de buscar a un hombre afroamericano y no a un hombre caucásico. Al día de hoy, nadie comprende hasta el día de hoy por qué la descripción se malinterpretó tanto. Obviamente, cuando la policía llego al a escena del crimen no había ningún sospechoso y el auto había sido limpiado de cualquier tipo de evidencia.

Sin embargo, los cuatro adolescentes que observaron el asesinato fueron capaces de darle a la policía una idea del hombre al que estaban buscando. Usando este bosquejo, la policía comenzó a hacer circular miles de pistas, más de 2,500, de las cuales ninguna devolvió nada más que frustración. El asesino del Zodíaco se estaba volviendo cada vez más audaz en sus acciones, llevando a las autoridades a creer que pronto podría cometer algún error, un error que le costara su identidad y con suerte total justicia por las vidas que había exterminado hasta ahora.

Luego de tres días de haber de haber llevado a cabo su asesinato, Zodíaco retomó su comunicación con The Chronicle, enviando una carta describiendo los asesinatos que había llevado a cabo desde la última vez que se comunicó con el periódico. Entre los asesinatos reclamó la responsabilidad del crimen de Paul Stine, del cual demostró ser el autor enviando el trozo de camisa manchado con sangre que había tomado del cuerpo de Stine. En suma a la descripción de sus recientes asesinatos, Zodíaco también envió planes y reflexiones que había estado reteniendo que se centraban en asesinar a todos los niños de un micro escolar. Zodíaco supuso que podría dispararle a la rueda delantera del micro y entonces "recoger a los nenitos a medida que salían rebotando." Sin embargo esto jamás ocurriría y terminaría siendo sólo una más de las tantas amenazas vacías del asesino del Zodíaco. Seis días más tarde, Zodíaco hizo una llamada telefónica al departamento de policía de Oakland y demandó que F. Lee Bailey o bien Melvin

Belli, ambos reconocidos abogados de la zona, aparecieran como estrellas invitadas del programa. Debido a que Bailey no estaba disponible al momento del show, Belli fue presentado en el show como invitado. Zodíaco demandó que todas las líneas telefónicas se mantuvieran abiertas y luego de unos instantes, llamó pidiendo encontrarse personalmente con Belli en Daly City. Belli aceptó pero el día de la reunión nadie se presentó en el lugar, y la identidad de Zodíaco continuó siendo un misterio. Casi un mes después, Zodíaco le dió a la policía una cuarta posibilidad de poder revelar su identidad, enviando otro criptograma con la promesa de que este contendría su identidad. Un gran número de soluciones fueron encontradas pero las autoridades las descartaron una a una, estableciendo que había sido resuelto con métodos poco convincentes o que eran respuestas demasiado fáciles viniendo de alguien como Zodíaco. El asesino del Zodíaco siguió jugando con los detectives, enviando una carta de siete páginas el día siguiente que describía una conversación que él tuvo con la policía. Zodíaco dice haber sido detenido por dos policías tres minutos luego de haber llevado a cabo el asesinato de Paul Stine, el conductor del taxi. Sin embargo, los policías dejaron a Zodíaco seguir su camino, debido en gran parte a la orden que tenían de buscar a un hombre afroamericano. La carta fue publicada en The Chronicle y enfureció a los locales, incluyendo a los oficiales que lo detuvieron. Años más tarde, el oficial Dan Fouke escribiría su declaración vespertina, describiendo la defectuosa descripción que había recibido. Zodíaco finalizó esta ronda de cartas enviando una inquietante carta a Belli que contenía un pequeño trozo de la camisa manchada de sangre de Stine. Sin embargo, en lugar de describir sus asesinatos o sus planes de ataque, Zodíaco decía que estaba listo para cesar con sus asesinatos y que buscaba la ayuda de Belli.

Sin embargo no dejó ninguna información de contacto , dejando efectivamente a Belli sin medios para ayudarlo a superar su amor y sed por matar. Desafortunadamente, los asesinatos solo estaban a punto de continuar con incluso más tenacidad. En su siguiente ataque, Zodíaco cometería un sorpresivo error al intentar asesinar a su siguiente víctima. Habían pasado casi cinco meses desde que alguien haya oído sobre algún movimiento de Zodíaco, dejando a muchos preguntándose si había sido asesinado a manos de su descuidado estilo de vida. Sin embargo, la esperanza de reclusión se desvaneció cuando el asesino se hizo presente nuevamente, esta vez intentando un secuestro. Sin embargo, este intento contendría procedimientos muy extraños que dejarían al asesino humillado. El 22 de Marzo de 1970, una joven madre de nombre Kathleen Johns estaba volviendo a casa a visitar a su madre, acompañada por su pequeña hija. En el camino a Petalum desde San Bernardino, Johns notó que un auto venía siguiéndola y tocando su bocina sin ningún sentido. Johns se detuvo y esperó por el conductor del otro auto. Cuando el otro conductor apareció en su auto, Johns observó que este hombre parecía tener 5'11'' de altura y pesar más de 160 libras. El hombre parecía estar genuinamente preocupado por su seguridad, notando que su rueda trasera derecha estaba tambaleándose significativamente. Johns le agradeció al hombre y le imploró que la ayudara, la cual el hombre le concedió ayudándola generosamente. Luego de usar la llave de tuercas para supuestamente ajustar las tuercas de su rueda trasera, el hombre volvió a su auto y Johns procedió a abandonar la escena, y siguió rumbo a casa de su madre. Sin embargo, al poco tiempo de irse, su rueda trasera derecha casi se sale completamente de su eje, dejándola indefensa al costado de la ruta. El extraño había estado siguiendo de cerca a Johns y se ofreció a llevarla junto a su hija a la gasolinera más cercana para que pueda desde allí llamar por teléfono a su esposo. Johns aceptó y procedió a subir al auto junto con su hija. Luego de un rato, Johns notó que el hombre se había pasado de largo varias gasolineras, siempre remarcando que se detendría en la siguiente. Durante cerca de una hora y media, el hombre continuó manejando por varias rutas alrededor del campo, sin jamás responder a Johns cuando ella preguntaba por qué nunca se detenían en ninguna gasolinera. Finalmente, nerviosa por la rareza del asunto, Johns se salió del automóvil junto con su hija apenas tuvo oportunidad. Cuando el extraño se detuvo en una intersección, Johns huyó del vehículo hacia un campo cercano en el cual se aplastó en el suelo para esconderse entre la hierba junto con su hija. El extraño detuvo el auto a un costado del camino y procedió a buscar frenéticamente a Johns y a su hija. Afortunadamente, Johns había tenido la lucidez de esconderse entre la maleza más alta, lo que la cubría ampliamente y la desaparecía del campo visual del extraño.

Luego de buscar por un rato, el extraño se rindió y volvió a su auto para finalmente huir de la escena. Cuando él se fue, Johns y su hija huyeron hacia la estación de policía más cercana y les confió su historia. De particular interés, Johns estaba embarazada de siete meses al momento del intento de secuestro, dando un nuevo respiro a la belleza de su escape.

En la estación de policía, Johns estaba prestando declaración al jefe de policía cuando su ojo captó por un segundo el bosquejo que la policía había compuesto del asesino que creían que era responsable del asesinato de Stine. Tras ver este dibujo, Johns reconoció a este hombre como el hombre que había intentado secuestrarla junto a con su hija.

La policía se interesó bastante en este hecho y dada la identificación positiva de Johns, las autoridades fueron capaces de determinar que el perpetrador era Zodíaco. Además, Los policías estaban preocupados de que Zodíaco no dejaría que su víctima huyera tán fácilmente, significando esto que probablemente volvería a buscar e intentar asesinar a Johns a cualquier precio, incluyendo la muerte de oficiales de la ley. Con esto en mente, el jefe de policía encerró bajo llave a la estación de policía completa y aisló a Johns en una ubicación desconocida en la cual ella estaba sentada en completa oscuridad. Luego de una breve búsqueda en los alrededores de la zona, la policía encontró el auto de Johns, completamente incinerado y sin asientos. Mientras que los oficiales estaban agradecidos de que Johns, su hija y su hijo aún no nacido estaban bien, la experiencia fue sumamente traumática para Johns, dejándola aterrada por meses luego del intento de secuestro.

Mientras que los ataques del asesino del Zodíaco se detuvieron por los siguientes dos meses, la comunicación con el asesino aún prevalecía ya que él continuaba enviando mensajes cifrados a los medios de comunicación, las estaciones de policía, y a menudo a sus víctimas. El 20 de Abril, el asesino envió una carta a las autoridades diciendo "Mi nombre es____________" con un espacio en blanco para rellenar con un código de 13 caracteres. Aunque la policía dedicó meses de tiempo a resolver el código, no hubo soluciones definidas y la identidad del asesino permaneció anónima. En adición a proveer un código que supuestamente contenía su identidad, Zodíaco también se tomó el tiempo de exonerarse a sí mismo de un bombardeo reciente a la estación de policía de San Francisco que acabó con la vida de un sargento. Sin embargo, el asesino elogió al hombre que bombardeó la estación de policía, declarando que "Hay más gloria en asesinar a un policía que en asesinar a un nino[sic] porque un policía puede contraatacar." Además, el asesino incluyó las ramificaciones y detalles de una bomba que había preparado que supuestamente podría "volar un micro escolar completo y natar[sic] a un montón de ninos[sic]." El asesino cerró su carta con su famoso símbolo en forma de círculo dentro de una cruz seguido del texto "Zodíaco=10, SFPD=0," obviamente apuntando a que el departamento de policía de San

Francisco había fallado en identificar o cuando menos inhibir las travesuras de Zodíaco.

Ocho días después, Zodíaco envió una tarjeta postal a la estación de policía tras su reciente carta que decía "Espero que disfruten cuando EXPLOTE de risa." Además el asesino amenazó con llevar a cabo su diabólico plan si el periódico no publicaba su carta más reciente. Adicionalmente, el asesino expresó su deseo de ver a las personas luciendo algunos "bonitos votones[sic] con el símbolo de Zodíaco."

Luego de un breve respiro en el cual ningún tipo de comunicación entre el departamento de policía y Zodíaco tuvo lugar, el asesino una vez más envió una tarjeta postal al periódico The Chronicle, esta vez remarcando que asesinó a un hombre recientemente por no haber visto a nadie utilizando botones de Zodíaco. Luego de investigar más a fondo, la policía descubrió que este hombre era el Sargento Redetich, a quien le dispararon mientras estaba sentado en su automóvil. El oficial de policía fue asesinado de un disparo en la cabeza con un arma de fuego calibre .38 y murió 15 horas más tarde a causa de sus heridas. Sin embargo, el SFPD continuó su investigación y determinó que el asesino del Zodíaco ni siquiera había estado en las cercanías de donde fue asesinado el sargento. Al día de hoy, el SFPD niega cualquier conexión entre el asesino del sargento con Zodíaco. Además de enviar la carta describiendo su falso asesinato, Zodíaco también incluyó un mapa de ruta Phillips 66 que daba detalles del área de la bahía de San

Francisco. En el mapa el asesino marcó una zona conocida como Mount Diablo, una popular atracción turística de los alrededores. Debajo del círculo que trazó en el mapa, el asesino describió el modo en el que había plantado una bomba en esta zona y cómo iba luego a detonarla a una hora determinada. Sin embargo, la policía tendría acceso directo a la ubicación de la bomba si hubiera podido descifrar exitosamente el código que el asesino había incluído en el mapa. Como con la mayoría de los cifrados anteriores, la policía nunca pudo resolverlo y la bomba jamás fue hallada. De todos modos, la policía agradeció que Zodíaco se mantuviera en contacto constante, dándoles amplias evidencias de las cuales obtener pistas. Un mes más tarde, el asesino del Zodíaco envío una nueva carta a The Chronicle y usó esta carta para reclamar la responsabilidad del secuestro de Kathleen Johns y su hija. The Chronicle publicó partes de la carta, incluyendo una parte en la cual Zodíaco citó varias líneas del Mikado y las personalizó para poder incluir su plan de cómo se daría satisfacción a sí mismo con todos los esclavos que tendría una vez alcance su tan fanatizado paraíso. Esta carta fue fechada con el código "Asesino del Zodíaco=13, SFPD=0." Además, el asesino agregó una pequeña pista al final de su carta declarando "P.D. El código de Mt. Diablo preocupaciones radianes + # pulgadas junto a los radianes." Con esta reveladora pista, los policías fueron capaces de descubrir que si un ángulo en radianes fuese puesto directamente sobre el mapa de la ubicación de la bomba de Zodíaco, el ángulo en radianes producido mostraría el camino a las dos ubicaciones de las bombas. Sin embargo, estas ubicaciones fueron rastrilladas en busca de bombas y pistas pero dejaron a los detectives llenos de aún más frustración con el asesino del Zodíaco.

El asesino del Zodíaco dio por terminada su serie de cartas al periódico The Chronicle enviando una tarjeta de 3x5 a la firma del periódico y dibujando el símbolo de la cruz y el círculo con sangre sobre la tarjeta. La tarjeta contenía 13 agujeros a lo largo de la superficie superior mientras que también contenía un mensaje realizado con letras recortadas del periódico local. Zodíaco se mantuvo comunicado con el mundo exterior, pero esta vez decidió elegir una fuente diferente: Paul Avery, un detective que había sido asignado al caso del Zodíaco desde sus comienzos.

El 27 de Octubre de ese mismo año, 1970, el asesino del Zodíaco compuso un mensaje para Paul Avery que decía "cu cú, estás condenado." Dada la volatilidad de Zodíaco, la estación de policía tomó la amenaza seriamente y puso la historia en la portada de The Chronicle. Además, El asesino del Zodíaco parecía querer más reconocimiento, incitandolo a enviar una carta a Paul Avery que demostraba las similitudes entre sus recientes asesinatos y un asesinato que había quedado sin resolver años atrás, el asesinato de Cheri Jo Bates.

Hace cuatro años, Cheri Jo Bates estaba estudiando en la biblioteca del campus de la Riverside Community College antes de irse para regresar a su cuarto a las 9:00 PM. Sin embargo, Los vecinos declararon haber escuchado un grito a las 10:30 PM. y Bates habría sido encontrada a la mañana siguiente, golpeada y apuñalada hasta a la muerte. Tras más inspecciones, la policía descubrió que el auto de Bates había sido manipulado, la tapa del distribuidor había sido retirada del auto. Cerca de allí, la policía encontró un reloj Timex, pero éste había sido descartado como evidencia ya que el mismo estaba detenido a las 12:24 PM. La policía quedó perpleja ante este asesinato, descubriendo que nada podía ser utilizado como evidencia substancial en la escena del crimen. Sin embargo, con esta evidencia años más tarde, la policía había demandado que la responsabilidad de este acto era del asesino del Zodíaco, convencidos de que una carta mostrando las similitudes era evidencia suficiente para ello. Zodíaco habría sustentado esta evidencia más tarde con otra carta en la cual reclamaba su responsabilidad por la desaparición de otra chica, siendo esta vez Donna Lass del Sahara la chica en cuestión. Años más tarde, su cuerpo sería hallado en una tumba improvisada en Norden, California pero la policía nunca encontraría evidencias suficientes más allá de una carta de confesión que señalaba a Zodíaco como el perpetrador de este asesinato.

Durante los tres años siguientes a la carta confesando el asesinato de Donna Lass, nada se supo del asesino del Zodíaco. Sin comunicación, la policía comenzó a preguntarse nuevamente si había sido asesinado. Sin embargo, Zodíaco resurgió por una última bocanada de aire el 29 de Enero de 1974. Enviando meramente una carta a The Chronicle, el asesino del Zodíaco envío una corta sinopsis de El exorcista, una película a la cual se refirió como "Una comidia[sic] satírica que he visto siempre." Luego de una breve línea de The Mikado, Zodíaco dió por terminada su última carta con una última puntuación "Yo=37, SFPD=0." Tras esto, nunca más volvió a saberse nada del asesino. A pesar de haberse hecho numerosos intentos por identificarlo y de que varios miles de sospechosos hayan sido interrogados, todavía falta encontrar a un sospechoso que encaje con el arquetipo completo del criminal para garantizar un arresto. Por ahora, los pocos detectives que siguen persiguiendo la identidad del asesino esperan que las técnicas modernas de pruebas de identificación del ADN puedan revelar finalmente la identidad de este hombre. A pesar de la decepción de jamás encontrar al asesino, los detectives están agradecidos de que las series de asesinatos se hayan detenido, para así terminar con una de las matanzas más mortíferas en la historia de los Estados Unidos.

Capítulo cuatro

Jack el Destripador

Dentro de la ciencia de la historia del crimen, les es dada especial atención a aquellos que han cometido crímenes serios y permanecido en el anonimato durante toda su existencia. Ya sea por mera coincidencia o por la ilusión de creerse inteligentes, estos criminales le han quitado vidas a la humanidad a la vez que proveían a la misma humanidad de incontables historias y leyendas. Una de estas leyendas, Jack el Destripador, tiene numerosas páginas web, libros, e incluso films cinematográficos dedicadas a las presunciones de quien pudo haber sido. De hecho, ni siquiera el género de Jack fue siquiera develado. Mientras que una carta reclamando ser proveníente de "Jack el Destripador" establecía su género como masculino, no hay ninguna verificación oficial, por lo tanto las autoridades barajaron la remota posibilidad de que Jack podía tratarse de una mujer. Sin embargo, la reclusión de hombres por sus crímenes parece vincular los asesinatos a una persona de género masculino. El título "Jack el Destripador" vino de la mano de la misma carta que llevó a las autoridades a referirse al asesino como Jack por el resto de sus investigaciones. Los crímenes cometidos por Jack fueron, sin embargo, de los más horripilantes, volviéndolo una leyenda la cual los residentes de East London hubieran preferido olvidar; Creando un aire de misterio y siendo el precursor de una sucesión de asesinos seriales que serían bien conocidos por la sociedad. Jack el Destripador terminó por convertirse en una leyenda que los detectives jamás podrían resolver.

Los fundamentos del crimen de Jack el Destripador se estableció a través de los esfuerzos compasivos de aquellos en Londres. Era el año 1882 y las condiciones de vida en Londres se sufrían deterioros día tras día. Con inmigrantes Irlandeses plagando la zona de Londres, miles de personas comenzaron a arribar solo para encontrarse con que no tenían dónde vivir. Adicionalmente, una gran parte de la población judía estaba también migrando a Londres, Dejando a Inglaterra en una crisis migratoria. Un área que estaba particularmente saturada de inmigrantes era Whitechapel, una parroquia ubicada al Este de Londres. Con los inmigrantes inundando continuamente la zona, los puestos de trabajo se volvieron escasos y las condiciones de vida se deterioraron significativamente. Los inmigrantes comenzaron a incurrir en el robo para poder proveer a sus familias a la vez que la adicción al alcohol y los altercados violentos sobrecogieron muchos hogares. A su vez, el número de mujeres solteras en los suburbios de Londres se volvió exorbitante, lo que llevó a una feroz competencia laboral entre ellas. Para aquellas mujeres que no eran capaces de asegurarse un empleo, la prostitución parecía ser la única opción, lo que daba un resultado estimado de 1,200 prostitutas que recorrían las calles del área de Whitechapel. La cantidad desmesurada de prostitución empeoró las condiciones de vida y el malestar social comenzó a crecer desde las profundidades de Whitechapel. La policía de Londres era incapaz de responder al creciente número de llamadas de la zona de Whitechapel, lo que sentó las bases de la futura serie de actos atroces de Jack.

La zona de Whitechapel se volvió conocida por ser un área racista, violenta y antisemita en la cual ya no quedaba ningún rastro aparente de llevar una vida normal. Desgraciadamente, los asesinatos y asaltos de Jack el Destripador encajaban tan bien dentro de esta faceta de la sociedad que sus primeros ataques no fueron cubiertos por la prensa local. Sin embargo, la prensa pronto reconocería que había una asesino serial suelto en el área y comenzaría su campaña mediática sin lograr obtener ningún resultado.

Al señalar puntualmente los asesinatos de Jack, es extremadamente difícil discernir de cuales de éstos crímenes era realmente responsable. Había numerosos ataques sexuales cada noche en Whitechapel durante esta época y los asesinos no eran algo fuera de lo común. Sin embargo, la manera grotesca en la que Jack solía asaltar y asesinar a sus víctimas parecía vincular las muertes. Durante un período de tiempo particularmente violento en East London, once asesinatos que tuvieron lugar entre el 13 de Abril de 1888 y el 13 de Febrero de 1891, aparentaban ser obra de Jack. Mientras se especula acerca de cuántos de estos once asesinatos realmente fueron perpetrados por Jack, cinco de ellos fueron confirmados por coronarios de haber sido llevados a cabo por la misma persona: La persona que reclamaba ser Jack el Destripador. El primero de esta serie de asesinatos tuvo lugar en la calle Osborn Street en Whitechapel cuando Emma Elizabeth Smith fue asaltada y robada, antes de sucumbir a sus heridas para morir al día siguiente. Antes de su muerte, Smith identificó a los responsables de su asesinato, quienes serían dos hombres y un chico adolescente. Notando simplemente que el ataque fue perpetrado por un grupo, los historiadores rechazaron rápidamente la idea de que este había sido un crimen cometido por Jack. Sin embargo, La carta que fue enviada a la policía, la cual comenzaría a divulgar el nombre "Jack el Destripador" reclamaba la responsabilidad de este crimen, dejando a los historiadores sin más opciones que poner a Jack como responsable de este crimen.

Tres meses más tarde, otro asesinato tuvo lugar, el cual compartía muchas características que indicaría que era obra de Jack. Esta vez la víctima fue Martha Tabram, una mujer soltera que era empleada en una fábrica local. En la noche del 7 de Agosto, Tabram fue encontrada muerta producto de 39 puñaladas a lo largo de cada parte de su cuerpo. Este crimen fue significativamente menos extremo que los otros crímenes cometidos por Jack, pero los historiadores creen que este pudo haber sido uno de sus asesinatos más tempranos. Tras el asesinato de Tabram, una serie de grotescos asesinatos posteriores se volvió conocida como los Cinco Canónicos (The Canonical Five). Estos asesinatos fueron particularmente horribles, y habitualmente las víctimas eran dejadas con extremidades amputadas o la remoción de sus órganos internos. La primera víctima de los Cinco Canónicos fue Mary Ann Nichols, una mujer de 21 años. Nichols fue encontrada muerta el 31 de Agosto de 1888 a las 3:40 AM, se asume que perdió la vida luego de su paso por la prostitución.

El cuerpo de Nichols fue lacerado en varios lugares con heridas cortantes a lo largo del abdomen y el pecho, y alojando la incisión más significativa en su garganta, la cual prácticamente la había decapitado.

Tras poco menos de un mes, la segunda víctima de esta serie de asesinatos cayó en manos de Jack bajo el nombre de Annie Chapman. Chapman fue encontrada muerta el 8 de Septiembre a las 6 AM. Su cuerpo fue encontrado en una puerta de la calle Hanbury Street al Este de Whitechapel. Siguiendo el mismo modus operandi que el asesinato de Nichols, la garganta de Chapman había sido lacerada y abierta y poseía un significativo corte a lo largo y ancho de su abdomen. Luego de la inspección coronaria, se descubrió que el asesino de Chapman había removido su útero. La policía quedó perpleja ante el hecho de por qué el asesino retiraría el útero de su víctima. Luego de interrogar a varios testigos que habían visto a Chapman la noche anterior, se estableció que Chapman estaba acompañada por un hombre que tenía la apariencia de un vagabundo de largo y descuidado cabello de naturaleza oscura. La policía no logró hacer ninguna conección entre los asesinatos de Chapman y

Nichols. Sin embargo, la siguiente víctima de Jack se prestaría por sí misma a estar conectada directamente con los asesinatos anteriores, dándole a la policía más progreso sobre quién estaba cometiendo estos crímenes, y en responder la pregunta que todos se hacían: ¿Por qué?

Las siguientes dos víctimas de los Cinco Canónicos habrían sido asesinadas muy cerca una de la otra y casi a la misma hora de la misma noche. Siendo la primera Elizabeth Stride, una prostituta de 22 años de edad conocida por frecuentar los alrededores de la calle Berner Street. Su cuerpo fue descubierto el 30 de Septiembre a la 1 AM. Cuando la policía encontró el cuerpo, su cuello estaba casi completamente separado, resultante de una herida de arma blanca que fue efectuada de una punta a la otra. Encontrándose así con otra víctima con su cuello lacerado, la policía comenzó a sospechar que estaban tratando con un asesino serial y no con casos aislados de asesinato. Este crimen sin embargo difería de los dos asesinatos previos ya que Jack no había removido ningún órgano del abdomen de Stride. De hecho, no había ninguna otra laceración más que la que cruzaba su garganta. Mientras que algunos historiadores tenían dudas de si este era realmente un asesinato cometido por Jack, los reportes de la Policía de Londres dieron detalles que apoyaban la hipótesis de que este crimen fue llevado a cabo por Jack. Cuando la policía interrogó en la zona a quienes pudieron haber visto a Stride la noche anterior, no se encontraron con nada excepto confusión. Algunos testigos dijeron que ella caminaba con un hombre que lucía como un vagabundo, similar al hombre que había asesinado a Chapman. Otros testigos dijeron que habían visto a Stride en compañía de un hombre muy apuesto que parecía adinerado. Con este conflicto en las historias, la policía se vió forzada a comprender que el perpetrador de este crimen podría quedar como no identificado. La misma madrugada que Stride fue hallada, la policía se encontró con el cuerpo de Catherine Eddowes. Eddowes fue descubierta en los arbustos de Mitre Square en el centro de Londres.

La policía encontró su cuerpo sólo 45 minutos luego de haber encontrado a Stride, llegando a la conclusión de que el asesino sólo había asesinado a Stride, pero parecía más interesado en cosechar los órganos de Eddowes. Tras la inspección, la policía no se sorprendió al notar que Eddowes murió de la misma manera que las tres mujeres previas: una larga e irregular herida cortando su garganta en dos. Además, el abdomen de Eddowes había sido arrancado con un objeto punzante junto a la remoción de uno de sus riñones y de su útero.

Mientras la policía comenzó su tarea de interrogar a cualquiera que haya estado en contacto con estas mujeres antes de sus asesinatos, se toparon con el testimonio de Joseph Lawende. Lawende había estado caminando en Mitre Square minutos antes de la muerte de Eddowes y la vio acompañada de un hombre "aparentemente en mal estado." Al corroborar su descripción, dos amigos que acompañaban a Lawende dieron una descripción similar de aquel hombre. Con estos testimonios, la policía llegó a la conclusión de que estos dos hechos estaban relacionados y comenzaron a los asesinatos con el título de homicidio doble. Más tarde esa misma noche, la policía recibió un llamado para acudir a una casa en la calle Glouston Street en Whitechapel donde un residente de la zona descubrió un sangriento delantal fuera de su casa. Se confirmó que la sangre del delantal era perteneciente a Eddowes, y la policía ahora tenía un enlace directo entre estos asesinatos y la localidad de Whitechapel. La policía notó una escritura sobre el delantal que había sido encontrado, posiblemente indicando que el asesino quería que la policía encuentre el delantal. Al ser la escritura tan ilegible, la policía se vio obligada a abandonar sus esfuerzos por descifrar las palabras. Tras limpiar la sangre de la pared, la policía regresó a la escena del crimen de Eddowes, sin estar más cerca de atrapar al asesino de lo que habían estado antes. Debido a la creciente actividad del último mes, la policía estaba preocupada de que el asesino tomara mas confianza, y si bien los asesinatos han sido de una naturaleza grotesca, nada tendrían que ver con lo que la policía estaba apunto de descubrir.

El 9 de Noviembre de 1888, La policía Londinense fue llamada desde la residencia de Mary Jane Kelly, donde encontraron el cuerpo completamente desmembrado en su cama. A la fecha, este asesinato demostró ser el más espeluznante perpetrado por Jack y uno que dejaría a la policía más motivada que nunca a encontrar al responsable. El asesinato tuvo lugar a las 10:45 PM y además de tener la garganta completamente destrozada, la naturaleza del destripamiento del cuerpo dejó a la policía con la seguridad de que fue producto de la acción del misterioso asesino serial. Sin embargo este asesinato parecía haber sido alimentado más por odio, ya que Jack cortó la garganta de lado a lado hasta la espina dorsal y removiendo todos los órganos del abdomen y arrojandolos al suelo. Para agregar una nota siniestra a la misteriosa noche, el corazón de Mary Jane Kelly desapareció de su cuerpo. Luego de completar la investigación de la escena del crimen, los policías estaban frustrados al no haber encontrado ningún signo o pistas que dieran indicios de quién podría ser el asesino.

A pesar de no haber encontrado pruebas, la policía estaba en lo cierto en un hecho de sus investigaciones: el criminal con el que estaban lidiando era un profesional y era probable que sus atrocidades estén alimentadas por mucho más que simplemente ira; esta persona tenía una agenda que estaba siendo completada sistemáticamente. El área completa de Whitechapel estaba plagada de terror al no saber quién sería la siguiente víctima de este monstruo.

Al investigar la naturaleza en común de estos asesinatos, el aspecto más convincente que los vincula es el modo en que las gargantas fueron laceradas. Los reportes coronarios afirmaron que las gargantas fueron todas cortadas con una cuchilla, de izquierda a derecha y que todas las heridas se llevaron a cabo con una hoja del mismo espesor. Mientras que los asesinatos anteriores a los Cinco

Canónicos habían sido vinculados a los Cinco Canónicos por investigadores contemporáneos, la Policía Londinense creía firmemente que los Cinco asesinatos Canónicos fueron perpetrados por una sola persona pero que estaban completamente aislados, lo que significaba que que este asesino no había matado a nadie anteriormente. Este pensamiento fue corroborado por el asistente del Jefe de la Policía Metropolitana, Sir Melville Macnaghten, quien aseguró "El asesino de Whitechapel tiene cinco víctimas [los Cinco Canónicos] y sólo cinco víctimas." El cirujano de la policía Thomas Bond habría hecho declaraciones muy similares ante el líder del CID de Londres, Robert Anderson, declarando "Es probable que el hombre responsable de los asesinatos de Whitechapel haya cesado sus acciones y no sea más una amenaza para la sociedad Londinense." Mientras que hay incontables rumores sobre la cantidad de asesinatos de los cuales Jack el Destripador podría ser responsable, se cree que su ola de asesinatos se esparció mucho más allá de los límites de Whitechapel.

Si bien la policía local sólo le acredita los Cinco Canónico a Jack el Destripador, hubo numerosas muertes subsecuentes a su ola de asesinatos que los historiadores han vinculado a Jack el Destripador. La primera fue Rose Mylett, víctima de un estrangulamiento el 20 de Diciembre de 1888. El cuerpo de Mylett fue descubierto en el pati del Clark's Yard en la calle High Street, una ubicación cercana a uno de los otros asesinatos perpetrados por Jack. Si bien algunos creen que Mylett simplemente se suicidó, otros no están del todo convencidos de la ausencia del trabajo de Jack, llevando a que el Jurado diera el veredicto de Asesinato. La segunda víctima asesinada fue Alize McKenzie. McKenzie fue encontrada muerta el 17 de Julio de 1889 con la arteria carótida severamente lacerada. Si bien la policía encontró traumas adicionales posiblemente efectuados antes de su muerte, no había ningunas otras marcas en su cuerpo y la falta del típico desmembramiento de la cavidad abdominal que prevaleció en todas las víctimas posteriores de Jack. Este asesinato demostró ser el más controvertido de esta serie, ya que los patologistas Thomas Bond y George Bagster Phillips mantuvieron un agresivo debate acerca de si era este o no un acto de Jack el Destripador. A pesar de que la policía nunca encontró evidencias que pudieran vincular a Jack con este asesinato, la laceración en el cuello convenció a muchos de que sí había una conexión.

La víctima siguiente a este crimen una vez más mostró heridas comparables con las hechas habitualmente por Jack el Destripador. Esta víctima continuaría indefinida debido a la ausencia de su cabeza, sin la cual no podía ser identificada. El 10 de Septiembre de 1889, el mero torso de una mujer fue encontrado bajo un puente en la calle Pinchin Street en Whitechapel. La mujer no tenía cabeza, brazos ni piernas. El crimen contuvo todos los indicios de haber sido perpetrado por Jack el Destripador. La policía estaba convencida de que Jack había cometido este asesinato en otra parte y que había distribuido las partes del cuerpo a lo largo de toda la ciudad, en un esfuerzo por reducir las posibilidades de ser identificado. Sin prácticas de identificación de ADN, durante esa época, esta mujer permaneció sin identificar hasta la fecha y fue conocida como el Torso de Pinchin Street. Tres mese más tarde, Francis Cole fue asesinada bajo el mismo puente en el cual el Torso de Pinchin Street fue encontrado. La garganta de Cole fue cortada, llevando a la policía a creer que esta era una víctima más de Jack. Si bien la garganta fue lacerada, el resto del cuerpo de Cole permaneció intacto y la policía se preguntaba si su acto había sido interrumpido sin permitirle a Jack completar su tarea de desmembrar el cuerpo y remover órganos clave. Si bien la policía una vez más fue incapaz de vincular este asesinato a Jack el Destripador, sí fueron capaces de detener a un hombre que había acompañado a Cole más temprano aquella noche. Este hombre, James Thomas Sadler, encajaba con cada descripción de Jack el Destripador y la policía creía fuertemente en que finalmente habían atrapado al hombre que estuvo aterrorizando a la ciudad por tanto tiempo. Sin embargo, durante el juicio, el juez consideró que no había evidencias suficientes para detener o incluso condenar a Sadler, y fue puesto en libertad un mes más tarde. Este movimiento clavó su aguijón en la policía Londinense y efectivamente silenció sus llantos de victoria. Durante dos años, la policía trabajó diligentemente para encontrar al hombre que ellos creían que había causado tanto dolor a lo largo de Whitechapel, y el levantamiento de los cargos de Sadler hizo que todos los descubrimientos que la policía había hecho hasta ahora se vieran inútiles. Como resultado de la decisión del Juez, muchos oficiales de la ley Londinenses renunciaron a sus trabajos en represalias contra el juez que consideró que no había suficiente evidencia. Por ahora, el hombre al que Londres conoció como Jack el Destripador estaba libre de recorrer las calles en busca de su siguiente víctima.

Tras la liberación de Sadler, la policía de Londres comenzó a investigar los crímenes que habían sido cometidos antes de la aparición de Jack el Destripador. Uno de estos asesinatos fue el de Aimee Millwood quien había sido apuñalada en su pierna y torso el 25 de Febrero de 1888. Aunque Annie habría sobrevivido momentáneamente estas heridas, había perdido demasiada sangre y falleció horas después de la agresión. Otra víctima de Jack fue Ada Wilson. Si bien Wilson no fue asesinada y sobrevivió al ataque, fue apuñalada dos veces en su cuello, llevando a la policía a creer que Jack intentó asesinarla pero que había sido interrumpido, y así salvado la vida de Wilson. Un misterio que la policía encontró que encajaba perfectamente con el patrón de asesinatos de Jack fue el llamado Whitehall Mystery (El misterio de Whitehall), un asesinato similar al del Torso de la calle Pinchin Street.

El 2 de Octubre de 1888, la policía descubrió un torso decapitado en el sótano de la estación de policía. Más tarde, un brazo de ese mismo torso fue encontrado en el río mientras que una pierna del mismo torso fue encontrada cerca del cuerpo. Ninguna otra parte del cuerpo fue hallada jamás, pero la policía cree que este pudo haber sido uno de los primeros trabajos de Jack el Destripador antes de comenzar a asesinar a las prostitutas de Whitechapel. Una víctima adicional con las mismas mutilaciones fue encontrada semanas más tarde, cuando partes del cuerpo de Elizabeth Jackson fueron encontradas a lo largo de la rivera de Whitechapel. Si bien la mayoría de las partes de su cuerpo fueron encontradas en el Río Thames, la policía cree que esta fue una víctima de la misma persona que asesinó al Torso de la calle Pinchin Street y el cuerpo encontrado en el Whitehall mystery. La víctima más joven de esta oleada de cuerpos mutilados fue John Gill, un niño de siete años de edad que fue asesinado en Bradford el 29 de Diciembre de 1888, ubicándolo en el mismo marco temporal y en las cercanías de los asesinatos de Jack. Las piernas de Jack habían sido amputadas del torso y mostraba heridas desiguales en la cavidad abdominal. Tras una inspección más exhaustiva, se descubrió que el corazón de John y sus riñones también habían sido removidos junto con una de sus orejas, la cual se encontraba desaparecida. Cuando se interrogó a los testigos, la policía encontró motivos suficientes para arrestar al supervisor del trabajo de John William Barrett sólo para perder en los tribunales por falta de evidencia, una vez más.

La última víctima que la policía cree que fue asesinada por Jack fue Carrie Brown, una dramaturga de 24 años de New York City. La policía de New York City cree que Jack viajó de Londres a Norteamérica para continuar con sus diabólicos asesinatos, Siendo Brown la primera y última víctima. Brown fue encontrada en su cuarto, muerta, víctima de un estrangulamiento. El cuerpo de Brown poseía las habituales mutilaciones que las víctimas de Jack solían poseer, con su cavidad abdominal completamente destrozada con un cuchillo. Si bien ningún órgano había sido robado, los ovarios de Brown habían sido encontrados a su lado, sobre la cama; la policía cree que esto pudo haber sido un accidente.

Cruzando el océano en Londres, un grupo de ciudadanos se cansaron de vivir con miedo y tomaron la acción que ellos sentían que la policía no iba a tomar. Llamándose a sí mismos Comité de Vigilantes de Whitechapel (the Whitechapel Vigilance Committee), comenzaron a patrullar las calles intentando tanto frenar la tasa de asesinatos, así como también encontrar pistas que los lleven al asesino. Luego de que el gobierno ofreciera una recompensa por información precisa que lleve al arresto de Jack el Destripador, los ciudadanos comenzaron a sospechar de todos y sus objetivos principales eran carniceros, mataderos y físicos. Durante seis meses, este grupo de vecinos investigó a cada potencial sospechoso en el área de Londres. Para el final, el Comité de Vigilantes de Whitechapel había investigado a 76 carniceros mientras que también investigaban a cada empleado de cada carnicería. Además, el grupo abordó al cirujano de la policía quien había examinado todos los cuerpos, pidiéndole una sinópsis de los rasgos más comunes de los cuerpos.

El cirujano del departamento de policía escribió, "Los cinco asesinatos han sido sin duda alguna perpetrados por la misma mano. En los primeros cuatro las gargantas parecen haber sido cortadas de izquierda a derecha. Desgraciadamente, en el último caso debido a la extensiva mutilación, es imposible decir en qué dirección fue realizada la fatal herida, pero la sangre de la arteria fue encontrada en la pared en forma de salpicaduras cerca de donde se supone que yacía la cabeza de la mujer. Todas las circunstancias que rodean los asesinatos me llevan a conjeturar que la mujer estaba acostada cuando fue asesinada y en cada caso la garganta fue cortada primero." Si bien este reporte arrojó cierta luz sobre cuál era el estilo de Jack el Destripador, ninguna pista fue derivada del comité y fue desbandado luego de seis meses de que los asesinatos cesaron.

Si bien el asesino fue llamado Jack el Destripador por los medios desde el inicio de los crímenes, los orígenes del título no pueden ser confirmados ni negados. Durante la época de los crímenes, numerosas cartas llegaron al periódico local, reclamando ser responsables de los asesinatos. De todas estas cartas, tres que llamaron especialmente la atención de la policía estaban tituladas "Querido Jefe," "Descarado Jacky," y "Desde el Infierno." La primera carta, "Querido Jefe" fue la primera en la cual el asesino se refería a sí mismo como Jack el Destripador, por lo tanto los medios y la policía comenzaron a llamar al asesino con este nombre. La segunda carta "Descarado Jacky" fue enviada cuatro días después de que la carta "Dear Boss" haya sido recibida y esta carta habría confesado los asesinatos de Eddowes y Stride. El escritor, Jack el Destripador, dio detalles específicos en su carta, confirmando el modo en que murieron, la hora de la muerte y la proximidad del doble homicidio, todos detalles que la policía no hizo públicos. La última carta llegó fue enviada a George Lusk, el presidente del Comité de Vigilantes de Whitechapel. Esta carta llegó dentro de una caja con los restos de un riñón. El riñón había sido cortado a la mitad y una de las mitades estaba desaparecida. En la carta, el asesino declaró haber cocinado y comido la otra mitad del riñón. Cuando un doctor lo examinó, confirmó que el riñón en la caja era el riñón izquierdo; sin embargo, el médico no fue capaz de determinar si el riñón era de alguna de las víctimas o no. Se señaló que Eddowes tenía un riñón faltante pero sin las pruebas apropiadas, dicho órgano podría no estar vinculado directamente.

Mientras el lado Este de Londres comenzaba a recibir atención a nivel nacional, el resto de los residentes de Londres estaban convencidos de que Whitechapel debería ser demolida. La disminución de las condiciones de vida y la creciente tasa de crímenes era todo lo que los funcionarios de la ciudad necesitaban para estar completamente convencidos y Whitechapel sería demolida poco después. Sin embargo, muchos de los sitios en los cuales Jack el Destripador había cometidos sus asesinatos no fueron demolidos, ya que los funcionarios de la ciudad estaban al tanto de la infame atracción turística en la que se estaban convirtiendo estos lugares rápidamente.

Hoy en día, se dan visitas guiadas por los restos de las escenas del crimen y la gente tiene la libertad de sacar sus propias conclusiones sobre los asesinatos para rivalizar la innumerable cantidad de conclusiones que ya se han sacado hasta ahora. Aunque se han hecho incontables investigaciones y millones de personas tienen sus propias teorías de quién es y dónde pudo haber residido Jack el Destripador, la identidad de Jack el Destripador jamás pudo ser confirmada, y Londres se quedó con su más grande legado.

Capítulo cinco
John Wayne Gacy

La naturaleza humana lucha por justicia. Cuando una persona es explotada, su reacción instintiva es emprender cualquier medio necesario para lograr justicia y corregir lo que está mal. Utilizando el precedente bíblico del castigo equitativo, los niveles de justicia no están balanceados hasta que el castigo no sea de la misma medida que el mal en el que se haya incurrido. Para algunos, este balance de juicios requiere encarcelamiento. Para otros, una mera multa bastará. Sin embargo, hay un selecto grupo de personas para quienes sus males demandan pena de muerte, un triste y trágico precio que pagar. John Wayne Gacy es el ejemplo de un hombre que vivió una vida de asaltos, sodomía y asesinatos. A pesar de que las acciones de John fueron desconocidas durante años, su pasado sería descubierto tarde o temprano y el mundo vería el monstruo que se escondía detrás de una máscara de payaso y hombre de negocios. La vida de John Wayne Gacy sirve como ejemplo a la humanidad de que la justicia puede ser servida a aquellos que viven una vida criminal, una vida que deja a una sociedad rota y abarcada por el miedo.

John Wayne Gacy nació el 17 de Marzo de 1942, hijo de John y Marion Gacy en Chicago, Illinois. Desde una edad temprana, se volvió evidente para John Wayne que su padre no lo amaba. A pesar de los intentos de su madre por proteger a su hijo de la violencia y los abusos, John padre no escatimó violencia sobre su hijo cuando sufría ataques de ira. En una memoria publicada poco después de la muerte de John Wayne, él reveló que el primer recuerdo que tenía de su padre fue ser golpeado con un cinturón de cuero repetidas veces cuando tenía tan sólo cuatro años de edad. La causa del castigo se basó en las acciones de John, quien accidentalmente mezcló algunas partes del motor de un auto que su padre estaba reparando. Además, John Wayne era abusado verbalmente por su padre, quien continuamente se refería a él como menos importante menos humano que sus hermanas. John Wayne era llamado constantemente "Tonto" y "estúpido" por su padre, sin jamás demostrarle ningún tipo de cuidado ni seguridad ni darle un hogar en el cual se sintiera valorado. Ya siendo mayor, el menosprecio y el abuso continuaron, resultando una vez en que él recibiera el golpe en la cabeza con el palo de una escoba, un golpe que lo dejó inconsciente y le provocó convulsiones hasta varios meses más tarde.

Este fue el estilo de vida que John sufrió en su hogar durante toda su niñez. Si bien las acciones que cometió en su vida adulta no dan lugar a excusas o justificativos, sus años como niño lo dejaron sin un ejemplo de cómo un hombre debería actuar, dada la ausencia de una figura paterna que le diera amor. Aunque el dijo nunca haber experimentado odio hacia su padre, ciertamente John Wayne nunca tuvo una buena razón para amarlo.

John Wayne tuvo su primera experiencia sexual a los siete años de edad cuando él y sus amigos habían acariciado a una niña más pequeña. Luego que su padre se enteró de esto, lo castigó golpeándolo reiteradas veces con una lonja de cuero para asentar que su padre utilizaba para afilar su navaja de afeitar. Ese año, John Wayne fue abusado sexualmente por primera vez, siendo el perpetrador un contratista que conocía muy bien a la familia Gacy. Aunque John sabía que lo que estaba ocurriendo estaba mal y se sintió tentado de llamar a la policía o de contarle a su padre, él tenía miedo de que su padre lo responsabilice por la situación, y así fue que no le dijo a nadie lo que había ocurrido. Siendo un estudiante, John tenía un pequeño grupo de amigos en la secundaria constituido mayormente por chicos que eran conocidos por ser revoltosos y bulliciosos en exceso. Si bien John mantenía una amistad con estos chicos, era identificado por los profesores como una influencia positiva para los chicos que los profesores consideraban como buenos alumnos. A menudo, se le confiaba el cuidado de tareas y actividades seleccionadas por sus profesores. Sus maestros comenzaron a notar que John Wayne usualmente se quedaba sin aliento y su preocupación atrajo la atención de su madre; John fue llevado al hospital para ser examinado y le diagnosticaron una condición cardíaca. El doctor le dió instrucciones a John de dejar de practicar cualquier tipo de deporte o ejercer actividades físicas. Esto causó que John subiera de peso significativamente, lo cual generó que se burlaran de él constantemente. John Wayne se enfrentó a mayores problemas de salud en el cuarto grado cuando comenzó a desmayarse inesperadamente y sin ninguna razón aparente. Luego de una serie de convulsiones lo hospitalizaron por tres semanas, donde se descubrió que sus desmayos eran causados por la explosión de su apéndice, y fue llevado al quirófano de urgencia para removerlo. Durante estos meses de reclusión de la escuela, las calificaciones de John comenzaron a decaer y su padre lo amenazó con sacarlo del colegio completamente si no levantaba sus puntuaciones. Parte de la bronca del padre de John era derivada de que él suponía que John estaba fingiendo su enfermedad. Aunque John estaba claramente enfermo, los doctores nunca fueron capaces de dar un diagnóstico oficial a la condición de John, lo que hacía imposible demostrar su condición a su padre.

La vida de John Wayne tuvo un nuevo propósito cuando cumplió 18 años y comenzó a vincularse con los políticos locales. Luego de atender a varias reuniones, John se convirtió en el asistente capitán del precinto del candidato Demócrata quien se encontraba ubicado en su vecindario.

Esto no le sentó bien a su padre sin embargo, quien pensaba que estaba siendo demasiado voluble y a menudo lo llamaba "ingenuo" cuando se enteró que su hijo estaba involucrado en la política. Más tarde en su vida, John explicaría que tomó la decisión de involucrarse en la política en un intento por recibir aceptación de la gente por una vez en su vida. El padre de John tuvo un gesto inesperado de amabilidad mientras John crecía en su carrera política, le regaló un auto. John quedó estupefacto ante la amabilidad de su padre hasta que él le reveló que su gesto de bondad no era más que una simple formalidad; John fue forzado a devolverle el dinero del auto a su padre en cuotas mensuales. Cuando John y su padre tenían discusiones, su padre tomaba las llaves del auto como castigo. Siguiendo su juego, John Wayne hizo una copia de las llaves de su propio auto y las escondió de su padre. Sin embargo, no pasó mucho tiempo hasta que el padre de John lo descubriera y comenzó a quitar componentes clave del motor del auto. Luego de que su padre volvió a poner las piezas del auto en su lugar, John se fue de casa, tomando el auto y manejando toda la noche hasta Las Vegas. En Las Vegas, John comenzó a trabajar en un servicio de ambulancias antes de cambiar de empleo y trabajar en la funeraria Palm Mortuary como encargado. Durante su estancia como encargado de Palm Mortuary, John comenzó a sentir una extraña sensación de atracción por algunos de los cadáveres. Ya que John dormía en la Morgue, le habían dado acceso a los cadáveres, y durante una noche, él se trepó al ataúd de un hombre fallecido y comenzó a acariciar el cadáver. Luego de un corto tiempo, John tomó conciencia de lo que estaba haciendo y se alejó de un salto del ataúd en un ataque de shock y vergüenza. Este incidente dejó a John con problemas y decidió regresar a su casa a Chicago inmediatamente. Aunque John nunca había completado la secundaria, fue capaz de aplicar en el Northwestern Business College y comenzó su carrera de Administrador. Luego de graduarse en 1963, John comenzó a trabajar como aprendiz en la compañía de zapatos Nunn-Bush donde fue transferido a

Springfield, Illinois y se convirtió en vendedor. Era exitoso en su trabajo y fue recompensado con una promoción, para pasar a ocupar el puesto de Administrador. Mientras estuvo empleado en el departamento de la tienda, John comenzó a salir con Marlynn Myers, y luego, en 1964 se casaron. Marlynn venía de una familia con orientación a los negocios; y su padre había comprado tres restaurantes de Kentucky Fried Chicken poco después de que la pareja se casaran. Siendo su nuevo yerno un prometedor administrador interno, el suegro de John concedió a John el control de las sucursales de KFC de Waterloo, Iowa y le dió a John su antigua casa de Waterloo.

La afiliación política de John lo había guiado a unirse a la organización con orientación política conocida como los Jaycees. Este grupo era un cuerpo de gente que buscaba cambiar a los líderes de sus ciudades a través de activismo político. John se volvió muy activo en la organización y aceptado por los miembros de los Jaycees. Creciendo en liderazgo, John se volvió un hombre clave en Abril de 1964, convirtiéndose en el Jaycee más influyente en ese momento. Si bien los Jaycees eran ferozmente políticos, había numerosas rebeliones formuladas dentro del grupo.

El grupo también proveyó a John de más actividad homosexual, siendo que había muchos homosexuales dentro del grupo. Poco después de haberse mudado a Waterloo, John fue nombrado vicepresidente del grupo y continuó mostrando su dominio.

En Waterloo, John comenzó a liderar las tres sucursales de KFC con éxito y sus esfuerzos fueron muy bien recompensados, siendo que se le pagaron $115,274 dólares al año. Un nuevo capitolio para los Jaycees comenzó a crecer en Waterloo y una vez más John se encontraba activamente involucrado. A pesar de su rigurosa agenda, trabajando entre 12 y 14 horas por día, John atendía las reuniones diarias del capitolio y siempre estaba dispuesto a ayudar cuando fuera necesario. Este capitolio de los Jaycees pronto comenzaría a seguir a John tal como había ocurrido con el anterior, aunque muchos de ellos notaron que era bastante "baraggadocios", es decir, alguien que exterioriza su vanidad. Tras apenas un año de haberse unido, John fue nombrado vicepresidente e iba en camino a conseguir el cargo más elevado que existía dentro del capitolio. John agregó un aderezo a sus reuniones trayendo pollo de cortesía y a menudo era llamado "Coronel" por sus acciones. En 1966, John estaba orgulloso de ver a su mujer dar a luz a su primer hijo, un niño, en este mundo. Michael Gacy nació en Febrero y él era todo lo que John siempre había querido. John habría recordado estos momentos a menudo como los momentos más perfectos que había experimentado en su vida. Apenas un año más tarde, John y su esposa Marlynn dieron a luz a otro hijo, un niña esta vez, llamada Christine. Ellos recibieron una inesperada visita de los padres de John, en la cual su padre se tomó un tiempo para disculparse por sus horribles acciones durante la niñez de John. En la disculpa, su padre dijo "Hijo, estaba equivocado acerca de ti. Me siento orgulloso de tí y desearía poder cambiar todas las cosas malas que te hice y te dije." A pesar de la sinceridad percibida en la voz de su padre, John no pudo perdonarlo por cómo él lo había criticado y culpado cuando era joven.

Los Jaycees eran conocidos por su actividad política, pero también poseían atributos adicionales no tan gentiles que acompañaban su nombre; Pornografía, prostitución, e intercambio de esposas entre muchas de las acciones en las que la mayoría de los Jaycees estaban involucrados. A pesar de que confesaría más tarde su lucha contra sus tendencias homosexuales, John era un regular usuario de prostitutas y era conocido por engañar a su mujer recurrentemente. Luego de un año de haberse unido a los Jaycees de Waterloo, John montó un club nocturno en su sótano donde le permitió a los Jaycees vagar y hacer lo que les plazca. Este club nocturno pronto se convirtió en un club nocturno hecho y derecho que le daba empleo a los adolescentes de la zona. Se hizo notorio durante este tiempo cómo John prácticamente ignoraba a sus empleadas mujeres y solo hablaba con sus empleados hombres. John era conocido por hacerle ofertas sexuales a sus empleados masculinos, los cuales siempre rechazaron sus ofertas. John juraba que simplemente estaba probando su lealtad al restaurante.

Sin embargo, la realidad era que John estaba experimentando fuertes deseos sexuales por sus compañeros de trabajo y siguiendo sus instintos homosexuales. En Agosto de ese mismo año, John unió su vida homosexual con su vida criminal, cometiendo el primero de muchos ataques sexuales.

Su primera víctima fue Donald Voorhees, un niño de quince años hijo de uno de los amigos más cercanos de John en los Jaycees. Al cometer el acto, John le dijo a Voorhees que poseía una colección fenomenal de films pronoráficos la cual compartiría con él si venía a su casa. Una vez en su casa, John le sirvió a Voorhees una gran cantidad de alcohol y luego lo forzó a practicarle sexo oral.

Durante los siguientes meses, las necesidades homosexuales de John lo llevaron a atacar a muchos otros chicos obligándolo a sacrificar muchas de sus cosas a cambio de la emoción del sexo oral. En una oportunidad, John conspiró con uno de sus empleados para que tuviera sexo con su mujer, diciéndole al joven que quería que él mismo experimente las emociones que él sentía al tener sexo con su esposa. Luego de que el chico aceptara su oferta, John lo obligó a practicarle sexo oral a él, y si se negaba, lo amenazó con contarle a su padre su "traición." Otro método usado a menudo por John para satisfacer su sed de tener experiencias homosexuales incluía convencer a los hijos de sus vecinos explicándoles que él era un doctor que estaba investigando las experiencias homosexuales. Diciéndole a sus vecinos que experimentar sexo oral con un hombre para poder completar su experimento, John le pagaba $50 dólares a cada uno de los chicos por su "contribución" en el experimento, cuando en realidad, ellos estaban simplemente apaciguando su adicción. Un año después de haber sido asaltado, Voorhees habló con su padre y le contó de la vez en que John lo había atacado sexualmente. El padre de Voorhees se puso furioso al saber esto e inmediatamente hizo arrestar a John. John fue procesado bajo el cargo de sodomía oral, un cargo que negó subsecuentemente. Por pedido propio, John fue sometido a la prueba del polígrafo y lo pasó, aunque los policías notaron que estaba bastante nervioso durante el test. John declaró que esta fue una artimaña inventada por Voorhees padre para intentar retirar a John de los Jaycees, incrementando sus chances de tener un puesto en la cima del capitolio. A pesar de sostener su inocencia, los investigadores creyeron lo contrario y John fue acusado de sodomita el 30 de Agosto de 1968. A raíz de su acusación, John fue sometido a una evaluación psiquiátrica que describió su capacidad de tener una coartada para casi cada acusación realizada en su contra. Sin embargo, las coartadas pronto se le terminarían dejando a John con la sombría comprensión de que estaba a punto de enfrentar una larga estancia en prisión.

Al poco tiempo de haber sido acusado con el cargo de sodomía oral, John ideó un plan para retirar al testigo clave, Donald Voorhees, del juicio. John convenció a Russell Schroeder, un amigo cercano de Voorhees, de persuadir a Voorhees de declarar en el juicio.

Schroeder aceptó ayudarlo tras la promes de que recibiría $300 dólares y convenció a Voorhees de seguirlo a un punto aislado en un parque. Una vez alejados del resto del parque, Schroeder roció los ojos de Voorhees con gas pimienta antes de darle puñetazos y patadas. Poco antes de que Voorhees quedara inconsciente,

Schroeder le ordenó no testificar en el juicio si quería continuar con vida.

Schroeder caminó alejándose y Voorhees corrió hacia su casa a contarle a su padre lo que había ocurrido. El padre de Voorhees llamó a la policía y Russell Schroeder fue arrestado inmediatamente, donde hablo del pedido de John para que asaltara a Voorhees. John fue acusado con el cargo de obstrucción de la justicia e impedimento de un testigo y fue ordenado a someterse a exámenes psiquiátricos específicos. Durante este tiempo, los doctores determinaron que John sufría de un desorden antisocial de la personalidad pero que estaba lo suficientemente sano para continuar con el juicio. Los días de John tras las rejas estaban a punto de comenzar.

El abogado de John estaba convencido de que no había manera de que John pudiera ganar ante el fuerte testimonio de tantos testigos. Por lo tanto, John se declaró culpable del cargo de sodomía oral pero se declaró no culpable de los demás cargos que provenían de varios jóvenes de la zona de Waterloo. A pesar de declararse culpable, John intentó convencer a la corte de que él había sido forzado a tener relaciones sexuales con Voorhees. El jurado no simpatizo con su historia y John fue sentenciado a pasar los siguientes diez años en la prisión Anamosa State Penitentiary. La esposa de John quedó atónita con la condena y solicitó el divorcio al día siguiente. Mientras John estaba siendo condenado a prisión durante los próximos diez años, Marlynn estaba reclamando su casa, propiedades, cuota alimenticia y la custodia total de sus dos hijos. La corte falló a favor de su esposa y John pasaría el resto de su vida sin ver a sus hijos ni a su mujer otra vez.

Siendo interno de la penitenciaría, la influencia de John comenzó a extenderse a lo largo de toda la prisión y ganó unos cuantos seguidores. Los prisioneros comenzaron a buscar a John y el personal penitenciario reconocía que John era obediente y se esforzaba mucho por mejorar, lo mismo que ocurría con sus maestros en la escuela. En lo que respecta a esto, John se ganó un rol de liderazgo dentro de la prisión, siendo el principal cocinero y teniendo empleados a su cargo. Adicionalmente, los internos del penal formaron un capitolio Jaycee y con John como parte del capitolio, el número de miembros incrementó de 50 a más de 650 miembros en apenas unos meses desde su reclusión. Durante el primer año de su mandato, John continuó creciendo en rango y popularidad dentro de la prisión. Un factor entrañable fue su habilidad para convencer a la administración de la estación de policía de que necesitaban un aumento. Tras algunos meses de su petición de aumento salarial, cada prisionero tuvo un aumento de sus haberes, una acción que fue acreditada a la persistencia y reputación de John. Tras un año de haber estado en prisión, John pidió ser liberado antes de tiempo; la prisión no aceptó su propuesta.

Sin embargo, la Junta de Libertad Condicional del Estado de Iowa le dió a John la esperanza de que si él completaba un cierto número de cursos de la escuela secundaria, podría ser elegido para adelantar su libertad. Tras completar 16 cursos de secundaria, John recibió su diploma en 1969. Un mes más tarde, John se enteró que su padre había sucumbido ante una cirrosis hepática y que había fallecido. Cuando fue notificado acerca de esto, John colapsó, se arrojó al suelo y comenzó a lloriquear histéricamente. A pesar de esta muestra de afecta hacia su padre, la administración de la prisión negó tres pedidos subsecuentes de John por atender el funeral de su padre.

El año siguiente, John fue recompensado por buen comportamiento con libertad condicional y una probatoria de doce meses. Sin embargo, John solo fue liberado bajo las condiciones de que debería vivir con su madre y no podría abandonar la casa pasadas las 10 PM. John había sido despedido de su trabajo en KFC y no podía costearse vivir en su casa, lo cual no lo dejaba con más opciones que la de volver a vivir con su madre. Con el plan de corregir su vida nuevamente, John obtuvo un trabajo como cocinero de corto plazo y pronto comenzó a experimentar nuevamente sus deseos homosexuales. De nuevo en el ojo público, John era un hombre nuevo, con una mentalidad más orientada a los negocios, y manteniendo una fachada de profesionalismo, los errores de su pasado fueron publicados aparte, y la gente estaba impaciente por volver a aceptarlo, es decir, los miembros de su capitolio de Jaycees. Desafortunadamente, el indulto de John duraría un corto período sin embargo, cuando un joven declaró haber sido asaltado sexualmente por John mientras se encontraba en una parada de autobuses en

Chicago. A John Wayne le fue dado el beneficio de la duda cuando el joven que declaró haber sido atacado por él no se presentó en la corte en la fecha pactada. Aunque John pudiera no haber cometido este acto, él quebrantó su libertad condicional al no haberle revelado la situación a su oficial de libertad condicional. Por suerte para él, la junta de libertad condicional nunca escuchó nada sobre ningún ataque y la probatoria de John terminó unos meses más tarde. John Wayne se sintió aliviado de que sus antecedentes criminales quedarían sellados en el pasado. Poco sabía de que su futuro sería mucho más horripilante de lo que fue su pasado.

Tras forzar a su madre a comprar una casa para él, John se mudó a una casa ubicada en el municipio de Northwood Park, apenas en las afueras de Cook county. La madre de John se mudó a su casa con él. Eventualmente, John empezó a salir con otra mujer, Carole Hoff. John conocía a Carole de la escuela secundaria e incluso habían salido siendo estudiantes. Luego de un corto tiempo de verse y tener citas, Carole y John se comprometieron y Carole se mudó a vivir con John y su madre. Sin embargo, las fantasías sexuales de John continuaron acechándolo. Una semana antes de que John y Carole se casen, John fue arrestado llevado a un interrogatorio respecto a una acusación que declaraba que John había forzado a otro joven a realizarle sexo oral. John resultó libre de estos cargos cuando se descubrió que el joven intentó sobornar a John a cambio de levantar los cargos.

Con los cargos retirados, John y Carole se casaron y John se mudó de la casa de su madre a la casa de Carole. De regreso a su vida como hombre de negocios, John estableció la compañía PDM Contractors. Desgraciadamente, este negocio fue el que llevó a que muchas de las fantasías sexuales de John acaben en asesinato. PDM Contractors se volvió muy exitosa, y pr 1978 la compañía estaba recaudando $200.000 dólares anuales. Por último, John le admitió a Carole que se había vuelto sexualmente activo con hombres y que ya no estaba interesado en seguir teniendo sexo con ella. En 1976, John estaba viendo regularmente a varios hombres, un hábito que Carole encontró muy disgustante. Con la premisa de un matrimonio completamente destruído, Carole se divorcio de John en Marzo y ellos jamás volvieron a verse.

El comportamiento de John cambió luego del divorcio. Al parecer, el único factor que lo retenía de ser un criminal era su esposa, y sin ella, sintió que ya no había nada que lo detuviera. En Enero de 1972, John cometió su primer asesinato conocido; apuñalando a Timothy McCoy reiteradas veces luego de permitir que el chico pasara la noche junto a él. El asesinato había sido un accidente pero John recuerda que se sintió emocionado al apuñalar al joven. "Ahí fue cuando comprendí que la muerte era la emoción más intensa," lo cual colectivamente revela la consumación de John en su vida como asesino. Dos años más tarde, John habría matado a un hombre que nunca fue identificado. El hombre fue encontrado en la parrilla del patio trasero de la casa de John pero estaba tan descompuesto que la identificación no pudo ser llevada a cabo. La actividad sexual de John con hombres comenzó a incrementarse, un hábito al cual él se refería como un "crucero." Entre 1976 y 1978, John asesinó al 90% de sus 33 víctimas. Su primera víctima durante estos años habría sido un joven de 18 años, Darrell Sampson, un estudiante de la secundaria Senn High School. John forzó a Darrell a entrar en su auto donde lo dejó inconsciente ahorcando al joven con un dispositivo de estrangulamiento antes de asesinarlo. Poco después, John asesinó a Randall Reffett, otro estudiante de la misma secundaria que Darrell. Ambos chicos fueron enterrados en el semisótano de la casa de John, el lugar de descanso final para la mayoría de sus víctimas. Apenas dos horas luego de matar a Reffett, John secuestró y asesinó a Samuel Stapleton, también enterrandolo en su semisótano. Para John, la emoción de asesinar era insuperable, siendo mucho más emocionante incluso que tener sexo con muchos hombres a la vez.

Luego de un mes del triple crimen, John mató a Michael Bonnian, un chico de 17 años que vivía cerca de Lakeview. Tan sólo diez días más tarde, John también asesinó a un chico de 16 años de Uptown llamado William Carroll. Estos dos chicos fueron enterrados en una tumba poco profunda detrás de la casa de John. Entre Junio y Julio, John habría asesinado a cuatro chicos que jamás fueron identificados pero que fueron enterrados uno sobre otro también detrás de la casa de John. En Julio de 1976, John comenzó a tener relaciones sexuales con uno de sus compañeros de trabajo,

David Cram. David tenía 18 años y normalmente se juntaba a beber con John.

Durante una noche de bebidas, John utilizó esposas en las muñecas de David y le dijo que iba a violarlo. David fue capaz de escapar de las esposas rápidamente y salió corriendo de la casa. Más tarde, David regresó para recuperar sus pertenencias y dejó la casa de John para siempre. Sin embargo, su cuarto no quedaría vacío por mucho tiempo, ya que otro de los empleados de John, Michael Rossi pronto se mudaría con él.

En los dos meses siguientes, John asesinó a otros dos chicos que jamás pudieron ser identificados. Estos chicos fueron enterrados encima de las demás víctimas asesinadas que John había enterrado antes en 1976. Diez días más tarde, John secuestró a dos amigos, Kenneth Parker y Michael Marino antes de asesinar a ambos. Unas cuantas horas después, John estranguló y asesinó a uno de sus empleados, William Bundy, antes de enterrar a las tres víctimas en su semisótano. El control que John tenía sobre sus víctimas durante los asesinatos parecía proveer a John con una nueva fuente de satisfacción. La primera víctima de John en 1976 fue un chico de 17 años llamado Gregory Gozdik. En su camino a casa luego de dejar a su novia por la noche, Gregory fue atacado súbitamente y asesinado por John. Antes del ataque, Gozdik le había comentado a sus padres que John lo había hecho cavar a su semisótano para poder instalar un sistema de drenaje. La familia Gozdik insistió en que John fuera investigado luego del asesinato de Gregory, pero la policía se rehusó a abrir cualquier investigación debido a la reputación de John y a la falta de evidencias.

Luego de un mes de que John haya asesinado a Gozdik, mató a un chico de 19 años, John Szyc, quien fue directamente enterrado encima de Gozdik en su semisótano. Además, John agregó a su pila de muertos, un cargo por el asesinato de un oficial de policía no identificado que se supone tenía alrededor de 25 años. Este asesinato habría sido seguido por por la muerte a manos de John de otro joven chico al que la policía no logró identificar pese a sus esfuerzos. Los cuerpos fueron encontrados en el semisótano de John pero nunca fueron identificados o conectados con ningún otro asesinato. En Abril de 1977, John asesinó a su siguiente víctima, un joven de Crystal Lake llamado Matthew Bowman. Cuando enterró a Matthew, John dejó el dispositivo de estrangulamiento en su cuello, un error que la policía habría utilizado para incriminar a John al encontrar los cuerpos. La policía levantó más sospechas sobre John cuando el auto que pertenecía a John Szyc estaba siendo utilizado por Michael Rossi, quien aún estaba viviendo con John. Sin embargo, la policía había presentado el asunto cuando John les comunicó que Szyc le había vendido su auto poco antes de irse a Las Vegas. Al mes siguiente, John asesinó a otros seis jóvenes, todos menores de 21 años. El primero de éstos jóvenes habría sido Robert Gilroy. Este joven fue encontrado en el semisótano de John y aparentemente murió víctima de un estrangulamiento. La segunda víctima fue John Mowery, un ex Marine de Los Estados Unidos que no tenía ningún tipo de conexión previa con John. Russell Nelson, un joven de 21 años, la tercera víctima asesinada durante este tiempo fue hallado muerto cerca de los cuerpos de las dos víctimas anteriores.

La cuarta víctima fue Robert Winch, un chico de 16 años de edad de Kalamazoo, Michigan. Este chico fue sofocado antes de ser depositado en el semisótano junto a los demás cuerpos. Tommy Boling habría sido la quinta víctima, quien había tenido una hija poco antes de ser asesinado por John. La última víctima de esta serie de seis habría sido David Talsma, otro Marine Americano que fue posiblemente atraído a casa de John bajo la influencia de John Mowery antes de ser asesinado. La siguiente víctima de John no fue asesinada tan rápidamente como sus víctimas previas, siendo torturado por varias horas antes de ser asesinado.

La víctima, Robert Donnelly, incluso luego de sus ruegos "Basta con eso." "ya le estoy tomando la mano a esto," fueron las respuestas insensibles de John. Por último, William Kindred habría sido la última víctima que John guardaría en su semisótano; El siguiente set de víctimas habrían sido arrojados en el río Des Plaines River. El primero en haber sido arrojado al río fue Tim O'Rourke a quien John asesino en Junio de 1978. Las siguientes dos víctimas, Frank Landingin y James Mazzara, serían ambos las últimas dos víctimas de John, ya que él estaba a punto de cometer un error crucial. Seguidamente a estos asesinatos, John secuestró a Jeffrey Ringall y lo violó antes de arrojarlo al río, aún con vida. Si bien

Jeffrey sufrió severos traumas, él fue capaz de identificar el auto de John ante la policía y John fue arrestado bajo el cargo de Sodomía. Una subsecuente búsqueda en la casa de John reveló los numerosos cuerpos y John fue acusado de 33 cargos por homicidio. Siguiendo el caso de una desaparición, la policía fue capaz de dar amplias evidencias a la corte y John confesó todos los asesinatos luego de un corto arresto en su casa. Finalmente, el 22 de Diciembre de 1978, John confesó el asesinato de 33 chicos y fue puesto en prisión. Luego de un largo juicio, John fue culpable de todos los cargos y ejecutado el 2 de Junio de 1980. Tras esforzarse por salvar su vida, La ejecución de John fue sustancialmente postergada, hasta el 9 de Mayo de 1994, cuando John Wayne Gacy Hijo, fue ejecutado mediante inyección letal en el centro correccional Statesville. La infame vida de horror y tragedia llegó a su fin y la justicia fue restaurada para los familiares de sus víctimas.

Capítulo Seis

Ted Kaczynski

A través de la historia, incontable cantidad de hombres han cargado su cruz y han comprometido su vida a cambiar el status quo o desafiar a las creencias en crecimiento. Muchos han muerto por esto mientras que otros han vivido para ver los cambios ya establecidos. Independientemente de cual sea su destino, el lugar común de todos estos hombres comparte que todos ellos lucharon por aquello en lo que creían. Mientras muchos pensarán en hombres como Thomas Jefferson o Nathan Hale al considerar a quienes han muerto luchando por sus creencias, otros hombres han muerto por una causa, aunque esas causas hayan sido opuestas a las de estos patriarcas; los planes de estos hombres tuvieron una naturaleza tortuosa y fueron consumidos por la avaricia egoísta de hacer del mundo el lugar que ellos querían. Entre estos hombres estaba Ted Kaczynski, un hombre de descendencia Polaca que utilizó la violencia y los asesinatos como un propósito para revelar su insatisfacción del mundo con quienes estuvieran cerca suyo. Observando las diferencias entre los patriarcas y Ted, la diferencia más marcada es que los patriarcas actuaron por la necesidad de mejorar la humanidad, Ted actuó por puro egoísmo en su percepción de la injusticia que ocurría en los Estados Unidos. La vida de Ted Kaczynski ofrece un ejemplo a la humanidad de lo que ocurre cuando la sociedad se centra en el problema de las opiniones personales en lugar de centrarse en un bien mayor para sociedad. A través de la servidumbre y la compasión, el mundo puede evitar la trampa en la que Ted cayó, una trampa que en definitiva condujo a la muerte de muchos mientras cambió incontables vidas para peor.

Ted Kaczynski, hijo de Theodore Kaczynski y Wanda Theresa el día 22 de Mayo de 1942, en un suburbio en las afueras de Chicago, Illinois. Ted mostraba todos los signos de ser un chico normal hasta 1942, cuando experimentó un brote devastador de urticaria a sus apenas nueve meses de vida. Con esta condición, Ted no tenía permitido estar en contacto con nadie por los siguientes dos meses. Luego de esto, Ted parecía no tener reacción al ver a alguien, un rasgo que los médicos afirmaron que no podía ser de los los meses de reclusión que había pasado con urticaria. A pesar de no demostrar reacción alguna a la falta de interacción humana, Ted tenía un lado sensible, a menudo mostrando afecto y preocupación por los animales. Además, a Ted no le gustaba ver animales encerrados o en cualquier tipo de condición que los privara de vivir libremente. Este rasgo fue también atribuido a su larga estancia en el hospital mientras era un niño pequeño.

La niñez de Ted comenzó como la de cualquier otro niño, entrando al primer grado cuando tenía ocho años. Los primeros cuatro años de escolaridad de Ted transcurrieron en el instituto Sherman Elementary School, anidado en el corazón la creciente población de Chicago.

Los maestros de su escuela lo consideraban un niño con deseos normales pero con habilidades de aprendizaje y comprensión muy acelerados. Luego de que Ted cumpliera diez años, su familia se mudó de Chicago a una ciudad más pequeña de Evergreen Park, Illinois. En Evergreen Park, Ted fue anotado en el distrito escolar de Evergreen Park Central School donde sus maestros una vez más notaron sus habilidades de aprendizaje. Sus habilidades se había potenciado tanto que sus maestros pidieron pasarlo al sexto grado, una decisión corroborada por por la junta de educación una vez que vieron su robusta capacidad de aprendizaje. A la edad de 11 años, Ted realizó un test de CI que arrojó 167. Los investigadores luego se fijarían en este punto debido a su increíble inteligencia, sin dudar de su habilidad para manufacturar bombas en el futuro. Mientras aún vivía en Evergreen Park, Ted mantuvo una buena relación con aquellos que vivían a su alrededor, lo que condujo a que lo describieran como un "niño con una mentalidad cívica." Adicionalmente, los vecinos de Ted y su familia a menudo recuerdan que los padres de Ted habrían hecho cualquier cosas por sus hijos y buscado lo que sea por lograr que tengan su niñez sea tan plena como fuera posible. Si bien que Ted se adelantara un grado era favorable para graduarse siendo más joven, esto lo llevó a ser condenado al ostracismo de su niñez. Los chicos de 7mo grado notaron su corta edad y nunca lo involucraron en sus planes, a menudo intimidándolo, acosándolo y obligándolo a realizar tareas mundanas.

Mientras que los maestros notaban cómo la inteligencia de Ted iba creciendo, también notaron que Ted estaba hundiéndose en una especie de depresión muy profunda, siempre encerrándose en sí mismo y negándose a socializar con otras personas. La madre de Ted también observó su hosca expresión y consideró brevemente la idea de anotarlo en una escuela que admitiera niños con autismo. Sin embargo, el instructor era un individuo revoltoso que parecía ser demasiado rudo como para que su madre decida anotar a Ted allí.

La vida de Ted dió un dramático giro en 1990 cuando su padre fue encontrado muerto dentro de su casa, víctima de una herida autoinfligida con una escopeta. El padre de Ted había estado batallando contra un cáncer terminal por un largo período de tiempo y en lugar de dejar que su familia vea cómo su vida se iba deteriorando poco a poco a causa de los efectos a largo plazo del cáncer, el padre de Ted decidió terminar con su vida prematuramente. Ted quedó devastado tras la muerte de su padre y prometió comenzar a tener un estilo de vida más saludable para evitar cualquier modo de contraer cáncer. Durante los últimos días de su padre en la tierra, Ted notó que su padre estaba particularmente interesado en pasar más tiempo con su familia, un triste recordatorio para Ted de que nuestro paso por la vida es en realidad un lapso de tiempo muy corto. Su familia y amigos notaron que tras la muerte de su padre, Ted se convirtió en un nuevo hombre. Ya no estaba interesado en el lado cómico de la vida, Ted comenzó a llevar su educación al siguiente nivel. Comenzó a tocar instrumentos musicales a la vez que lideraba varios clubs en el campus. Sin embargo, incluso ante toda su exposición ante las diferentes facetas de la sociedad, Ted continuaba encerrado en sí mismo, sus amigos declararon que "El nunca era realmente visto como una persona, como a una personalidad individual. El siempre fue considerado un cerebro con patas, por así decirlo." Además, uno de los compañeros de clase de Ted recuerda que él era "el chico más listo de la clase… un poco callado y tímido hasta que llegabas a conocerlo mejor. Una vez que entraba en confianza, él podía hablar y hablar sin parar." Ted continuó aprendiendo y sobresaliendo mucho más que sus compañeros de clase, adelantándose el onceavo grado completamente.

Para su graduación, a la edad de 15 años, Ted aplicó para Harvard y fue aceptado. Amigos cercanos a su situación reconocieron que Ted no quería asistir a Harvard a tan temprana edad. "Le hicieron sus maletas y lo enviaron a Harvard antes de que estuviera listo para ello," recuerda su amigo. "Ni siquiera tenía licencia de conducir." Aunque esta no sea una excusa para sus acciones futuras, la admisión de Ted en Harvard siendo tan joven pareció forzarlo a madurar antes de estar preparado, una acción que sería irrevocable.

Una vez en Harvard, Ted se mudó a su vivienda estudiantil en la calle Prescott Street, una vivienda que era notoria por ser diseñada para solamente alojar a los estudiantes más jóvenes de la escuela.

Ted se quedaría en esta vivienda por tres años, aunque durante este tiempo, su concentración era completamente académica sin llevarlo a tener vida social. A menudo, los compañeros de suite de Ted lo recuerdan corriendo entre las actividades sociales que tenían para volver a recluirse en su cuarto al caer la noche.

Luego de tres años, Ted se graduó de Harvard y fue galardonado como Bachiller de Artes mientras lograba un GPA de 3.12, sin embargo los días de Ted en Harvard no fueron días alegres. En concordancia con cómo ted manejaba hacer de todo ser parte de todo lo que sea posible, Ted se permitió a sí mismo estar sujeto a un estudio en el cual fue "deliberadamente brutalizado por un experimento psicológico." El experimento implicaba que Ted compusiera varios ensayos, los cuales contenían el verdadero significado de sus creencias. Estos ensayos fueron entonces entregados a un profesor que los leería para desafiar cada punto del ensayo. A menudo, los contribuyentes de los ensayos eran menospreciados y se les hacía saber lo poco valiosas que eran sus opiniones. Este experimento duró la totalidad de la estancia de Ted en el colegio y le dejó humillado e indefenso. Al concluir el estudio, Ted había pasado casi 200 horas siendo acosado y manipulado por abogados a lo largo de todo el proceso de evaluación. Si bien no era tan evidente en ese momento, este acoso estaba vinculado directamente con a la hostilidad hacia la humanidad que un día Ted demostraría. El estudio nunca se hizo público, pero mucha gente aseguró que este estudio estaba en realidad operado por la CIA y que fue diseñado para ver hasta qué punto podía ser manipulada la mente humana. Si bien esto nunca fue demostrado, Murray estaba en contacto directo con el gobierno, lo cual deja un muy pequeño espacio a la duda. El filósofo Jon Moreno cree que si bien el experimento no alivió la presión experimentada por Ted, el experimento en sí no puede tomarse como la única causa de los disturbios que Ted llevaría a cabo más adelante.

Luego de graduarse de su bachillerato, Ted fue a trabajar a la Universidad de Michigan donde fue empleado como profesor y a su vez esto le permitió adquirir sus masters y Doctorados en el campo de las matemáticas. Ted había aplicado previamente la Universidad de California, Berkeley y había sido aceptado para los programas de los Masters pero no había ningún puesto disponible como profesor. Ted no estaba muy emocionado por su oportunidad de enseñar en la Universidad de Michigan pero estaba consternado por la falta de ganancias financieras y fue por lo tanto obligado a aceptar el trato. Por su puesto de profesor, Ted fue compensado con $2,300 dólares al año. Mientras estuvo en la Universidad de Michigan, Ted pudo estudiar extensamente en complejos análisis mientras se enfocaba en las teorías de las funciones geométricas.

El trabajo duro de Ted sus fundamentos éticos no habían sido afectados por las extenuantes actividades de su experimento, lo que impresionó a sus compañeros y profesores enormemente. Peter Duren, uno de sus profesores, explicó que "Él era una persona inusual. No era como los demás estudiantes graduados. Él estaba mucho más enfocado en su trabajo. Él tenía el objetivo de descubrir la verdad de las matemáticas." Otro compañero de clase notó que "No es suficiente con decir que el era inteligente."

Mientras Ted lograba altas calificaciones tanto en sus clases como así como socioculturalmente con sus maestros y profesores, estaba ampliamente desanimado con el "bajo nivel" de educación que estaba recibiendo. Cuando fue felicitado por su éxito al obtener 5 B y 15 A en sus calificaciones a lo largo del curso de sus 18 clases en la Universidad de Michigan, Ted castigó al colegio diciendo, "Mis recuerdos de la Universidad de Michigan NO son agradables. El hecho de que no sólo pasé mis clases sino que incluso tuve unas cuantas A en mis calificaciones muestra lo desgraciadamente bajos que eran los niveles en Michigan" Si bien estaba insatisfecho, Ted siguió logrando un gran respeto de parte de sus compañeros y maestros, con muchos considerándolo entre las personas más inteligentes del campus.

Ted escribió una disertación en 1967 como parte de los requisitos para completar el título de su doctorado, una disertación a la cual tituló "Funciones Límite." Su disertación fue un trabajo tremendo y recibió el premio Summer B. Myers por su prestigio e impecabilidad. Un miembro de la junta de educación de la Universidad de Michigan dijo que fue una de las más grandes disertaciones que jamás había leído. Maxwell Rhoades, uno de los hombres encargados de aprobar la disertación proclamó, "Aseguraría que quizás 10 o 12 hombres en el país lo apreciaron."

Para premiarlo por su tremendo trabajo, A Ted le fue concedido un puesto como profesor asistente en la Universidad de California, Berkeley. Ted, a la edad de 25 años ya había logrado su doctorado y era el profesor asistente más joven en la historia de la Universidad de California, Berkeley. La junta de directores de la Universidad supo del tremendo genio que estaban alojando y estaban interesados en mantener a sus empleados tanto como fuera posible. Aunque Ted era un genio, era extremadamente inadecuado en su manera de enseñar a los alumnos, a menudo rechazando preguntas que él consideraba "simples" mientras se rehusaba a contestar cualquier otra pregunta diciendo que los estudiantes deberían hacer como él hizo y enseñarse ellos mismos. Por último, luego de un brusco combate de evaluación de estudiantes, Ted renunció abruptamente a su puesto de profesor asistente y abandonó la Universidad de California, Berkeley al 20 de Junio de 1969. J.W. Addison, el presidente del departamento de matemáticas, declaró que la renuncia de Ted fue "Súbita e inesperada." Ted había sido conocido entre numerosos departamentos de matemáticas alrededor del mundo, con el vicepresidente de la Universidad de California, Berkeley, quien declaró que Ted "...pudo haber escalado el ranking y hoy sería miembro Mayor de la facultad." Ted hizo numerosos desarrollos dentro del campo de las matemáticas y si bien su partida fue prematura, dejó el campo de las matemáticas para mejor con su presencia.

La vida de Ted parecía desplomarse luego de su partida de la Universidad. Durante sus últimos días en la Universidad, Ted se obsesionó con la posibilidad de vivir en un mundo que pudiera soportar la escasez de alimentos a nivel mundial. Para lograrlo, Ted comenzó a hacer planes de vivir en el bosque y "vivir de la tierra." La renuncia de Ted le dió su primer oportunidad de hacerlo, con su partida dándole la libertad que tanto había estado deseando. Para preparar sus planes de mejor manera, Ted se mudó a la casa de sus padres en Lombard, Illinois. Dos años más tarde, estaba listo para la transición y comenzó por mudarse a una pequeña cabaña que había estado construyendo durante meses en Lincoln, Montana. La naturaleza de la cabaña era primitiva, no poseía electricidad ni agua y a su vez le ofrecía a Ted la vida de simplicidad y fortaleza que había anhelado.

Para ganar dinero durante los primeros meses, Ted realizó trabajos ocasionales en los alrededores del área de Lincoln mientras también recibía una ayuda mensual de sus padres. Durante los primeros meses, Ted se mantuvo ocupado reconociendo los alrededores de su cabaña. Un apto aprendiz, Ted aprendió por sí mismo diversas habilidades de supervivencia que incluían cazar y rastrear animales salvajes sin el uso de armas modernas, siendo capaz de evaluar correctamente las plantas que eran comestibles y las que no, siendo también capaz de encender un fuego usando solamente algunas ramas. Para moverse a lo largo del área, ted robó una bicicleta de la ciudad más cercana y la utilizó para transportarse desde y hasta la ciudad. Para ventaja de Ted, el área en la cual estaba ubicado no estaba desacostumbrada al comportamiento exhibido por Ted. A menudo, la gente tenía estos estilos de vida, lo cual hacía a Ted pasar relativamente desapercibido para los locales. Sin embargo, la intención de Ted de tener un estilo de vida primitivo recibió un golpe al comprender que vivir autónomamente era imposible debido al gran número de deforestaciones que estaban siendo llevadas a cabo por el gobierno local. El gobierno local había enloquecido con la numerosa fuente de ingresos, con lo cual permitirían que las obras de bienes raíces sean llevadas a cabo. Con su plan original arruinado, Ted comenzó su plan para sabotear las obras de bienes raíces que estaban siendo llevadas a cabo en el lugar.

Cuando Ted comenzó su sabotaje, su vida como terrorista local también comenzaría. Ted comenzó por hacer visitas nocturnas a los diversos desarrollos de bienes raíces que se estaban construyendo en las cercanías de su cabaña y destruyendo parte de las obras. Comenzó por leer varios libros de sociología y filosofía política. La visión de Ted sobre la naturaleza siempre fue desde una perspectiva conservativa, y durante su vida en la cabaña, él se sintió aún más enamorado de la naturaleza que lo rodeaba. Para Ted, la naturaleza era su familia y ver elementos de la naturaleza destruidos fue tan difícil como ver morir a los miembros de su familia. Ted vuelve a contar la historia de un tiempo en el que encontró a su amada naturaleza destruida y alterada: "Es una especie de campo rodante, no plano, y cuando llegas a la frontera encuentras estos barrancos que se cortan muy abruptamente en una especie de bajadas de acantilados y había incluso una cascada allí. Era una escalada de cerca de dos días desde mi cabaña. Ese fue el mejor lugar hasta el Verano de 1983," recuerda Ted. "Ese Verano había muchísima gente cerca de mi cabaña, asique decidí que necesitaba un poco de paz. Volví a la meseta y cuando llegué allí me encontré con que habían construído una ruta justo en medio de la meseta… No puedes imaginarte lo molesto que estaba. Fue en ese punto en que decidí que, en lugar de intentar adquirir más habilidades para sobrevivir en el bosque, trabajaría para volver al sistema.

Venganza." El impulso de venganza de Ted había comenzado al percibir la injusticia de esas obras y su campaña contra esas compañías desarrolladoras no terminaría hasta hacer que se detengan. A los ojos de Ted, los humanos rondando su casa estaban enfocados en desarrollar su ciudad a través del "camino de menor resistencia." Lo que significa que esta gente podría desarrollar su ciudad a través de rutinas más complejas que dejaría a la naturaleza ilesa, pero en lugar de eso decidieron destruir la naturaleza y desarrollar sus compañías allí porque se niegan al trabajo duro. Ted también mencionó que su frustración inculo empeoró debido a su miedo a perder la propiedad. En relación a su frustración, Ted explicó, "Para crear una situación en la cual la gente se siente lo suficientemente incómoda como para rebelarse. Asique, la pregunta sería: ¿De qué manera uno puede incrementar esas tensiones?" En la mentalidad de Ted, él era quien había sido instigado y él sabía que debía proceder a tomar sus propias represalias, hacer lo que sea necesario, para demostrarle a la humanidad su ira ante su falta de cuidado. Mientras que consideró varios métodos en un esfuerzo por demostrar su punto de vista, Ted empleó un método que transmitiría su mensaje de una manera muy clara, y dolorosa. Ted eligió tomar la ruta de la violencia y decidió que su único método sería infligir dolor en la humanidad. Así, en 1978, Ted comenzó su oleada de bombardeos que duró 17 años y que habría dejado muchísimos heridos y algunos muertos. Para comenzar su oleada de violencia con la espera de poder canalizar su mensaje, Ted creó una bomba y se la envió por correo a Buckley Crist, uno de los prominentes ingenieros que enseñaba en la Universidad de Northwestern. Buscando aconsejar de mala manera a Crist de abrir la caja en la cual había puesto la bomba, Ted envió la caja marcada como "devolver al remitente," con la esperanza de que Crist asumiera que tenía en su poder un paquete imposible de entregar. Sin embargo, cuando Crist fue notificado de que la dirección del remitente era la oficina de correo de la Universidad, él se alramó inmediatamente, asegurando que él no le había enviado ningún paquete a nadie. La seguridad del campus fue llamada de inmediato y tras su descubrimiento, procedieron a abrir la caja, la cual explotó, causando quemaduras y heridas de esquirlas al oficial Terry Marker, el guardia de seguridad que abrió el paquete. Cuando la policía comenzó su investigación sobre la bomba, notaron la manera primitiva en la que había sido construída. Mientras otras bombas de tubo de esa época eran construidas de una manera bastante más sofisticada, esta bomba había sido manufacturada con elementos ordinarios y no tenía una apariencia profesional. La bomba consistía de una bomba de tubo simple que estaba cerrada con tapones de madera. Tras una investigación más profunda, la policía descubrió que la bomba podría haber sido mucho más peligrosa si Ted hubiera utilizado un tubo con rosca encajando en cada extremo del tubo en lugar de los tapones de madera que él mismo había construido. Los tapones de madera se vieron comprometidos mucho más rápido de lo que lo hubieran hecho los tapones roscados, destruyendo las chances de una mejor explosión de la bomba. Sin embargo, Terry Marker fue herido por la explosión y la policía se preguntaba si estaban tratando con un simple bromista malicioso o si estaban ante el inicio de lo que podría ser un bombardero serial.

A medida que la policía continuaba su investigación, descubrieron que Ted había construído el detonador usando geometría simple, con bandas elásticas sosteniendo un clavo que luego pasaría rápidamente sobre seis cabezas de cerillas al soltar la banda elástica que lo sostenía, generando la ignición de la llama, la cual subsecuentemente encendería la pólvora. Mientras la policía seguía conjeturando acerca de quién podría ser el individuo responsable de esta acción, ellos concluyeron que eran testigos de un hombre muy inteligente que estaba utilizando elementos rudimentarios y primitivos a modo de ocultar quien verdaderamente era.

Tras este bombardeo, Ted dejó su cabaña de madera para regresar a Chicago donde residió con sus padres una vez más. Mientras estuvo en Chicago, Ted y su hermano se unieron a su padre trabajando en una fábrica de gomaespuma. Con su hermano como supervisor, Ted era libre de trabajar tan duro o tan poco como quisiera sin riesgos de ser despedido. Sin embargo, el hermano de Ted trazó una línea cuando Ted fue encontrado escribiendo poemas degradantes sobre uno de sus supervisores en las paredes del establecimiento. Sería descubierto más tarde que Ted y su supervisora, una mujer, habían estado involucrados en una relación amorosa por un corto período de tiempo antes de que ella lo dejara, citando su impredecible naturaleza como una bandera roja. Cuando le preguntaron sobre esta aparente travesura de haber salido con Ted, la mujer recuerda que Ted de hecho trabajaba para ella y que era "inteligente pero callado," pero se rehusó a admitir que ella y Ted habían tenido algo. Tras ser despedido, Ted abandonó Chicago y regresó a su remota cabaña nuevamente con bronca y frustración hirviendo en sus emociones. De regreso en el bosque en su cabaña, Ted se encontró con la urbanización de la tierra que él había tenido por tanto tiempo. Donde una vez hubo arboladas y bosques, ahora había edificios y zonas residenciales. La ira de Ted fue encendida aún más, y comenzó a crear una nueva bomba que esperaba que desahogue su frustración. La bomba fue flojamente construída tras su bomba original pero sería detonada por un mecanismo de temporizador esta vez en lugar de por un detonador. Ted ubicó la bomba en el ala de almacenamiento de un vuelo de American

Airlines que estaba partiendo de Chicago rumbo a Washington D.C. Con su bomba asegurada a bordo del avión, Ted regresó a casa de sus padres una vez más esperando que las noticias hablaran de su masiva destrucción. Sin embargo, esas noticias afortunadamente jamás llegaron. Aparentemente Ted había cometido un error que causó una falla en el temporizador. La bomba nunca habría explotado pero pronto comenzó a emanar humo, haciendo que los pilotos realicen un aterrizaje de emergencia. Tras el aterrizaje, la bomba fue descubierta por la policía y fue llevada a la estación para proceder a examinarla. Una vez en la estación, la policía fue capaz de detonar la bomba y comprendieron lo poderosa que era la bomba que acababan de retirar del avión. "Si la detonación de esta bomba hubiera sido exitosa, habría eliminado completamente al avión." fueron exactamente las palabras de uno de los detectives que había examinado la bomba.

Si bien la primera bomba había sido investigada solamente por la policía local y por la estatal, la bomba de la aeronave fue lo suficientemente peligrosa como para atraer la atención del FBI, quienes se volvieron activamente involucrados luego de oír el daño que esta bomba podría haber causado. Si bien el bombardeo de Ted había sido un fracaso, este ataque le dio al asesino una nueva característica: su propio alias. A continuación de este evento los medios comenzaron a referirse a Ted como el UNABOMBER, una abreviación de bombardero de Universidades y Aeronaves.

Una de las características que hacían a las bombas de Ted específicamente únicas era el rastro de pistas falsas que Ted dejaría dentro de cada una de sus bombas. Ted, un hombre meticuloso, no dejaba virtualmente ningún tipo de pistas accidentales en sus bombas, pero sí dejaba una miríada de pistas útiles que eran diseñadas meticulosamente para quitar a los autores y escritores de su camino. En su primera bomba, Ted intentó quitar a las autoridades del medio etiquetando su bomba con las iniciales "FC." Dentro de la bomba del avión, Ted abrochó una nota que decía "Wu—funcionó! Te dije que lo haría—RV." Tales pistas fueron tomadas por las autoridades y consideradas como verdaderas pistas pero jamás condujeron a nada significativo, aparte de divertir bastante a Ted mientras las autoridades cayendo en su juego al seguir las pistas inocentemente. Por ese entonces, Ted estaba jugando con las autoridades y liderando la investigación él mismo.

Entre 1978 y 1982, Ted envió un total de siete bombas a diversas ubicaciones alrededor del país. En total, cinco de las bombas fueron detonadas pero ninguna de las bombas fue considerada seria, ya que los daños más severos fueron cortes menores y moretones por las esquirlas. La mayor parte de estas ubicaciones eran universidades y colegios de donde Ted descubrió que provenía la mayor parte de la destrucción. En 1985, Ted detonó la primera bomba que las autoridades consideraron que poseía un poder letal. John Hauser era un estudiante graduado dentro de la Fuerza Aérea de los Estados Unidos y estaba actualmente en servicio activo cuando la misteriosa caja llegó a su oficina. En lugar de comunicarse con el escuadrón antibombas o con seguridad, Hauser procedió a abrir la caja que había sido envia por Ted directamente a él. La bomba detonó al abrir la caja destrozando la mayor parte de la mano de Hauser, causándole pérdida de la visión en un ojo y la pérdida completa de cuatro de sus dedos. Mientras las autoridades continuaron con sus investigaciones, encontraron que la bomba había sido manufacturada del mismo modo que las otras bombas que consideraron que eran trabajo del UNABOMBER. Poco después de haber herido a Hauser, Ted detonó su primera bomba mortal.

Hugh Scrutton, propietario y operador de su propia tienda de computación, estaba investigando un sospechoso paquete que alguien dejó en su estacionamiento cuando explotó quitándole la vida. Ted, una vez vuelto en vándalo en su causa por la liberación, era ahora un asesino, y el más buscado en los Estados Unidos.

Durante dos años, los bombardeos cesaron pero regresaron a su venganza cuando Gary Wright fue seriamente herido luego de que una bomba con apariencia de un trozo de madera detonara tras el intento de Wright por moverla. Las autoridades esperaban otra bomba, pero durante seis años, nada ocurrió. Algunos conjeturaban que el UNABOMBER había muerto. Sin embargo, mientras que las autoridades estaban cada vez más convencidas de que su vigilancia había dado sus frutos, Ted apareció nuevamente, esta vez detonando dos bombas en dos días en diferentes universidades. La primera fue en la Universidad de Yale donde David Galernter fue severamente herido pero sobrevivió. La segunda ocurrió dos días más tarde cuando Charles Epstein de la Universidad de California en San Francisco perdió tres dedos cuando la bomba explotó dentro del paquete que él estaba abriendo. Las autoridades estaban abatidas y bastante desanimadas tras la sucesión de estos dos bombardeos. Lo que parecía haber terminado había resurgido súbitamente sin más pistas.

Por los años 1994 - 1995, Ted se enfocó en enviar bombas letales a dos figuras individuales que él consideraba enemigos personales de su éxito. El primero era Thomas J. Mosser de la organización Burson-Marsteller. Ted había tomado a este hombre como objetivo porque él había ayudado a Exxon en la catástrofe Exxon-Valdez. El segundo individuo era Gilbert Brent Murray, quien era el actual presidente de la asociación California Forestry Association, la asociación con mayor responsabilidad por la pérdida de los amados bosques de Ted. Con estos dos hombres muertos tras la inmediata detonación de las bombas, las autoridades comenzaron a preocuparse mucho más acerca de los futuros bombardeos que este UNABOMBER podría incitar. La confianza de Ted estaba creciendo pero esta misma confianza era la que lo llevaría un día a su fallecimiento.

Tras su tercer bombardeo mortal, Ted envió por correo una copia de un ensayo personal que él mismo había escrito y titulado "La sociedad industrial y su futuro," a varios medios de comunicación importantes. Estos ensayos estaban acompañados por la promesa de que ocurrirían severos bombardeos de no ser publicados en los periódicos. Varios medios de comunicación creyeron la promesa de Ted y publicaron un artículo en las columnas de sus periódicos. El FBI subsecuentemente también ofreció la suma de un millón de dólares como recompensa dentro de la misma publicación para cualquiera que pudiera colaborar en la captura y arresto de este hombre. Alrededor de esta época, David, el hermano de Ted fue alertado por su esposa de la posibilidad de que Ted podría ser el UNABOMBER.

En un principio, David se rehusó a creer esto, pero al leer la publicación, reconoció que la gramática y el flujo de palabras del periódico seguía el mismo patrón de los trabajos previos de Ted. Con esto en mente, David contrató a un investigador privado para seguir a su hermano de cerca a la vez que contrató los servicios del abogado Tony Bisceglie como su contrato con el FBI. en 1996, Bisceglie envió una copia de la disertación de Ted de la UC Berkeley, provista por David, al FBI. Cuando el FBI comparó el ensayo con la disertación, reconocieron que el autor de ambos trabajos era el mismo hombre.

Luego de que el jefe de la investigación, Terry Turchie fue alertado de la alta probabilidad de que el FBI hubiera encontrado a su sospechoso, éste firmó una orden de registro de la cabaña de Ted. David condujo a las autoridades a la cabaña de Ted donde las autoridades se prepararon para enjambrar la cabaña. Temiendo que un incendio con potenciales explosiones pudiera ocurrir, el FBI tomó todas las precauciones al rodear la cabaña. Sin embargo, Ted se rindió sin ningún incidente y las autoridades lo tomaron en custodia el día 3 de Abril de 1996. Luego de examinar la cabaña exhaustivamente, el FBI encontró numerosos diarios que confirmaban cada bombardeo que Ted había orquestado. Además, las autoridades encontraron varios componentes de las bombas que habían explotado previamente, junto con una bomba completamente ensamblada. A pesar de los rumores difundidos de en qué otros casos podría haber estado involucrado Ted Kaczynski, las autoridades confiaban en una sola cosa: Habían encontrado a su hombre y los insensibles bombardeos que habían plagado su ciudad no volverían a humedecer a la nación. Al poco tiempo de haber sido encarcelado, Ted fue acusado de diez cargos por actividades ilegales en relación a las bombas mientras que también fue acusado de haber asesinado a tres personas. Luego de un extenso juicio, Ted fue declarado culpable de todos los cargos y sentenciado a ocho cadenas perpetuas consecutivas en la prisión de máxima seguridad ubicada en Florence, Colorado. A pesar de un intento de suicidio al corto tiempo de haber caído en prisión, Ted se ha mantenido como prisionero activo hasta el día de hoy.

Capítulo siete

Charles Manson

A lo largo de la historia del crimen, hubo muchos hombres que trabajaron solos y cometieron sus diabólicos actos en la intimidad de su vida personal. Sin embargo, hubo varios grupos que trabajaron como equipo, influenciados e inspirados por un motivante líder que estimuló a sus seguidores a cometer sus viciosos crímenes. Un hombre que utilizó la variante grupal en su promesa de comenzar un genocidio fue Charles Manson.

Líder de la infame "Familia Manson," Charles dedicó su vida al crimen organizado y soñaba con el día en que dominaría el mundo y haría lo que quisiera. En su propia imaginación, Charles estaba seguro de que había un apocalipsis a punto de arrasar con el mundo, y su crimen organizado simplemente sentaría el precedente de este ataque a nivel mundial. Al contrario que la opinión de la mayor parte de la humanidad sobre un calvario mundial, mucho menos uno en manos de un personaje ficticio, Charles le dio la bienvenida al apocalipsis con sus brazos abiertos con la esperanza de que su trabajo no sea en vano.

Para desgracia de Charles, la justicia encontró sus diabólicas acciones como mucho más allá de los límites de la lucidez, y Charles fue capturado al poco tiempo de comenzar su ola de asesinatos.

Luego de enfrentar al sistema judicial tanto como pudo, Charles se enfrentó al juez y se le dieron múltiples cadenas perpetuas, las cuales vivió hasta tener 83 años de edad, cuando un paro cardíaco reclamó su vida.

La vida de Charles Manson es una ilustración perfecta de lo que ocurre cuando un hombre se vuelve demasiado consternado y superado con lograr dominar el mundo. Tan superado, que está dispuesto a permitir que su mundo sea superado por el simple hecho de dominar a toda la población. Un cuerpo que ahora descansa en las profundidades de una tumba, el legado de Charles Manson aún vive; un legado lleno de odio y muerte, y ciertamente sin deseos de que la humanidad lo repita. Al final, la vida de Charles no servirá a otro propósito más que al de advertir a quienes están detrás suyo de los peligros que conllevan la arrogancia y la utilización de la humanidad para lograr sus siniestros planes.

La vida de Charles manson fue introducida al mundo cuando nació en Cincinnati, Ohio. Hijo de Kathleen Manson-Bower-Cavender, una chica de dieciséis años que fue expulsada de su propia casa y vivía ahora con Coronel Walker Henderson Scott Sr., quien sería el aparente progenitor de Charles, pero Charles nunca llegaría a conocer a este hombre. Previo al nacimiento de Charles, Kathleen y Scott Sr. estuvieron viviendo juntos, Scott Sr. deshonestamente convenció a Kathleen de que él realmente sirvió en el ejército a pesar del hecho de que Coronel era en realidad solamente su verdadero nombre.

Alrededor de la ciudad en la que Scott Sr. y Kathleen residían, su nombre era respetado debido al hecho de sus tendencias deshonestas cruzaron los límites de su propio hogar. Scott Sr. era conocido como un artista convicto, y su esposa pagó el precio por su estilo de vida. Cuando Kathleen descubrió que estaba embarazada, ella le contó a Scott Sr., quien seguramente estaría excitado por este nuevo desarrollo en su búsqueda de formar una familia. Si bien Scott Sr. parecía excitado en un principio debido a esta oportunidad, le dijo a Kathleen que había recibido instrucciones de volver al ejército pero que regresaría en unas cuantas semanas.

Luego de que estas "cuantas semanas" se volvieran meses, Kathleen comprendió que había sido víctima de su deshonesto estilo de vida y que había sido abandonada para criar a su hijo sola. Tres meses más tarde, Kathleen daría a luz a Charles el 12 de Noviembre de 1934, un niño que permanecería sin nombre durante sus dos primeras semanas de vida. Con Kathleen insegura acerca de qué nombre ponerle a su nuevo hijo, Charles fue llamado "Sin nombre Maddox" durante las dos primeras semanas de su vida, antes de que Kathleen finalmente se decidiera por Charles. Poco después del nacimiento de Charles, Kathleen se casó con su nuevo esposo, William Eugene Manson, y conspiró para que él adoptara a Charles como su legítimo hijo. Manson trabajaba como empleado local en una tintorería cercana a la residencia Manson.

Kathleen demostró ser una madre incompetente, a menudo andaba de bar en bar durante días acompañada por su hermano,

Luther. Durante estos viajes, Charles era llevado en autobús con varias niñeras hasta que su madre regresara de sus atracones con bebidas. La infancia de Charles estuvo llena de tristeza ya que sufría la falta de cuidados de una verdadera madre y de la ausencia de una figura paterna en su vida. Desgraciadamente, la vida Charles se podría mucho peor antes de que el año termine.

Tras apenas ocho meses de matrimonio, Kathleen fue notificada de que su esposo, William Manson, se divorciaría de ella. La batalla judicial resultó ser corta, y pronto William y Kathleen dejarían de estar casados. Esta separación demostró ser inmensamente difícil de sobrellevar para Kathleen, resultando en que ella adoptara una vida criminal. Durante varios meses, Kathleen incurriría en hurtos y robos menores como medio para tener un ingreso para ella y su tremendamente descuidado hijo, Charles. Esta cadena de pequeños robos culminó en el gran robo de Frank Martin, un amigo de Luther, el hermano de Kathleen. La pareja había ido a la casa de Martin para una cata de vinos e inmediatamente notaron la fortuna de la cual Martin parecía ser poseedor. Luego de llamar a Luther, el trío intentó robar a Martin pero fueron atrapados poco tiempo más tarde, dejando un rastro de pistas demasiado obvias en la escena del crimen. Durante las siguientes siete semanas, Kathleen sería alojada en la celda de una prisión de mujeres hasta tener un juicio que la condenaría a pasar cinco años en prisión. Su hermano, Luther, recibió la pena de diez años en prisión. Siendo la sentencia de Kathleen más leve debido al hecho de tener un hijo que aún era menor de edad.

Durante los siguientes cinco años, Charles sería alojado con su tío y su tía en McMechen, West Virginia donde su tío intentó darle una base para hacer las cosas bien y no seguir los pasos de su madre y de su padre. Desgraciadamente, esta base demostraría ser frágil y Charles iría todavía más allá del estilo de vida y crímenes de sus padres.

En 1942, la madre de Charles quedó en libertad condicional, y los dos volvieron a reunirse, un tiempo al que Charles se refiere como el momento más feliz de su vida. Durante algunas semanas siguientes, Charles y continuaron viviendo en el área hasta que su madre fue desalojada de su casa, y fueron forzados a mudarse. Kathleen encontró un empleo en Charleston, West Virginia, y ambos se mudaron a un pequeño apartamento en West Virginia poco tiempo después. En Charleston, Kathleen encontró amigos con los mismos gustos que la llevaron a prisión en primera instancia y pronto estaba saliendo y bebiendo sumergida en el mismo estilo de vida que pensó haber dejado atrás. Sin su madre en la escena, Charles podía hacer lo que quería y pronto se quedaba en casa en lugar de ir a la escuela o iba a casa de algún amigo en hora de clases. Kathleen trabajaba durante el día pero demostró no ser rival ante la voluntad de Charles, y optó por dejarlo hacer lo que quisiera. Pronto, Kathleen estaba robando tiendas otra vez y los arrestos subsecuentes por hurto mayor la persiguieron al igual que su pasado. Luego de que el arresto fue llevado a cabo, Kathleen fue encontrada no culpable por falta de evidencia.

Charles sabía que su madre no podría mantener su estilo de vida actual en West Virginia, con lo cual la convenció de mudarse con él a Indianápolis, Indiana. Kathleen aceptó, y los dos estaban pronto abordando un autobús que los llevaría a un nuevo estilo de vida en Indianápolis. Luego de su llegada, Kathleen encontró un trabajo de medio tiempo y se unió al capitolio local de alcohólicos anónimos. Durante una noche de rehabilitación, Kathleen conoció a Lewis, un hombre que con el que comenzaría a verse para finalmente casarse poco tiempo después. Lewis demostró no ser un padre para Charles, y la vida que Charles había vivido en West Virginia pronto comenzó a tironear sus emociones. Charles sucumbió a estos deseos y pronto estaba robando tiendas locales, siguiendo los pasos que su madre había dado y que continuaría dando. Sin embargo, Charles fue un paso más allá y comenzó también a robar casas, realizando todo su trabajo durante el día mientras los inquilinos estaban fuera de casa. Kathleen decidió que no era capaz de atender su trabajo y a Charles, con lo cual comenzó a barajar la idea de enviar a Charles a un hogar de acogida. Luego de buscar durante cerca de dos meses, Kathleen encontró que ningún hogar de acogida era de suficiente calidad como para alojar a Charles o bien, conociendo su pasado, nadie querría aceptar a Charles. Al encontrarse sin más opciones, Kathleen llevó a Charles a Terre Haute, Indiana, donde anotó a su problemático hijo en el internado Gibault School for Boys.

desgraciadamente, este hogar habría tenido poco o ningún efecto en el futuro y la moral de Charles. El internado Gibault School for Boys era manejado por sacerdotes católicos quienes ponían su mejor esfuerzo en influenciar a los jóvenes en la importancia de cambiar sus tortuosas costumbres. La mayoría de los chicos obedecían.

Charles no lo hizo. Tras algunas largas semanas en el internado, Charles huyó del internado de chicos para volver con su madre. Kathleen no tenía nada que hacer con un hijo fugitivo de todos modos, e inmediatamente lo regresó al internado. De regreso allí, A Charles le fue dado un estricto castigo por su usurpación de las reglas y no le fue permitido ver a nadie fuera del campus durante los próximos dos meses. Para Navidad, el internado le permitía a los chicos ir a visitar a sus parientes, por unos cuantos días si deseaban hacerlo. Charles eligió a sus tíos en McMechen y pasó el tiempo allí. Sin embargo, mientras estaba con sus tíos, Charles intentó robar un arma de una tienda local de caza. El intento fue inútil, y Charles fue llevado a la estación de policía local de donde lo llevaron de vuelta al internado. Charles permaneció en el internado por los siguientes seis meses pero todo el tiempo estaba planeando huir. Su plan se hizo realidad a principios de Octubre cuando escapó del internado y regresó a Indianápolis.

En Indianápolis, Charles no volvió a casa a ver a su madre. En lugar de ello, comenzó a vivir en un pequeño cuarto de hotel en el cual pasaba todo el día durmiendo y las noches robando restaurantes locales y casa de empeño. Un joven y descuidado ladrón, las autoridades no tenían problemas en encontrar al sospechoso, y Charles fue pronto inscripto en un nuevo internado llamado Boys Town en Omaha, Nebraska.

Charles podría haber sido enviado a prisión, pero un juez local tuvo compasión por él cuando escuchó la historia de su incompetente y desalmada madre. En Boys Town, Charles conoció a otro rebelde joven llamado Blackie Nielson y comenzaron a hacer planes para nuevamente dejar el internado. Luego de asegurarse un auto, el dúo dejó el internado en el manto oscuro de la noche y huyeron camino a Peoria, Illinois. El tío de Blackie vivía en Peoria en ese momento y se ganó su vida siendo un ladrón profesional y muy competente. Charles estaba cautivado por sus rápidas y eficientes tácticas para robar tiendas y le rogó al tío de Blackie permitirle "estudiar" sus técnicas. El tío de Blackie vió el potencial que el trío de ladrones podría tener, con lo cual de inmediato comenzó a enseñarle a ambos los principios de sus técnicas. El equipo de ladrones fue efectivo hasta que Charles cometió un error muy torpe y fue capturado durante el robo a una tienda local. Los policías comenzaron a observar la vida criminal de Charles Manson y pronto encontrarían que fue parte de un robo previo que involucraba a un casino y a un posible cargo de robo a mano armada. El incidente del casino ocurrió cuando Blackie y Charles huyeron del internado y estaban en extrema necesidad de dinero. Charles fue acusado con un cargo menor de robo y fue sentenciado a pasar el resto de su infancia en el internado Boys School de Indiana, un rígido y estricto centro de detención juvenil que había tenido éxito en quebrar los caminos criminales que muchos de sus internos estaban transitando. Este internado habría hecho más daño en Charles que correcciones, sin embargo. En el hogar, Charles fue violado repetidas veces, dos de estas veces de la mano de quien Charles aseguraría que fueron animadas por un oficial del establecimiento.

Tras haber sido ultrajado reiteradas veces, Charles era forzado a inventar una estrategia de defensa personal a la cual se refería como "El juego enfermizo." Bajo este método, Charles comenzaría a chillar agresivamente y a agitar sus brazos. Al hacer esto, Charles tomó la apariencia de estar loco y ser irracional, y así fue que logró evadir las amenazas violentas contra él. Durante los meses que estuvo en el internado, Charles habría hecho varios intentos de escapar del hogar. Sin embargo, este reformatorio era mucho más seguro que el anterior y sus intentos fueron inútiles. De cualquier manera, Charles pronto conocería a algunos otros individuos que, como equipo, serían capaces de sobrepasar la seguridad del internado y escapar.

En 1951, Charles y sus dos amigos del reformatorio escaparon exitosamente y comenzaron a emprender su viaje rumbo a California. Los tres robaron múltiples vehículos y estaban casi fuera de Utah cuando fueron detenidos y llevados a la estación de policía para ser interrogados. Una vez en la estación, fueron informados de haber estado conduciendo un auto robado a lo largo de la frontera del estado, ellos había violado la ley Dyer y corrían el riesgo de terminar en prisión. El juez decidió que un tiempo en la cárcel no sería de ayuda en esta situación y en lugar de eso, dividió al trío en diferentes reformatorios a lo largo del país. Charles habría sido envíado al reformatorio National Training School for Boys (Escuela Nacional de Entrenamiento para Varones), ubicado en Washington D.C., el reformatorio más estricto de los Estados Unidos.

En la escuela, Charles fue obligado a una prueba de CI donde se descubrió que estaba por encima del promedio nacional con una puntuación de 109. Sin embargo, Charles era completamente analfabeto. Sin la capacidad de leer, la vida de Charles estaba severamente obstaculizada, y sus oficiales tenían más piedad en sus castigos. Además, el oficial que entrevistó a Charles encontró que era severamente antisocial y que no disfrutaba estar entre otras personas. Este oficial sintió que a través de una correcta instrucción y cuidado, Charles podría ser rescatado de su vida de crimen. El estado estuvo de acuerdo y Charles fue transferido al Natural Bridge Honor Camp (Campamento de Honor Puente Natural), un lugar en el cual tendría permitido recibir visitas ilimitadas y amplias salidas del campamento si se comportaba correctamente. Al poco tiempo de haberse establecido en el campamento, la tía de Charles le suplicó al gobierno que le permitiera llevar a Charles de vuelta a su casa, afirmando que ella actuaría como su tutor principal y que que le conseguiría un trabajo estable. El juez accedió a una escucha en la cual podía ser informado de mejor manera acerca de la situación.

Sin embargo, poco antes de que el juicio sea llevado a cabo, Charles fue descubierto en un horrible crimen sexual, el cual dejó a su tía con el corazón destrozado por no poder llevárselo a casa con ella. Charles fue llevado al reformatorio federal ubicado en Petersburg, Virginia. Mientras estuvo en esta escuela, Charles estuvo todo el tiempo en contienda con sus oficiales, cometiendo "ocho ofensas disciplinarias serias, tres de ellas involucrando actos homosexuales." A Charles se le fue dada una oportunidad de redimirse, una oferta que habría desperdiciado y ahora debería pagar la pena.

Tras el descubrimiento de la desobediente estancia de Charles en la National Training School for Boys, fue enviado a un reformatorio en Chillicothe, Ohio, un reformatorio que disponía de la mayor seguridad. Se suponía que Charles debería permanecer en la escuela hasta cumplir 21 años, pero un cambio en su comportamiento lo llevó a una liberación anticipada. En Mayo de 1954, Charles dejó el reformatorio en buenos términos con sus oficiales y comenzó a vivir con su tío y con su tía en McMechen, los únicos miembros de su familia que habían aceptado tenerlo. La vida de Charles hizo serios avances en 1955 cuando se casó con una mujer llamada Jean Willis. No se han encontrado registros previos que digan cómo y dónde se conocieron, pero se rumorea que fue mientras Charles estaba en el reformatorio. Charles dejó la casa de sus tíos y comenzó su camino a lo largo de los Estados Unidos hasta Los Angeles. Para esto, Charles robó otro auto y otra vez fue acusado con el cargo de conducir un auto robado cruzando la frontera del estado. Le prometieron a Charles que tendría una breve sentencia si se sometía a algunas pruebas psiquiátricas, un trato que aceptó inmediatamente. La enfermera que revisó el caso de Charles y sus archivos psiquiátricos recomendó que deberían darle una probatoria en lugar de enviarlo a prisión. El juez aceptó y habría aceptado la solicitud si Charles hubiera comparecido ante el tribunal. En lugar de eso, Charles estaba en casa, negándose a presentarse en la corte, y fue subsecuentemente arrestado y regresado al salón de la corte. En la corte, el juez revocó su inicial solicitud de una probatoria, y sentenció a Charles a pasar tres años en prisión en Terminal Island en San Pedro, California.

Mientras estuvo en prisión, La esposa de Charles, Rosalie, dio a luz a un hijo, Charles Manson Jr. Subsecuentemente, Rosalie comenzó a vivir con la madre de Charles ya que ella podía ayudar a atender al bebé. Las dos se acompañaron mutuamente a la prisión cuando visitaban semanalmente a Charles. Charles estaba muy cerca de finalizar su sentencia cuando se le informó de que Rosalie estaba ahora viviendo con otro hombre. Enfurecido, Charles intentó robar un auto y escapar de prisión pero fue atrapado inmediatamente. En el juicio, a Charles se le negó la libertad condicional y en su lugar se le dieron una probatoria de cinco años. A modo de enfermo giro irónico, el mismo día que Charles fue sentenciado a cinco años de probatoria, la carta de divorcio de su mujer llegó a la prisión. Por ahora, la vida de Charles había cambiado completamente. Mientras estuvo fuera de prisión, Charles comenzó a vivir una vida solamente para él. Sus sueños de tener una familia fueron demolidos y sus esperanzas de volver a una vida normal con un trabajo se habían desvanecido con su antigua esposa. En lugar de lidiar con con su angustia a través de sesiones de terapia, Charles solo se introdujo a sí mismo profundamente en su vida de crimen. La vida de Charles Manson como criminal estaba muy cerca llegar a su fin.

En Septiembre de 1958, Charles comenzó a servir su probatoria. Para tener dinero, Charles empezó a actuar como proxeneta, empleando a una chica de 16 años como su primer "cliente." Para generar ganancias extra, Charles fue capaz de convencer a su novia de conseguir apoyo adicional de parte de sus padres.

Esta novia quedaría sin nombre pero habría sido una constante fuente de ingresos financieros durante muchos años hasta que su relación terminó. Durante algunos de los años siguientes, la vida de Charles se vería consumida con numerosos períodos en prisión a causa de vivir una vida de frívola actividad criminal. En 1959, Charles fue acusado de falsificar un cheque de tesoro de los Estados Unidos e intentar cobrarlo. El cheque original del cual Charles hizo la copia vino de un cheque robado, para únicamente complicar las cosas. En un principio, el juez contempló sentenciar a Charles a 10 años de prisión. Sin embargo, la sentencia de Charles fue retrasada cuando una joven mujer llamada Leona comenzó a llorar en frente del juez, rogándole por la vida de su "novio." Con prévio aviso, esta novia no era la fuente de ganancias financieras. El juez escuchó sus súplicas y le permitió a Charles simplemente irse porque Charles y la chica estaban "profundamente enamorados y se iban casar si Charles fuera liberado." Ambos terminarían por casarse, seguramente en un intento de no ser acusados siendo que le sería inútil a la corte ir en busca de Leona como testigo en contra de Charles.

Al finalizar el juicio, Charles y Leona fueron acompañados por otra chica, muy probablemente quien apoyara a Charles con grandes sumas de dinero, mientras el grupo comenzó su camino a New Mexico. Charles era todo menos dedicado a alguna de sus relaciones y en realidad convenció a su mujer, Leona, de hacer el papel de prostituta para conseguir más dinero para él. Investigadores Federales atraparon a Charles y lo acusaron de violar la ley Mann, un acta del congreso diseñada para proteger a las personas de esclavitud y tráfico humano. Sin embargo, había muy poca evidencia como para apoyar este cargo, y Charles fue liberado al poco tiempo. A pesar de haber sido liberado, Charles supuso que las autoridades probablemente aún no habían terminado de investigarlo. Cuando Charles faltó al reporte con su oficial de probatoria, los investigadores federales tenían demasiado a cargo para traer a Charles a un interrogatorio. Entre su liberación y su subsecuente arresto, los investigadores federales encontraron nuevas evidencias que eran suficientes para procesar a Charles por la violación del acta Mann. Leona fue arrestada poco después por prostitución e inmediatamente confesó que Charles era su proxeneta. Los investigadores tenía suficiente evidencia, y Charles fue acusado de violar el acta Mann y ordenaron que sirviera a sus 10 años de sentencia de los cuales había sido liberado con antelación. Durante un año, Charles habría estado atado a las cortes, intentando cambiar o reducir su sentencia. Sin embargo, estos intentos fueron inútiles, y Charles fue dejado sirviendo su segunda sentencia en prisión. En la cárcel, Charles fue lo suficientemente afortunado como para ser alojado junto a Alvin Karpis, el guitarrista de la banda Barker-Karpis. Durante su año en prisión, la madre de Charles permaneció firmemente dedicada a su bienestar y se mudó a las ciudades cercanas a las diversas prisiones en las cuales su hijo estuvo en un intento por visitarlo regularmente. Durante los últimos días de completar su sentencia, Charles era evaluado regularmente por un psiquiatra local dentro de la prisión.

Este psiquiatra tomó detalladas notas de que Charles era un "hombre presumido cuyo principal fin en la vida era llamar la atención a todas y cada una de las cosas que hacía, independientemente de si fuera una contribución o una detracción de la humanidad." Leona pronto se hartó de las constantes llamadas a la cárcel y pidió el divorcio. Charles se sintió prácticamente inafectado por este desarrollo, notando que él sólo se había casado con ella para que ella no pueda ser forzada a testificar en su contra. Sin embargo, a Charles le fueron dados los papeles que incluían un alegaciones de que él y Leona habían tenido un hijo juntos. Charles admitió que era posible que hayan producido un hijo, y las pruebas de ADN entre Charles Manson y el hombre que se rumoreaba que podía ser su hijo fue no concluyente con ninguna de las decisiones. En 1966, Charles fue transportado a Terminal Island, la prisión en la cual había pasado su primer tiempo encerrado. Charles estaba preparándose para para una liberación anticipada, siendo el buen comportamiento la razón principal de su liberación. A este punto de su vida, el tiempo de Charles había transcurrido ampliamente entre prisiones a lo largo de los Estados Unidos. A la temprana edad de 32 años, Charles había pasado más de 16 años entre prisiones y reformatorios. Tristemente, ninguno de estos encuentros con la ley, instructores, o consejeros pudieron retener ningún afecto de su vida personal. Charles aún se mantenía descuido y abandono en sus acciones y no tenía compasión por las necesidades de otros. Aunque en su vida cometió principalmente delitos menores, la siguiente serie de crímenes que Charles cometió serían los más mortales y serían la causa de su fama a nivel mundial.

Mientras estaba en prisión, Charles se volvió famoso dentro de la comunidad por su buena apariencia. Tras su liberación el 21 de Marzo de 1967, Charles fue seguido regularmente por un grupo de mujeres que se auto definían como "la familia Manson." Estas mujeres eran en su mayoría ex prostitutas, pero todas estaban enamoradas de Charles y se mantenían dentro de un estrecho vínculo de enamoramiento. Juntos, este grupo de gente le causaría dolor a miles de personas a través de los insensibles asesinatos de personalidades de alto perfil. En Julio de 1969, el grupo fue la mente maestra detrás del asesinato de Gary Hinman. Al momento del asesinato, se desconocía quién había sido el autor de semejante hecho. Sin embargo, un mes más tarde, el grupo asesinó a Sharon Tate y a cuatro de sus amigos en su casa. Tate era una actriz de primer nivel en aquel momento y muy amada por sus fans alrededor del mundo. Su muerte provocó indignación a nivel internacional y dejó a los investigadores desconcertados acerca de quién era verdaderamente responsable de este crimen. Solo un día más tarde, Leno y Rosemary Bianca fueron asesinados del mismo modo en que el grupo había asesinado a Tate. El principal asesino detrás de este grupo fue Tex Watson, un criminal que había servido en prisión por el crimen menor de de involucrarse activamente en la Familia Manson. Si bien Tex era el principal asesino, la mente maestra detrás de esta serie completa de ataques era el propio Charles. Llamando a los actos una "premonición de cosas por venir," Charles comenzó a ordenar estos asesinatos en un intento de "invitar a los líderes del apocalípsis a sumarse." El más alto perfil a quien el grupo intentó asesinar fue el Presidente Gerald Ford.

Sin embargo, el perpetrador, Lynette Fromme, demostró ser más irracional que competente y fue atrapada mucho antes de tener oportunidad de matar al Presidente Ford.

El mes de Marzo de 1970, retuvo muchos de los momentos más importantes de la vida de Charles. Su álbum, LIE fue lanzado, y en ese álbum estaba la canción, "Cease to Exist (Dejar de Existir)" una canción que Charles escribió y que fue adoptada por los Beach Boys y retitulada "Never Learn Not to Love (Nunca aprendas a no amar)." El CD fue un triste fracaso y Charles observó inútilmente como sólo 300 de 2,000 copias fueron vendidas. En suma a la realización del álbum, Charles también estaba en su último mes de libertad. Al mes siguiente, la vida de Charles se pondría al día con él, y sus crímenes lo perseguirían por el resto de su vida. El 22 de Abril de 1971, los investigadores federales encontraron suficiente evidencia para arrestar a Charles Manson acusado de siete cargos por homicidio en primer grado y otro cargo de conspiración para cometer un homicidio, un cargo que abarcó la muerte de otras siete personas. Sin ningún defensor dispuesto a tomar su caso, Charles se representó a sí mismo y realizó un muy triste trabajo buscando restituirse por demencia. La corte lo encontró culpable de todos los cargos, y Charles fue sentenciado a muerte. Sin embargo, Charles fue exaltado en 1972, al oír que la pena de muerte había sido regulada como inconstitucional y no seguiría siendo realizada en su Estado. Luego de cinco años de intentar cambiar su sentencia de muerte a una sentencia más corta en prisión, Charles fue sentenciado a cadena perpetua sin opción a libertad condicional.

Esto vino como resultado directo de la nueva ley, la cual establecía que "... cualquier prisionero con una sentencia de muerte debe llenar una petición para elevar un habeas corpus a la suprema corte, invitando a la corte a modificar su juicio para proveer la alternativa apropiada de castigo de aprisionamiento de por vida o aprisionamiento de por vida sin opción a libertad condicional especificado por estatuto del crimen por el cual el acusado fue sentenciado a la pena de muerte." Los días de Charles en salon de la corte estaban más que terminados, de todos modos. Mientras muchos creyeron que viviría sus últimos días como criminal dentro del sistema legal de California, Charles fue llevado de regreso a la corte para ser acusado con el cargo de asesinato en primer grado, derivado de su primer asesinato, el de Gary Hinman. Incluso con este nuevo cargo a su nombre, Charles continuó peleando contra el sistema legal y pidiendo su libertad. Todos los intentos de pedido de liberación fueron inmediatamente rechazados.

A pesar de haber sido un criminal convicto en prisión, Charles se convirtió en el ídolo de muchos y fue el sujeto codiciado de numerosas entrevistas en la década de los 80. Una entrevista nocturna de la CBS en 1986 conducida por Charlie Ross ganó el premio Emmy en 1987 a la mejor entrevista. Durante esta entrevista podía verse que Charles se había tatuado una Svastika en su frente, un símbolo para el mundo de su feroz antisemitismo.

El antisemitismo de Charles fue una fuente conflictos dentro de la prisión y había culminado en un severo altercado el 25 de Septiembre de 1984. Charles había estado discutiendo con Jan Holmstrom cuando él insultó los cantos religiosos de Holmstrom. Esto enfureció a Holmstrom, y procedió a empapar a Charles con solvente para luego prenderle fuego. Charles sufrió quemaduras de moderadas a graves a lo largo de todo su cuerpo, con la más grande que fue una quemadura de tercer grado en su espalda. Esto causó que Charlas haya sido llevado al complejo médico de California durante meses para recuperarse antes de ser llevado a la unidad de alojamiento proteccional dentro de la Prisión Estatal de California. La vida completa de Charles fue publicada por la NBC en 2007 cuando sacaron al aire el documental, La mente de Manson. El documental demostró ser esencial en la percepción que el mundo tenía de Charles, con mucha gente comprendiendo que él no era la celebridad que muchos creían. Charles continuaría volviéndose más desaliñado en su apariencia, una observación corroborada por la opinión pública cuando una imagen suya fue publicada en 2009 revelando a un severamente envejecido Charles Manson. A pesar de una larga y tupida barba, su cabello desprolijo, la Svastika de Charles aún estaba presente y el odio dentro de sus ojos había sido reemplazado por una mirada aburrida con tintes de miedo.

Charles continuó viviendo su vida en prisión en completo confinamiento solitario hasta el 14 de Enero de 2017, cuando fue revelado que Charles estaba sucumbiendo lentamente a un derrame gastrointestinal. Las autoridades llevaron a Charles al hospital donde fue revelado que le quedaba muy poco tiempo de vida. Charles habría vivido más de lo que se esperaba, viviendo hasta el día 15 de Noviembre de 2017, Charles empeoró y fue llevado un hospital local. No se realizaron declaraciones en concordancia con la ley federal de confidencialidad del paciente. Sin embargo, cuatro días más tarde, se reveló que Charles había muerto y sería cremado de acuerdo a las reglas de la corte. La vida de uno de los criminales más odiados de los Estados Unidos de América finalmente había conocido su destino. Tras su muerte, el cuerpo de Charles fue disputado por mucha gente, de los cuales todos eran miembros de la familia de Charles. Una por una, estas personas se habían considerado ilegítimas en la búsqueda del cuerpo de Charles o se volvieron desinteresados tras la tormenta mediática que siguió a su muerte. Por último, luego de meses de litigio, el cuerpo de Charles fue entregado a Jason Freemon, quien incineró el cuerpo de Charles y lo sepultó el 20 de Marzo de 2018. La vida de Charles sirvió como ejemplo a la humanidad de que las escalas de la justicia no son sesgadas y que al final la justicia real prevalecerá, incluso a través del disfraz de un "grupo familiar" que destruyó incontable cantidad de vidas en todo Norteamérica.

Capítulo ocho

H.H. Holmes

En el curso de una vida, el deseo de cumplir algo o de lograr un propósito único a veces causa que la humanidad llegue a límites sin precedentes por obtener reconocimiento. Para algunos, estos límites pueden incluír quebrantar las leyes; para otros, Estos límites tienen la apariencia de obedecer a las leyes del viento. Un hombre que parecía matar para vivir fue Herman Webster Mudgett, Más conocido como H H Holmes, su alias. Herman Vivió una vida que fue completamente consumida por matar gente; gente que suponía una amenaza para él y su negocio. De todos, Herman ha confesado 27 asesinatos, Aunque los testimonios de aquellos más cercanos a él sostienen que mató a más de 200 personas durante su tiempo. Los asesinatos de Herman eran sistemáticos, rápidos y diseñados para darle una lección a los demás; Una lección que la mayoría de la gente no escuchaba y ni siquiera oía. La vida de Herman Webster Holmes le da a la humanidad un vívido y gráfico testimonio de lo que pasa cuando un hombre deja que su potencial gloria reemplace su compasión y amor por la humanidad.

Herman nació hijo de Levi Price y Theodate Price el 16 de Mayo de 1861, en Gilmanton, New Hampshire. Los padres de Herman Eran ambos parte de la gran inmigración inglesa ocurrida muchos años atrás. Herman Tenía tres hermanos: un hermano mayor, una hermana más joven y un hermano más pequeño. La familia de Herman era devotamente religiosa, atendiendo a la iglesia metodista local regularmente. Durante la semana su familia trabajaba en su granja local donde se esperaba que Herman trabaje tanto como sus hermanos lo hacían, siendo que a todos les daban la misma cantidad de quehaceres domésticos. Cuando era niño, abundaban los rumores de que su padre era agresivamente violento con sus hijos y su esposa. Mientras jamás hubo pruebas físicas existentes que confirmen este rumor, existen numerosas historias de primera mano de cuando Herman era niño que confirman que tuvo una infancia muy difícil.

Una infancia como esta pudo haber sido lo que condujo a la adultez gráfica y violenta de Herman en la cual mostró muy poco remordimiento por los asesinatos y torturas que había cometido. Siendo aún pequeño, notaron que Herman tenía una extraña obsesión con matar animales en la granja de su padre, a menudo torturándolos ampliamente antes de matarlos. La madre de Herman estaba especialmente nerviosa acerca de la base que Herman estaba estableciendo para sí mismo a través de sus acciones e intentaba desviar los intereses de su hermano pequeño hacia algo constructivo. Sin embargo, Herman rechazó todos los intentos de su madre por lograr que tuviera intereses más espirituales y constructivos.

Cuando Herman tenía 16 años, se graduó de la secundaria y se mudó a Alton, New Hampshire donde fue empleado como maestro.

Extrañamente, su ayuda invertida en niños no daría lugar a vincularlo con sus futuros asesinatos. Seguidamente en Julio, Herman se casó con Clara Lovering, con quien tuvo a su primer hijo, Robert Lovering Mudgett, el 3 de Febrero de 1880. Durante estos meses de nuevos comienzos, Herman no mostró signo alguno de estar fascinado con la muerte y la tortura, y de hecho su madre comenzó a conjeturar que quizás sus intentos de desviar sus intereses en su infancia habían dado sus frutos. En 1881, Herman reunía las cualidades para certificarse como contador público y comenzar a trabajar como administrador en la ciudad de Orlando, Florida. Al año siguiente, Herman se mudó con su familia a Burlington, Vermont donde se inscribió en la Universidad de Vermont. Aquí, Herman comenzó a perseguir un título en medicina y cirugía pero no estaba satisfecho con el nivel de educación que estaba recibiendo. Al año siguiente, Herman dejó el colegio y comenzó a asistir a la Universidad de Michigan, una vez más mudando a su familia para pasar sus días de clases junto a ellos. Aún persiguiendo un título en medicina y cirugía, Herman triunfó en la Universidad de Michigan y fue premiado con su diploma en Julio de 1884 luego de reunir rigurosas calificaciones para el título. Tras su graduación, Herman comenzó como aprendiz bajo la atenta mirada del Dr. Nahum Wright en new Hampshire, aparentemente siendo propenso a triunfar en su carrera como doctor.

Durante sus últimos días como estudiante de la Universidad de Michigan, aquellos que compartían la casa con Herman y su esposa

Clara comenzaron a notar que él comenzó a tratar a su esposa de un modo diferente. Si bien la pareja parecía haber tenido en un momento una relación romántica y amorosa, ahora ambos se mostraban distantes, a menudo con Herman recurriendo a actos de violencia física en un intento de convencer a Clara de que sus ideas eran superiores a las de ella. La relación comenzó a ponerse tensa y los habitantes de su casa comenzaron a notar que la pareja ya no parecía una pareja real. Por último, Herman regresó a casa un día luego del colegio para encontrar que su alguna vez amada esposa lo había dejado para regresar a New Hampshire y nunca más volvería a verlo.

Fue alrededor de esta época en la que los amigos y familiares de Herman comenzaron a notar un cambio en él. El Dr. Nahum Wright fue el primero en notar la fascinación intensa de Herman por los cadáveres alojados en su laboratorio. El Dr. Wright era el líder en disección durante esa época pero incluso su fascinación no era nada en comparación al deleite que Herman encontraba en los cadáveres del laboratorio. Acoplando su CPA con los cadáveres del laboratorio, Herman a menudo usaría los cadáveres para estafar a las compañías de seguros de vida, un acto que fue cometido sin el conocimiento del Dr. Wright. Al poco tiempo, un joven chico desapareció en el área que Herman estaba y testigos reportaron haber visto a Herman con el chico poco antes de su desaparición. Cuando fue contactado, Herman negó haber hecho algo y simplemente declaró que el chico se fue a su casa apenas terminó de hablar con él.

A los policías les resultó convincente su testimonio y se negaron a abrir una investigación en torno a él. Los habitantes locales estaban furiosos de que no se le prestara más atención a Herman pero no había mucho que pudieran hacer mientras Herman tuviera a la policía de su lado. Con su reputación en ruinas, Herman abandonó la zona y se mudó a Filadelfia, Pennsylvania. En Filadelfia, Herman encontró empleo en el Norristown State Hospital pero fue encontrado tocando a algunos pacientes indebidamente mientras dormían, lo que resultó en su inmediato despido. Sin embargo, tampoco se realizó ninguna investigación policial ante esta acusación. Por este entonces, la personalidad encantadora de Herman llevaba a los investigadores por mal camino. Desafortunadamente, un día esta personalidad tan encantadora sería responsable de la muerte de cientos de personas.

Tras ser despedido de su puesto dentro del Norristown State Hospital, Herman comenzó a trabajar como farmacéutico en una farmacia en Filadelfia. Esto le dio la posibilidad a Herman de tener un trabajo estable durante varios meses, pero Herman cometió un drástico error cuando un niño para el cual había estado preparando un cóctel de drogas murió inmediatamente al consumir su cóctel. Herman negó que el error haya sido completamente accidental, pero su nombre ya estaba arruinado en la ciudad y Herman fue forzado a abandonar la zona. Luego de dejar Filadelfia, Herman se mudó a

Chicago, Illinois donde cambió su nombre a Herman Holmes en un intento por comenzar su vida desde cero. Sin embargo, había mucho misterio alrededor de Herman y aquellos que eran cercanos a él estaban satisfechos de mantener sus relaciones distanciadas. Además, Herman comenzó a estafar a la gente de la zona y su cambio de nombre fue un intento de ocultarse aún más de aquellos a quienes había estafado anteriormente. Durante este tiempo tumultuoso de su vida, Herman aún estaba casado con Clara, a pesar de su decisión de no querer volver a verlo jamás. Mientras aún estaban casados, Herman se casó con otra mujer, Myrta Belknap, en 1886, consumando así su vida como bígamo. Myrta tenía una preocupación obvia por estar casada con un bígamo, con lo cual demandó a Herman que consumara su divorcio contra Clara.

Herman cumplió y presentó su divorcio algunos días más tarde, asegurando satisfactoriamente que Clara había mostrado signos de infidelidad al escaparse rumbo a New Hampshire sin su conocimiento o consentimiento. Sin embargo, ya que el divorcio era un acuerdo que necesitaba el consenso de ambas partes, la presentación de Herman fue inútil a menos que Clara firmara los papeles. Clara se rehusó, y algunos rumores alegaban que ella ni siquiera había mostrado los papeles. Debido a esto, Herman le mintió a su esposa Myrta al decirle que su divorcio ya había finalizado. Sin embargo, el divorcio jamás le fue concedido, con lo que Herman murió siendo bígamo. Herman y Myrta tuvieron una hija juntos, llamada Lucy Theodate Holmes.

Sin una casa en la cual quedarse, Herman se quedó a vivir con Myrta y su pequeña hija en la casa de Myrta en Wilmette, Illinois. Poco después de casarse, Herman comenzó a verse con otra mujer, Georgianna Yoke. Si bien ellos no se casaron hasta el 17 de Enero de 1894, Georgianna se convirtió en la tercera y actual esposa de Herman, consumando a Herman como un bígamo con tres esposas.

De vuelta en 1886, cuando Herman había comenzado a trabajar en la droguería de S. Holton en Chicago y compró la droguería en 1890. Tras la adquisición del edificio y el terreno, la inquilina anterior de la droguería desapareció, causando que muchos creyeran que Herman podría haberla asesinado para recuperar el respaldo financiero que había solicitado para adquirir la tienda. Esto jamás sería demostrado, y Herman jamás aceptaría semejante acusación. En 1890, Herman había comenzado a construir dos pisos cruzando la calle de la droguería y rotuló el nuevo edificio con el nombre de "Edificio de uso mixto." El primer piso alojaría una nueva droguería y el piso de arriba era para alojamiento temporal, similar a un hotel. Dos años más tarde, Herman agregó un tercer nivel al edificio con la esperanza de tener más inquilinos gracias a la próxima Feria de las Naciones que tendría lugar en Chicago. Sin embargo, esta parte del hotel nunca sería terminada debido a que los arquitectos nunca recibieron dinero de Herman. Herman aceptó la demanda pero continuó reteniendo el dinero que supuestamente debería pagarle a los arquitectos. Además, la compañía que proveía el amoblamiento del hotel dejó de acatar las órdenes de Herman cuando fueron alertados de su negativa de pagarle a los arquitectos. Más tarde, durante la investigación policial de Herman, se descubrió que la casa poseía muchos túneles secretos y entradas ocultas, llevando a muchos a creer que que el edificio fue construído con el único propósito de alojar los asesinatos que Herman cometería más tarde en su vida.

Ahora residiendo en la casa, Herman comenzó a asesinar gente aparentemente en cualquier momento que sintiera la necesidad de hacerlo. La primera víctima que conoció su ira fue Julia Smythe, una de las amantes de Herman. Su actual esposa sabía de sus asuntos pero estaba satisfecha con ser su esposa mientras Herman visitó a su amante en reiteradas ocasiones.

Cuando el esposo de Smythe se enteró de su romance, se fue de su casa inmediatamente y se divorció de Smythe. Herman la alojó en su casa por un corto período de tiempo antes de asesinarla al cansarse de su compañía. Esto dejó huérfana a la hija de Smythe, Pearl, por un cortó período de tiempo antes de que Herman también la asesinara, buscando escapar de los gastos adicionales que generaría otro niño en su vida. Juntas, Julia y su hija Pearl fueron asesinadas por Herman en la Noche de Navidad de 1891. La segunda víctima conocida de Herman es Emeline Cigrande, otra de sus amantes. Ella estuvo viviendo en el segundo piso de la casa de Herman hasta desaparecer durante la misma semana en que Herman asesinó a Pearl y Julia.

Aunque Herman declaró que Cigrande recién había "abandonado la zona," se supo posteriormente que Herman la había asesinado poco después de asesinar a Julia y Pearl. Durante la misma semana de Diciembre, otra mujer había desaparecido, Edna Van Tassel. Van Tassel no fue amante de Herman, pero había abundantes rumores de que ella trabajaba como prostituta. Los historiadores creen que Herman atrajo a Van Tassel a su casa y tuvo sexo con ella poco antes de asesinarla y enterrarla junto a otras tres de sus víctimas. En total, Herman asesinó a cuatro mujeres durante una semana de Diciembre, y lamentablemente, más mujeres se unirían al grupo de fallecidas. Durante este inicio de la vida de Herman como asesino serial, Herman se mantuvo siendo farmacéutico y operador de hotel, sin mostrar cambios en su estilo de vida o remordimiento por sus asesinatos. El era tan profesional que todas sus actuales esposas terminaron en la tumba sin conocer sus retorcidos actos y sin conocer sus fechorías hasta que la policía lo atrapara muchos años más tarde. Por ahora, la vida de Herman estaba siendo consumida por una sola persona: él mismo. Muchas otras personas pagarían el precio de haber molestado alguna vez a Herman Holmes.

Poco después de la Navidad de 1892, Herman se asoció con un compañero suyo de nombre Benjamin Pitezel, un conocido criminal e indivíduo fraudulento. Pitezel era carpintero cuando él y Herman se conocieron, y ambos desarrollaron un rápido vínculo gracias a sus nefastos pasados y sus actuales transacciones ilegales. Herman empleó a Pitezel como carpintero en su edificio, y a cambio, Pitezel tenía permitido mostrar y vender su nuevo invento, una caja de carbón, en la tienda de Herman. Herman comenzó a darle la tarea a Pitezel de llevar a cabo algunos de sus más notorios crímenes, refiriéndose a él como "su criatura." Alrededor de esta misma época, Herman fue presentado ante Minnie Williams, una mujer a la que pronto contrataría como su taquígrafa personal en su oficina de Chicago. A lo largo de su relación, Herman fue capaz de convencer a Williams de que debería transferir las escrituras de algunas de sus propiedades a un hombre a quien Herman se refería como Alexander Bond. Este "Alexander Bond" era en realidad el mísmo Herman, pero sin embargo, Williams transfirió la extensión de su propiedad en Fort Worth, Texas a "Alexander Bond," y Herman fue asu vez el notario de dicha transacción, efectivamente notariando la transferencia de su propio terreno. Herman procedió entonces a firmar la propiedad a nombre de pitezel para evitar cualquier tipo de sospecha o investigación sobre quién era "Alexander Bond." En esta época, Herman y Williams comenzaron a rentar un apartamento en Chicago, llamándose a sí mismos marido y mujer, agregando así una nueva esposa a la ya extensa lista de Herman. Poco después de mudarse al apartamento, la hermana de Williams, Nannie visitó a la pareja, felicitando a su hermana por su reciente casamiento y prometiendo que la apoyaría en su futuro. Herman daba toda la impresión de estar agradecido por su amable gesto y para su sorpresa, ordenó que Nannie pasara la noche con ellos en lugar de ir a dormir a un hotel. Desde aquella noche, todo lo que quedó es una carta de Nannie que dice que hizo planes de ir a visitar Europa con un hombre al que ella se refiere como "Hermano Harry."

Este testimonio no pudo ser corroborado ya que ni Nannie ni Minnie volvieron a ser vistas luego de aquella noche. Cuando le preguntaron qué había pasado con su esposa y su cuñada, Herman declaró que habían regresado a su casa en Fort Worth, texas pero nunca se encontraron pruebas de esta declaración. El 5 de Julio de 1893 habría sido el último día en que estas mujeres habían sido vistas con vida.

Herman comenzó a sentirse presionado por las compañías de seguros a lo largo de la nación, todas ellas buscando la restitución de un aparente incendio provocado por Herman muchos años antes. Herman no iba a rendir cuentas por los millones de dólares por los cuales estaba siendo procesado, asique abandonó Chicago y escapó a Fort Worth, Texas para permanecer en la propiedad por la que había estafado a su difunta esposa y a su cuñada. En Fort Worth, Herman adoptó un nuevo nombre y tuvo la intención de empezar desde cero. Su primera acción al llegar fue comenzar la construcción de una vivienda similar a la que recientemente había abandonado en Chicago. Para recibir los suministros necesarios para su casa comenzó a referirse a ella como su "castillo," Herman comenzó a estafar a los comerciantes de la zona de Fort Worth, una vez más creando un frente ilegal como base sobre la cual construiría su edificio. Sin embargo, Herman jamás sería capaz de vivir el sueño de crear tal vivienda. El 4 de Julio de 1894, la fiscalía federal atrapó a Herman con un cargo de actividad ilegal de venta de bienes que previamente había hipotecado en su banco local. Luego de ser trasladado a St. Louis, Missouri, Herman utilizó su personalidad encantadora para convencer a un empresario local de rescatarlo. Sin embargo, mientras estuvo preso, Herman entabló una amistad con Marion Hedgepeth, un convicto a mitad de su condena de 25 años en prisión por fraude federal. Herman no necesitaba nada de Hedgepeth más que el nombre de un abogado que pudiera ser persuadido de torcer ligeramente las leyes. Hedgepeth aceptó fácilmente y le suministró a Herman el nombre de su abogado a cambio de $500 en efectivo.

A pesar de tener al gobierno siguiendo sus pasos tan de cerca, Herman había ideado otro plan que tenía el potencial para un gran beneficio financiero. Herman estaba convencido de que si sacaba una póliza de seguros valuada en $10,000 y luego falsificaba la suya, podría sacarse de encima la presencia constante del gobierno federal mientras que recibía una gran suma de efectivo; suficiente para que le dure hasta el día de su muerte. Hedgepeth instruyó a Herman de consultar el servicio legal de Jeptha Howe de St. Louis. En su consulta, Howe reveló que estaba ansioso por ayudar a Herman con su plan, también añadiendo que no veía manera alguna en la cual la compañía de seguros pudiera descubrir semejante plan. Sin embargo, el plan falló poco después de que Herman fingiera su propia muerte. La aseguradora había oído de las actividades ilegales previas de Herman y se rehusaron a pagar el valor de la póliza al beneficiario. Herman sabía que no había mucho por hacer para asegurarse de cobrar ese dinero más que producir un cuerpo, asique decidió que dejaría caer el asunto e intentar el mismo procedimiento con su amigo pitezel.

Pitezel estuvo de acuerdo con que el plan era ingenioso e inmediatamente sacó la misma póliza de seguro, poniendo a su mujer como beneficiaria. Usando el mismo abogado, Jeptha Howe, Pitezel sacó la póliza de su seguro de vida y encontró una ubicación situada en Filadelfia en la cual fingiría su propia muerte. Ya que el primer plan había fallado, Herman hizo que este plan sea más elaborado, arreglando que pitezel sea empleado de un laboratorio como inventor y entonces estar subsecuentemente muerto tras una explosión dentro del edificio. El plan era ingenioso, sin dejar rastros de un cuerpo mientras que mostraba el daño estructural que le probaría su muerte a la aseguradora. Herman debía encontrar un cadáver que luzca parecido a pitezel. Sin embargo, Herman se puso celoso del dinero y en lugar de eso, noqueó a pitezel dejándolo inconsciente y le prendió fuego. Pitezel murió calcinado y la aseguradora aceptó pagar la póliza a la esposa de Pitezel. Sin embargo, el dinero jamás llegaría a su esposa; en lugar de eso, Herman cobraría cada pago mensual. La esposa de Pitezel todavía tenía la impresión de que su esposo solo se estaba escondiendo y nada dijo de no estar cobrando el dinero del seguro. Sin embargo, mientras Herman estaba manipulando a la esposa de Pitezel tan agresivamente, la manipulación se convirtió en asesinato, y la mujer de Pitezel quedaría devastada.

Poco después del "montaje" de la explosión, Herman convenció a la esposa de Pitezel de permitirle la custodia de sus cinco hijos. Todo el tiempo, Herman y la esposa de Pitezel habían estado teniendo un romance sin el conocimiento de las esposas de Herman. Herman procedió a mudar a la esposa de Pitezel a Canadá donde la dejaría y se mudaría a Toronto. En Toronto, Herman procedió a matar a dos de los niños que la esposa de Pitezel había dejado bajo su custodia. Para asesinarlos, Herman persuadió a los niños de entrar en el maletero de su auto y entonces fijó una línea de escape de gas a un agujero que había perforado en el baúl. Las niñas fueron asfixiadas y luego enterradas desnudas en el sótano de la casa que actualmente estaba rentando en Toronto.

Mientras Herman aún estaba intentando comenzar una nueva vida en Toronto, un oficial de policía de Filadelfia había estado investigando a Herman desde la explosión que mató a Pitezel. Sin que Herman lo supiera, la esposa de Pitezel había ido a la policía a informarles que sospechaba que Herman había matado a sus hijas. Tras asegurarse el permiso de la policía Canadiense, los detectives de Filadelfia, liderados por Frank Geyer, comenzaron a investigar la casa de Herman en Toronto. Un día, notaron un extraño olor que emanaba del sótano y procedieron a cavar bajo su sótano en un intento de descubrir la fuente de este misterioso olor.

Frank escribió "Cuanto más profundo cavamos, más horrible se volvía el olor, y al llegar a la profundidad de tres pies, encontramos lo que parecían ser huesos del antebrazo de un ser humano." Geyer encontró los cuerpos y procedió a regresar a los Estados Unidos donde aseguró una orden de arresto y arrestó a Herman Holmes el 17 de Noviembre de 1894. El año siguiente, el juicio por asesinato de Herman comenzó, dando inicio con el asesinato de Benjamin Pitezel.

El juicio marchó bien, Herman comenzó a confesar numerosos asesinatos. Algunos de estos asesinatos pudieron ser confirmados, pero la mayoría de las personas que dijo haber matado aún estaban con vida. Por esta razón, muchas de las confesiones tuvieron que ser retiradas de la corte, el juez temía que su deshonestidad podría prolongar su sentencia a la pena de muerte. Herman no tuvo que esperar demasiado para ser sentenciado a muerte. El 7 de Mayo de 1896, Frank Geyer colgó a Herman Holmes en la Prisión Moyamensing en Filadelfia. Todos los que estuvieron presentes en su ahorcamiento notaron la expresión calma en la cara de Herman momentos antes de su muerte. El ahorcamiento de Herman tomó casi 20 minutos para completarse. Herman permaneció con vida durante todo el proceso hasta que finalmente murió luego de 21 minutos de haber sido colgado con vida. A su pedido, Herman fue enterrado en un ataúd de cemento 10 pies bajo la superficie del suelo.

Capítulo nueve

Harold Shipman

Entre los archivos de asesinos seriales del mundo, la mayoría de las víctimas marcadas como objetivos fueron el blanco de prejuicios y razones personales. Sin embargo, algunas víctimas recibieron su sentencia de muerte simplemente por ser adineradas y porque el asesino codiciaba su riqueza. Algunos, sin embargo, fueron asesinados porque cayeron en el patrón metódico que el asesino solía utilizar para quitarles la vida. Las víctimas de Harold Shipman son un ejemplo de tal grupo. Se descubrió que Harold Shipman, un prestigioso Doctor en medicina que se había ganado la confianza tanto de pacientes como del personal con el que trabajaba, había asesinado a varios de sus pacientes; el recuento de sus víctimas estima una cifra de alrededor de 200 muertes.

La pregunta más común entre los familiares de las víctimas en casos de asesinato es "¿Por qué?" y esta en serie de asesinatos no fue diferente. Mientras que Harold sería capturado en su momento para pasar el resto de su vida en una prisión, la pregunta de por qué cometió tales acciones nunca fue contestada y quedó a la especulación de los medios de comunicación y otras fuentes. Para algunos, su muerte da un poco de insatisfacción, sabiendo que un villano tan sanguinario jamás recibirá el castigo equivalente al daño generado y que con su muerte, la respuesta de por qué cometió tales crímenes también moriría. La vida de Harold Shipman es un ejemplo perfecto del desamor y la miseria que afligen a la humanidad cuando se toma ventaja de los más indefensos.

Harold decidió asesinar a aquellos que eran los más indefensos a su alrededor: aquellos que buscaban su ayuda poniendo sus vidas bajo su cuidado. A pesar de la tragedia que creó su existencia, Harold puede servir como ejemplo para aquellos que consideran tomar ventaja de los indefensos, un ejemplo que demuestra que cuando los indefensos son heridos, un mundo de justicia se levanta para brindarles su ayuda. Aunque la sanguinaria vida de Harold causó dolor en las familias de sus casi 250 vìctimas, sus crímenes condujeron a una reforma entre médicos y doctores a nivel mundial y a causa de sus crímenes, el mundo ha visto un cambio radical que dejó a sus pacientes más seguros a raíz de ello.

Harold Shipman nació en el 14 de Enero de 1946 hijo de Harold Fredrick Shipman y Vera Brittan en Nottingham, Inglaterra. A lo largo de su crecimiento, Harold sería emparentado a dos hermanos, un hermano y una hermana cuyas edades siempre permanecieron desconocidas. Los padres de Harold inculcaron fuertes éticas laborales en sus hijos y actuaron con firmeza ante cualquier travesura de sus hijos. Como un simple conductor de camión, el padre de Harold fue forzado a presupuestar su dinero sabiamente, y como resultado, la familia era ampliamente moderada en sus gastos. A pesar de vivir en condiciones de pobreza, la familia Shipman era feliz, y los padres de Harold buscaban darle a sus hijos la más satisfactoria y rentable infancia.

Además de sus ocupadas vidas laborales, la familia shipman estaba profundamente involucrada en la iglesia metodista local y eran fieles asistentes a sus servicios. Sin embargo las profundas raíces de su cristianismo parecen haber tenido un efecto adverso en Harold. A temprana edad, Harold rechazó las palabras de religiosidad que eran predicadas en su iglesia local y despreció la "falsa creencia" en Dios que presenciaba en la iglesia cada semana. Sin embargo, la vida personal de Harold no siempre fue oscura. A una temprana edad Harold fue inscripto en un equipo de rugby local en el cual sobresalió muy bien. Durante la mayor parte de su infancia, pasó muchas noches jugando rugby en varios equipos en los alrededores de Nottingham.

Cuando tenía once años, tomó el examen tradicional ofrecido por el gobierno para mayores de once años llamado Eleven-Plus. Para que los estudiantes avancen más allá de sus estudios actuales y puedan comenzar sus carreras profesionales, se requería que todos los estudiantes aprueben el Eleven-Plus. Harold pasó rápidamente la prueba y comenzó a trabajar en la escuela High Pavement Grammar School en Nottingham, Inglaterra. Fue en esta escuela que Harold comenzó a mostrar sus habilidades atléticas que se extendieron mucho más allá del rugby. Al reto de una de sus amigas, Harold ganó las eliminatorias para el equipo de atletismo y fue aceptado como corredor de fondo. Durante los siguientes años de escolaridad en la High Pavement Grammar School, Harold se convertiría en el mejor corredor de fondo de la escuela jamás visto y sería elegido vice capitán de la asociación atlética de la escuela. Mientras Harold sostiene que participó en deportes en esta escuela por su figura atlética, se cree que Harold podría haber estado utilizando el deporte como una forma de distraerse de la vida hogareña que estaba rompiendo su corazón.

Durante la secundaria, se supo que la madre de Harold estaba sufriendo de un cáncer pulmonar. Harold fue forzado a ver a su madre sufriendo diariamente a causa de la debilitante enfermedad, una experiencia tortuosa que dejó a Harold con miedo. El 21 de Junio de 1963, Harold observó impotentemente como su madre daba su último suspiro antes de morir. El mundo de Harold cambió al instante, y sus familiares y amigos recuerdan que su comportamiento cambió drásticamente. Harold prometió convertirse en un médico que erradicaría el cáncer del mundo para que nadie tenga que sufrir la tragedia que él mismo acababa de sufrir. Si bien parte de esa promesa habría sido cumplida por Harold, convertirse en doctor parece sólo haberle dado acceso a pacientes en los cuales podría infligir el mismo dolor que él había sufrido. Lo que una vez había sido el sueño de ayudar a la gente habría mutado en la matanza sistemática de personas que le habían confiado su vida. Sin embargo, la vida de Harold por ahora estaba enfocada en sobresalir en la escuela de medicina. Tras tres años del fallecimiento de su madre, Harold encontró un nuevo amor en su vida cuando se casó con Primrose May Oxtoby, una mujer que sería su esposa incluso después de que fuera puesto en prisión por sus numerosos asesinatos. El casamiento con Primrose le dio un fructífero y feliz matrimonio que produjo cuatro hijos.

Harold encontró una nueva alegría en Primrose y a menudo hacía comentarios sobre su sonrisa. Por ese entonces, Harold había encontrado una nueva alegría que lo alejó del abismo de la depresión que amenazaba con robarle su felicidad e impulso por terminar su carrera. Sin embargo, con su alegría restaurada, Harold ingresó a la escuela de medicina Leeds School of Medicine en 1966 y comenzó a perseguir la carrera que le permitiría cumplir la promesa que le hizo a su madre.

Durante cuatro arduos años, Harold cumplió con sus deberes en la Leeds School of Medicine y reunió los requisitos para graduarse en 1970. Tras su graduación, Harold consiguió empleo en la Pontefract General Infirmary, un hospital ubicado a una corta distancia de su casa en Pontefract, West Yorkshire. Durante sus primeros años como empleado fue designado a realizar mediocres tareas para que se sienta familiarizado con los procesos y entornos del hospital. Finalmente, luego de reunir las calificaciones para su promoción, Harold fue promovido a general facultativo y transferido al Abraham Ormerod Medical Centre ubicado en Todmorden, West Yorkshire. Si bien Harold no había hecho nada para alertar a sus superiores de una posible falla en su carácter durante sus primeros cuatro años como enfermero, Harold comenzó a cometer misteriosos errores durante su tiempo como general facultativo; errores que deberían haber alertado a aquellos que estaban a su alrededor como algo más que sólo una simple adicción. Luego de un año de asumir el cargo de general facultativo en el Abraham Ormerod Medical Centre, la administración fue alertada sobre Harold y un alegado mal uso de drogas recetadas. Tras una breve investigación, se descubrió que Harold estaba falsificando recetas para saciar su adicción a la Petidina. Harold fue tratado severamente y fue forzado a pagar una multa de £600 Libras. Adicionalmente, Harold asistió a un centro de rehabilitación para adictos en York bajo su propio asesoramiento y parecía estar completamente libre de adicciones.

En suma a haber sido multado duramente, Harold también había sido despedido del Abraham Ormerod Medical Centre y fue forzado a buscar un empleo adicional. Tras un año de permanecer desempleado, Harold fue contratado por el Donneybrook Medical Centre como su general facultativo en 1977. Este centro médico estaba ubicado en Hyde y no se amedrentaron por las previas acusaciones sobre Harold. Servir como general facultativo le permitió a Harold darse el lujo de desarrollar una base con sus clientes que algún día podría penetrar como médico personal.

En 1993, Harold dejó su empleo como general facultativo y comenzó su propio emprendimiento como cirujano en una oficina en el 21 de Market Street en el centro de Hyde. A través de sus tantos años como general facultativo y sus tantos otros años como cirujano, su nombre ganó respeto y confianza dentro de la comunidad. Los ciudadanos de Hyde amaban a su médico personal y familias enteras confiaron en Harold como sus pacientes, jóvenes y viejos.

Sin embargo, sin el conocimiento de los ciudadanos, Harold había estado silenciosamente matando a muchos de los pacientes que habían confiado en él dentro de la ciudad. Por este entonces, Nadie sabía de sus malvadas andanzas. Sus días de presunto inocente estaban a punto de terminar. En 1998, algunas personas dentro de la comunidad comenzaron a levantar sospechas sobre su querido doctor. La secretaria de Harold, Linda Reynolds, comenzó a preguntarse por qué Harold parecía perder a tantos de sus pacientes. Luego de hablar sobre esta preocupación que ella tenía con Deborah Massey, quien era empleada en la funeraria Frank Massey and Sons Funeral Parlour, Linda discutió sus descubrimientos con John Pollard, quien era el forense del condado. Luego de que Pollard chequeara los descubrimientos, notó que Harold había estado necesitando un gran número de formularios para cremaciones firmados en conjunto por Linda Reynolds, su secretaria. Notablemente, los formularios de cremación eran todos para mujeres mayores que no habían sido pacientes de Harold por un largo período de tiempo. Pollard alertó a la policía local del hecho y recomendó que iniciaran una investigación al patrón que se estaba comenzando a desarrollar. Sin embargo, la policía rápidamente rechazó la demanda, citando falta de evidencias y que sólo por esa razón no no podían arrestar a Harold. La policía rápidamente admitió que el patrón era "preocupante" pero que no podían levantar cargos basados en un lapso de tiempo tan corto. Tras el arresto de Harold años más tarde, el interrogatorio a Shipman encontraría que los oficiales que investigaban los extraños patrones eran ampliamente inadecuados y no tenían la experiencia suficiente como para investigar una acusación de esas magnitudes. Desgraciadamente, la incompetencia de parte del departamento de policía de Hyde, conduciría a más personas asesinadas a manos de Harold. Entre las fechas en que Harold comenzó a ser investigado y la fecha de su arresto, Harold habría asesinado a tres más de sus pacientes. Cinco meses luego de comenzar a ser investigado, un conductor de taxi llamado John Shaw comenzó a preguntarse si debía hablar o no con la policía de sus descubrimientos de que Harold podría estar involucrado en 21 asesinatos.

Luego de luchar con esta idea por un tiempo, Shaw se acercó a la policía, quienes habían estado desde hace cinco meses atrás investigando a Harold por un crimen similar y los alertó acerca de que él tenía evidencias de que Harold estaba involucrado en 21 asesinatos. La policía se sobresaltó ante sus evidencias y Harold fue puesto inmediatamente como el principal sospechoso. Aún sin demasiadas evidencias para arrestar al hombre, la policía comenzó a investigar las muertes de los ex pacientes de Harold. La última víctima conocida fue Kathleen Gundy, una de las pacientes de Harold que fue vista por última vez por él. Mientras la policía investigaba el certificado de defunción, encontraron que Harold había escrito "Vieja" como la causa de muerte. Sin embargo, la policía fue alertada por su frenética hija, Angela Woodruff, quien fue informada de que el testamento de su madre había sido cambiado por otro testamento en el que Gundy le heredaba a Harold la totalidad de sus bienes. Cuando examinaron el nuevo testamento, los policías encontraron que había sido escrito con una máquina de escribir, pero que ellos eran incapaces de desacreditar su validez.

Los policías estaban seguros de que Harold había matado a Kathleen y ante la investigación del cuerpo, descubrieron que le había sido suministrada una inyección de heroína en sus venas poco antes de su muerte, muy probablemente acelerando su muerte. Cuando la policía interrogó a Harold y le preguntaron acerca de la heroína, él les informó que Kathleen había sido adicta a la heroína durante muchos años, proporcionando pruebas de su diario médico computarizado. Sin embargo, al inspeccionar más de cerca, la policía descubrió que Harold había escrito estas entradas médicas en una fecha y que habían sido escritas mucho después de la fecha en que se ingresaron. Con esta evidencia en sus manos, la policía arrestó a Harold el 7 de Septiembre de 1998 y lo acusaron de los cargos de asesinato y falsificación. Al investigar su casa, encontraron una máquina de escribir que encajaba perfectamente con la utilizada para falsificar el testamento de Kathleen. Harold había estado disfrutando de asesinar a sus antiguos pacientes. Esa ola de crímenes había terminado, y Harold estaba en su nuevo hogar: la celda de la prisión. Ahora todo lo que quedaba era averiguar a quiénes exactamente había asesinado, de qué manera, y por qué algún hombre en el mundo cometería tan horrible atrocidad.

Con Harold en prisión, la investigación podía comenzar de una manera mucho más efectiva. Luego de consultar con la secretaría de Harold en su clínica quirúrgica local, los investigadores fueron capaces de derivar los nombres de 15 mujeres cuyas muertes parecía encajar en un patrón. Sin embargo el proceso de investigación de la muerte de estas mujeres fue bastante largo. Con estas mujeres habiendo estado muertas por un cierto número de meses, sus cuerpos habían sido enterrados, y cualquier intento de realizar una autopsia en estos cuerpos no arrojaría evidencias significativas. Sin embargo, al examinar el diario médico encontrado en casa de Harold, los investigadores encontraron que Harold le había suministrado a estas mujeres elevadas dosis de diamorfina poco antes de que murieran. Harold habría entonces firmado el certificado de defunción y simplemente registrado que los pacientes habían muerto debido a su elevada edad o a una salud muy comprometida.

Esta investigación sería la base del libro, Prescription for Murder (Receta para Asesinar), escrito por Brian Whittle en el año 2000. Con esta evidencia a mano, los investigadores arribaron al juicio de Harold Shipman el 5 de Octubre de 1999. El juicio fue llevado a cabo en la corte Preston Crown Court y se esperaba que sea rápido, considerando la vasta cantidad de evidencias que los investigadores tenían para presentar. El juicio comenzó con Harold siendo acusado con 15 cargos por asesinato de los cuales se demostró que Harold había suministrado dosis letales de medicación. Los abogados de Harold se mantuvieron firmes en que el caso de Kathleen Gundy debía ser tratado aparte, siendo que este caso era el único caso en el cual Harold tenía un verdadero motivo para asesinarla. Los abogados de Harold intentaron apelar por mala praxis en los catorce casos restantes, pero nada surgió de esa apelación. El juicio duró solo seis días y seguido el caso, Harold Shipman fue encontrado culpable de todos los 15 cargos de asesinato y un cargo por falsificación.

La sentencia fue administrada por Mr. Justice Forbes quien lo sentenció a una vida en prisión y agregó una recomendación de que Harold nunca podría ser liberado por su atrocidad contra la humanidad. La carrera de Harold Shipman tejida con asesinatos había alcanzado su fin.

Luego del juicio, los que estaban asociados con Harold comenzaron a retirarlo de cualquier tipo de asociación con ellos. En el General Medical Council (Consulado General de Medicina) lo eliminaron formalmente de su registro a tan sólo diez días de haber sido sentenciado. Harold tenía esperanzas de que algún día podría ser liberado por buen comportamiento. Sin embargo, esa esperanza fue demolida cuando el Secretario Local David Blunkett confirmó que la cadena perpetua administrada por el juez y cargada con la recomendación de que Harold nunca debería ser liberado, es una orden que debe ser obedecida. Irónicamente, el poder de imponer ese tipo de sentencias sería perdido meses más tarde, con lo cual Harold Shipman sería el último convicto conocido en enfrentar este cargo. A pesar de la posibilidad de que él podría haber quedado en libertad por buen comportamiento, los investigadores aseguran que ellos tienen una montaña de información adicional que podría conducir a nuevos cargos. Viendo que Harold ya iba camino a pasar el resto de su vida en prisión, ellos decidieron no obstruir a la corte con juicios adicionales. A lo largo de todo el juicio, Harold mantuvo que era inocente y que el juicio era una completa burla del legado que él estaba intentando crear. Su esposa adicionalmente apoyaba su inocencia y silenciosamente apoyándolo a lo largo de su permanencia en prisión. Harold Shipman pasaría a la historia siendo el único doctor en Gran Bretaña en haber sido condenado por asesinar a sus pacientes. Muchos otros podrían ser sospechosos, podrían incluso enfrentar juicios, pero Harold seguirá siendo el único doctor que fue convicto alguna vez.

La permanencia de Harold en prisión encontró su fin el 13 de Enero de 2004 cuando se colgó a sí mismo usando usando las sábanas de su cama y las barras de la ventana. Aquellos que fueron afectados por las tortuosas acciones de Harold hicieron que su insatisfacción se haga oír tras la "fácil" muerte del doctor.

David Blunkett, el secretario local que confirmó la cadena perpetua de Harold comentó: "Un día te despiertas y recibes un llamado telefónico y te dicen que Shipman se suicidó y piensas, 'Es muy temprano para descorchar una botella?' entonces descubres que todos están muy molestos porque lo haya hecho." La muerte de Harold fue un shock para todos pero fue coincidentemente cercana al tiempo en que su seguro de vida venciera. Esta declaración fue corroborada por un oficial de probatoria quien notó que Harold había mencionado en reiteradas ocasiones que quería quitarse la vida, todo con el motivo de darle a su esposa la seguridad financiera que el seguro podía darle. Sin embargo, evidencias adicionales salieron a la luz mostrando que la esposa de Harold podría haber comenzado a perder confianza en la inocencia de su marido, incitando a Harold a suicidarse en lugar de perder a la única persona que le brindó su apoyo.

Independientemente de esto, Harold Shipman murió y su legado de muerte en esta tierra estaba completo; el nombre Harold Shipman sería recordado para siempre como el hombre que tomó ventaja de aquellos que le confiaron su vida.

La investigación sobre cuánta gente Harold en realidad asesinó continúa hasta la fecha. En 2001, un detective de la misma ciudad que Harold en su primer período como general facultativo evaluó que Harold había asesinado a un mínimo de 215 de sus pacientes a lo largo de su carrera, siendo su víctima más joven una niña de cuatro años de edad. Harold firmó el certificado de defunción de 459 personas pero algunas de estas personas estaban de hecho cerca de su muerte y no fueron víctimas de los asesinatos sistemáticos de Harold. Quienes estuvieron cerca de Harold durante su permanencia como doctor fueron todos investigados por su rol en la muerte de las víctimas de Harold, pero ninguno sería acusado. Harold trabajó solo todos estos años y ahora, Harold debe soportar la horrible reputación de haber sido un doctor-traidor, completamente solo.

Capítulo Diez

Aileen Wuornos

Cuando miramos el rango que abarca la cantidad de crímenes infligidos contra la humanidad, a menudo notamos que los asesinos seriales poseían una suerte de agenda a la hora de llevar a cabo sus tortuosos planes. Sin embargo, un grupo selecto de asesinos seriales llevó a cabo sus planes con una mentalidad: perjudicar. Si bien perjudicar ha sido el motivo de numerosos notables genocidas, ha sido a menudo examinada en el sentido de tensiones raciales e igualitarismo en la fuerza laboral. El odio alimentado por el prejuicio ha llevado a algunas personas a medidas injustificadas: matar a aquellos a los que más odian. Aileen Wuornos es un ejemplo digno de alguien que permitió el prejuicio del odio hacia los hombres convertir su vida en la de un asesino serial.

Aunque Aileen tuvo una infancia que se inclinó a sí misma hacia el odio a los hombres en general, su pasado no es excusa para sus acciones como adulta y las cortes se unieron para perseguir con precedentes bíblicos la pena de muerte contra ella. Dicho esto, la vida de Aileen es un ejemplo de las presiones que pueden ejercerse sobre un niño que es maltratado y abusado. Aileen también se habría vuelto una víctima de asalto y violacion años antes de que su odio hacia los hombres la lleve a matar. En una triste suerte de ironía, la venganza de Aileen contra los hombres no la conduciría a ningún lugar terminando con su prematura muerte como criminal convicta. En verdad, la acción de perdonar es lo que podría haber hecho la historia y vida de Aileen mucho más completa.

Dadas las opciones entre perdón y venganza, Aileen eligió la venganza y a causa de ello, dejó a numerosas familias sufriendo antes de eventualmente dejar sufriendo a su propia familia por su pérdida. La vida de Aileen Wuornos es un ejemplo del fracaso de la humanidad a la hora de perdonar. A través del cual, los que quedan pueden ver el fracaso que la venganza brinda y el vacío éxito que puede ofrecer.

Aileen Wuornos llegó al mundo bajo el nombre de Aileen Carol Pittman el 29 de Febrero de 1956 en Troy, Michigan, hija de Diane Wuornos. Como una siniestra premonición de su perspectiva hacia los hombres, Aileen vino a este mundo sin la figura de un padre presente. Aileen nunca conocería a su padre y crecería odiando su existencia y la situación difícil en la que dejó a su familia al abandonarlas a ella y a su madre. Diane se casó con su esposo Leo Dale Pittman el 3 de Junio de 1954 antes de divorciarse luego de un corto matrimonio de dos años. El divorcio fue formalmente reconocido el 20 de Diciembre de 1955, dejando a Aileen dos meses antes de tener un padre. Leo comenzaría a cometer actos sexuales atroces contra niños, lo que lo condujo a una extensa sentencia en prisión. Mientras estuvo en prisión, Leo fue diagnosticado con esquizofrenia, una condición mental que afectaría a su hija Aileen de la misma manera. Durante el último mes de su encarcelamiento,

Leo dejó estupefactos a los guardias de la prisión y a su familia al eventualmente suicidarse colgándose en su celda. Desgraciadamente, los primeros años de vida de Aileen no habrían tenido ningún destello de normalidad. Con un padre biológico que abandonó a su familia antes de cometer suicidio, Aileen no tuvo una base para crear una imagen positiva con respecto a los hombres. Esta imagen quedaría aún más deformada al momento que su abuelo tomara ventaja de la inocencia de su juventud y de su ingenuidad.

Por ahora, Aileen estaba atascada en las huellas de una madre abusiva que descuidaba a su hija para ir a pasar las noches con otros hombres. Poco antes de que Aileen cumpliera cuatro años, su madre decidió que atender a sus hijos estaba más allá de sus capacidades y los abandonó. Aileen tenía un hermano pequeño llamado Keith, y ambos serían legalmente adoptados por sus abuelos el 18 de Marzo de 1960. El resto de la infancia de Aileen es la triste imagen de las atrocidades sexuales cometidas contra niños tan vergonzosamente comunes en el presente.

Aileen comenzó a aprender que su cuerpo podía ser vendido para obtener dinero a cambio, y cuando Aileen cumplió once años, comenzó a tener sexo con otros niños jóvenes de su escuela. A cambio de esto, los chicos le darían comida, alcohol, drogas y cigarrillos. Reduciendo aún más la imagen que tenía de los hombres, Aileen comenzó a involucrarse en actividades sexuales con todos los hombres que tuviera cerca, siendo el más cercano su hermano, con quien tendría sexo con regularidad. Desgraciadamente, su abuelo quien se había apresurado a rescatarla cuando fue abandonada por su madre también comenzó a asaltarla. A menudo, su abuelo solía emborracharse en un bar local antes de regresar a casa y propinarle golpizas a Aileen. Previo a sus golpizas Aileen era forzada a desnudarse, permitiéndole a su abuelo satisfacer sus placeres sexuales mientras Aileen sucumbía a un pervertido sentido del sometimiento.

Cuando Aileen cumplió catorce años, su vida cambió: quedó embarazada. Aileen había sido violada en muchas ocasiones pero ninguna había terminado en un embarazo. Esto cambió poco después que Aileen fuera ultrajada por un compañero de trabajo de su abuelo, quien había ido a su casa a hacer algunas reparaciones. Aileen fue inmediatamente rechazada por su abuelo ya que éste estaba avergonzado de tener a una mujer soltera embarazada a cargo. El 23 de Marzo de 1971, Aileen dió a luz a un niño en un refugio para embarazadas. El niño fue inmediatamente puesto en adopción y Aileen regresó a su oscuro hogar en el cual su vida estaba atrapada en un mundo donde la promiscuidad sexual era su única escapatoria. Luego de dar a luz, Aileen comenzó poco a poco a retraerse de la sociedad, dejando sus estudios y dejando también de participar en cualquier evento social. En 1972, La única esperanza de Aileen se perdió cuando su abuela sucumbió ante una falla hepática y falleció. Sin el apoyo de su abuela, Aileen fue rechazada por su abuelo y fue pronto expulsada de su casa. En este punto, Aileen estaba abatida y sintió que ser despreciada era peor que la muerte. Luego de haber sido arrestada años más tarde, Aileen confesaría que había contemplado la idea de suicidarse en repetidas ocasiones. Jamás había llevado a cabo sus pensamientos respecto a suicidarse pero su vida no era la más feliz. Lamentablemente, la vida de Aileen sería aún peor de este punto en adelante.

Luego de cumplir 15, Aileen había considerado competente vivir sola luego de que su abuelo la expulsara de la casa. Ahora, sin una abuela, ni casa, o un propósito en la vida, Aileen comenzó a contemplar dónde vivir y de qué manera autosustentarse. Sin ninguna otra opción disponible, Aileen comenzó a vivir en el bosque detrás la casa en la que había crecido a la vez que vendía su cuerpo como prostituta para seguir con vida de cualquier manera posible.

Una pequeña niña que una vez había sido tan prometedora y que poseía tanto potencial como cualquier otra niña estaba ahora destinada a vivir una vida que nadie debería vivir: una niña sin hogar vendiendo su cuerpo para sobrevivir. Desde aquí, la vida de Aileen entraría en una espiral de descenso constante que continuaría con su eventual encarcelamiento.

En 1974, la ya deprimente vida de Aileen cayó en declive al introducirse en la actividad criminal. A la edad de 18, Aileen fue detenida por conducir erráticamente. Tras la investigación, se supo que Aileen estaba conduciendo bajo la influencia de estupefacientes, lo que la llevó a su inmediato arresto. En suma a conducir bajo los efectos de la droga, se supo que Aileen se había procurado un arma y disparado desde su auto mientras conducía a la vez que gritaba improperios. Estas acciones la llevaron a los subsecuentes cargos por conducta subversiva y posesión ilegal de arma de fuego. Luego de pagar la fianza, Aileen regresó a la casa de su amiga donde permaneció por el resto de la semana. Aileen se rehusó a presentarse en la audiencia, lo que la llevó a otro cargo por falta de presencia. Para Aileen, su vida estaba en una encrucijada, la encrucijada de corregir su vida o de correr a los brazos de aquellos que estaban dispuestos a llevarla a seguir con su actividad criminal. Dos años más tarde, Aileen salió rumbo a florida, haciendo dedo durante todo su viaje desde Colorado a Florida.

Una vez en Florida, Aileen conoció a un hombre llamado Grantz Fell. Mientras comenzaron a conocerse, era aparente que estaban interesados uno en el otro. Sin embargo, Fell era un hombre de 69 años de edad y Aileen tenía apenas 20. Fell era el presidente de un club de yate y estaba interesado en Aileen meramente por sus servicios sexuales. Aileen estaba interesada en la seguridad financiera que le daría un matrimonio con él. Ambos comenzaron a conocerse mejor y luego a tener citas. En el transcurso de un año, la pareja se había casado. Su matrimonio demostró ser una especie de calamidad y a la vez una comedia para quienes observaban. La ciudad entera en donde ambos residían se enteró de su casamiento y pronto, se convirtieron en el hazmerreír de la comunidad. Aileen era todo menos fiel al matrimonio y este era el foco de muchos conflictos en el bar local. Tras un gran enfrentamiento, Aileen acabó en prisión por atacar a un hombre y Grantz se rehusó a pagar su fianza. Tras su liberación, Aileen regresó a casa y abordó a su esposo. La confrontación se tornó violenta y Aileen terminó golpeando a Grantz en la cabeza con su bastón. Luego de esto, Fell presentó una orden de restricción en contra de Aileen. Sin un lugar donde vivir, Aileen regresó a Michigan donde continuó con sus violentas confrontaciones. Donde sea que Aileen iba, parecía estar destinada a la violencia, la única manera que ella conocía para transmitir sus puntos de vista. El 14 de Julio de 1976, Aileen fue puesta en prisión una vez más en Antrim County cuando lanzó una bola de billar con dirección a la cabeza de uno de los bartenders. Aileen fue acusada con los cargos de asalto y perturbación de la paz. Para Aileen, su vida se basó en tener lo que quería y si se lo negaban, respondía con violencia. La vida de Aileen tomó otro giro trágico apenas tres días más tarde cuando fue informada de que su único familiar directo con vida, su hermano Keith, había muerto debido a un cáncer de esófago. Irónicamente, Aileen parecía imperturbable por su muerte y feliz de haber recibido $10,000 dólares como pago por su seguro de vida. El 21 de Julio, Aileen y Fell anularon su matrimonio formalmente, finalizando una pesadilla de nueve semanas que no dejó rastros de un verdadero matrimonio. El matrimonio duró nueve semanas y fue lo más cerca que Aileen estuvo del amor verdadero, aunque estaba sumamente lejos de ello.

Luego de un mes de haber recibido el pago del seguro de vida de su hermano, Aileen fue multada con $105 dólares por conducir bajo la influencia de alcohol y fue puesta en aviso de que debía pagar o ir a prisión. Aileen eligió utilizar la paga mensual del seguro de vida de su hermano para pagar la multa. Además, decidió ir de compras y compulsivamente comenzó a comprar artículos que siempre había querido tener. Pagando en efectivo, Aileen compró muchísimas cosas de valor, incluído un auto. Sin embargo, como se mencionó previamente, Aileen no era una buena conductora y destrozó su vehículo luego de semanas de haberlo comprado. En el transcurso de meses, el auto ya no servía, el dinero del seguro de vida se había terminado completamente, y Aileen estaba más lejos de encontrar ayuda en el manejo de su ira de lo que jamás había estado hasta ahora. Durante este tiempo, Aileen admitió que hubo un número de personas que intentaron ayudarla, ayuda que fue completamente rechazada. Aileen estaba viviendo la vida que quería vivir y nadie iba a quitarle eso.

Durante los siguientes cinco años, el paradero de Aileen no había sido registrado y ella nunca dijo qué estuvo haciendo durante este período de tiempo. Su siguiente ubicación conocida fue cuando Aileen robó una casa de empeños a punta de pistola el 20 de Mayo de 1981. Aileen era una criminal incompetente y fue encontrada y arrestada poco después. Tristemente, Aileen solo había robado $35 dólares y dos cajas de cigarrillos de la tienda, pero sería procesada por mucho más siendo que usó un arma de fuego y amenazó la vida del empleado. El 4 de Mayo de 1982, Aileen fue sentenciada a un año en la prisión estatal y comenzó a servir su sentencia de inmediato. El 30 de Junio de 1983, Aileen fue liberada con la promesa, "Volveré, lo juro." Los fiscales federales quedaron perplejos ante el aparente odio de Aileen hacia las fuerzas de la ley, no obstante, prometió regresar. Sin embargo, Aileen hizo cada intento de volver a prisión, incluyendo la falsificación de varios cheques que intentó cobrar en un banco local en Key West, Florida. Solo cinco meses después de haber sido liberada de prisión, Aileen es nombrada como principal sospechosa en un crimen que involucra el robo de un arma de fuego y municiones en Pasco County, Florida. La investigación se demostró como inadecuada, sin embargo, y la insuficiencia de evidencias condujo a que no se presentaran cargos en su contra. El breve respiro en su hábito de quebrantar las leyes no duró mucho tiempo, y el 4 de Enero de 1986, Aileen fue arrestada por robar un auto y asaltar a un oficial intentando evitar su arresto. Además, la policía le agrego un cargo por obstrucción de la justicia luego de que ella se hiciera pasar por su tía entregando al oficial la identificación de su tía. Cuando la policía estaba investigando el auto robado, descubrieron una caja de municiones y un revólver calibre .38 robados. Luego de una breve permanencia en prisión, Aileen fue liberada pero pronto devuelta para realizar un interrogatorio luego de que un hombre la acusara de apuntarle con un arma durante un viaje en auto. El hombre alegó que Aileen le había demandado darle $200 dólares o le dispararía. Luego de su negación a complacerla, Aileen huyó del vehículo. Cuando Aileen negó las alegaciones, la policía procedió a registrar su auto, donde se encontró un arma calibre .22 guardada debajo del asiento de pasajeros. El hombre no presentó cargos, pero a Aileen se le dió una severa advertencia de que cualquier crimen de aquí en más sería castigado severamente. Luego de ser liberada del interrogatorio, ella fue un bar gay en Daytona en donde conoció a Tyria Moore, una mucama de hotel del mismo bar. Ambas comenzaron a vivir juntas poco después y Aileen generó la mayor parte de la equidad financiera de la familia trabajando como prostituta.

Aileen y Moore demostraron ser una pareja violenta y a menudo peleaban juntas contra otras personas. Durante uno de sus altercados, Aileen y Moore rompieron una botella de cerveza en la cabeza de un bartender y fueron capturadas con un cargo por asalto. A pesar de su naturaleza violenta, Aileen y Moore declararon estar verdaderamente enamoradas, una declaración que Aileen llevaría consigo a la tumba. Por esa época, Aileen comenzó a odiar a los hombres fervientemente. Este odio la hizo creer que ella podría actuar en venganza de este género asesinando hombres sistemáticamente.

Entre 1989 y 1990, Aileen asesinó a siete hombres, a todos de los cuales ella declaró que habían intentado violarla antes de que los matara. Richard Mallory fue la primera de sus víctimas, un hombre de 51 años propietario de una tienda de artículos electrónicos en Clearwater, Florida. Su cuerpo fue descubierto en Diciembre de 1989; apenas un mes después de que Aileen le disparara dos veces en un pulmón. Durante los meses siguientes, Aileen continuó su trabajo nocturno como prostituta antes de retomar su oleada de asesinatos el 1 de Junio de 1990 con la muerte de David Spears. El cuerpo desnudo de Spears con seis heridas de bala sería encontrado la noche siguiente junto a la Ruta Estatal 19 en Florida. Cinco días más tarde, Aileen asesinó a Charles Carskaddon de 40 años disparándole nueve veces en la cabeza. Casi dos semanas más tarde, Peter Seims, un trabajador de caridad en la Iglesia Bautista local, se acercó a Aileen e intentó ofrecerle refugio. Seims no tenía idea del pasado violento de Aileen ni de que estaba involucrada en una ola de asesinatos masiva. El 4 de Julio, Aileen asesinó a Seims y depositó su cuerpo en una ubicación no revelada, para nunca ser recuperado. Troy Burress, un vendedor de 50 años, fue la siguiente víctima de Aileen. Él habría sufrido dos disparos antes de morir y ser depositado en un bosque cerca de donde Aileen y Moore vivían actualmente. Una víctima que parecía haber estado investigando a Aileen en su tiempo libre fue Charles Humphreys, un ex jefe de policía que tenía algunas conexiones con el pasado policial de Aileen. Si estaba investigando o no a Aileen al momento de su muerte es algo que se desconoce, pero lo que se puede confirmar es que Aileen le disparó a Humphreys seis veces en la cabeza, matándolo, antes de depositar su cuerpo en Marion County, Florida. Walter Jeno Antonio sería la última víctima de Aileen. Antonio era un camionero de 62 años que había solicitado los servicios de Aileen como prostituta. Luego de recibir su dinero, Aileen le disparó a Antonio cuatro veces en la cabeza, antes de depositar el cuerpo en su auto y abandonarlo en Brevard County.

Aileen parecía sentirse cómoda con el prospecto de matar hombres, una transición que podría haber costado muchas más vidas si ella no hubiera comenzado a cometer errores tan críticos. El 4 de Julio de 1990, Aileen y Moore estaban conduciendo el auto de Seims cuando chocaron contra otro vehículo. Temiendo que la policía pudiera reconocer el auto robado y vincularlo con el asesinato, Aileen y Moore escaparon de la escena, dejando el auto allí. Sin embargo, dejaron más que sólo el auto allí; ambas dejaron sus huellas en todo el vehículo y Moore olvidó alguna identificación dentro del vehículo. Con estas piezas de evidencia crítica, la policía fue capaz de vincular a las dos mujeres con los asesinatos e inmediatamente impusieron una orden de arresto. Siendo de particular ayuda para identificar a las mujeres, las huellas dactilares de Aileen ya eran parte de los registros debido a su tiempo en prisión en Florida. Luego de estar fugitiva por casi cinco meses, Aileen fue finalmente aprehendida en el bar Last Resort en Volusia County, Florida.

Moore fue arrestada en Scranton, Pennsylvania donde usaron a Moore para que Aileen confesara los asesinatos, y así exonerar a Moore. Con un registro completo de la confesión de Aileen, la policía comenzó los preparativos para procesar a Aileen con tantos cargos de asesinato como fuera posible. Buscando la pena de muerte, los agentes de la ley estaban dispuestos a asegurarse que el tortuoso comportamiento de Aileen no afectase a ninguna otra familia.

Luego de un año de la preparación del juicio, los fiscales federales estaban listos y el juicio comenzaría el 14 de Enero de 1992. Aunque existiera más evidencia, el único asesinato que fue presentado en el juicio fue el de Richard Mallory. El juicio no fue tan largo como se pensaba, y el 27 de Enero de 1992, Aileen fue acusada del asesinato en primer grado de Mallory. En vista de que no había manera alguna de que Aileen fuera reconocida por esta sentencia como una mujer "sana", sus abogados alegaron que ella era mentalmente inestable y que no era capaz de soportar el juicio. Luego de pedir ayuda Psiquiátrica, sus abogados revelaron que Aileen fue diagnosticada con trastorno límite de la personalidad y trastorno antisocial de la personalidad, argumentando que ella no era competente para cometer estos crímenes en total conocimiento de las implicaciones de sus actos. La corte estuvo en desacuerdo, sin embargo, y Aileen fue sentenciada a muerte cuatro días más tarde. Los juicios continuaron, y para los siguientes tres, Aileen no haría ningún alegato; ella declaró, "Quiero confesar que Richard Mallory me ultrajó violentamente, como ya les dije; pero los demás no. Ellos solo lo intentaron." La corte pareció imperturbable a sus declaraciones y a cambio le agregaron a Aileen otras tres sentencias de muerte al cumplimineto de la primera. Aileen continuó diciendo que Mallory la había violado y que ella no debería ser sentenciada a muerte por este crimen. Durante el siguiente juicio, Aileen se declaró culpable del asesinato de Charles Carskaddon, pero continuó su pedido de rehacer el juicio por la muerte de Mallory. Nuevos registros mostraron que Mallory fue acusado con cargos por violación en el pasado, posiblemente arrojando luz sobre la honestidad de Aileen. Sin embargo, todos los pedidos de rehacer el juicio fueron denegados con el fundamento de que ella ya contaba con tres sentencias de muerte además de la de Mallory.

Por los nueve asesinatos, Aileen recibiría seis penas de muerte; el de Seims fue el único asesinato por el cual no fue juzgada debido a la falta del cuerpo. Tras el juicio, Aileen fue evaluada usando la Lista de Verificación de Psicopatía y se encontró que fue identificada como "Psicópata," con una puntuación de 32/40. Luego de su sentencia, Aileen pasó el resto de vida en la Institución Correccional del Departamento de Correcciones de Broward, en Florida. En su última declaración Aileen confesó, "Maté a esos hombres, les robé siendo fría como el hielo. Y lo haría de nuevo, también. No hay manera de mantenerme con vida o lo que sea, porque mataré de nuevo. Siento el odio arrastrándose dentro de mi sistema. Estoy tan harta de oír eso de 'ella está loca.' Fui evaluada tantas veces. Soy competente, sana, y estoy intentando decir la verdad. Soy alguien que seriamente desprecia la vida humana y volvería a matar otra vez." El 9 de Octubre de 2002, Aileen fue ejecutada mediante inyección letal a las 9:47 AM. Aileen se negó a comer su última comida y sus últimas palabras fueron, "Sólo quisiera decir que estoy navegando con la roca, y que volveré, como

'El día de la independencia' con Jesús, el 6 de Junio, como la película, con todo y la nave nodriza. Volveré.''

Capítulo Once

Elizabeth Bathory

Al examinar las vidas de los asesinos seriales que hubo a lo largo de la historia, los asesinos seriales de la época Medieval fueron a menudo embalsamados como historias de ficción basadas en hechos reales. Uno de esos cuentos podría ser historia de Elizabeth Báthory, un cuento basado en la triste realidad de que ella habría asesinado a más de 600 personas a lo largo de su vida. Elizabeth fue el desafortunado producto de un reino medieval que estaba enfocado en las riquezas de la familia real en lugar de estar enfocado en compartir las riquezas con los más necesitados. Como resultado, se cree ampliamente que Elizabeth no tuvo piedad en asesinar cientos de niñas que trabajaban como sus sirvientes. Otro elemento de la vida de Elizabeth que es observado es su sufrimiento impuesto por la epilepsia. Una enfermedad que conduce a numerosas convulsiones a la exposición del brillo o luces parpadeantes, la epilepsia demostró ser el azote de la vida de Elizabeth y posiblemente podría haber sido un factor contribuyente a su odio y desaliento hacia la humanidad. Aunque Elizabeth localizó sus asesinatos en la oscuridad de su reino y sin el conocimiento del público o de su familia, Elizabeth eventualmente sería capturada y enjuiciada por por sus tortuosos actos. Sin embargo, el balance de la justicia se vería ampliamente sesgado, y

Elizabeth permanecería con vida debido a la prominencia del nombre de su familia y de la imagen empañada que el juicio le daría al reino. La vida de Elizabeth Báthory es el ejemplo perfecto de una vida que pudo haber influenciado muchas otras de no haber sido afectada por la parasitaria naturaleza de la avaricia y el orgullo. Acoplando el orgullo de Elizabeth con su codicia por su propia salud y riqueza, el monstruo de Elizabeth Báthory nació y será siempre recordada como la máquina más sanguinaria que jamás mostró remordimiento alguno por las vidas que tomó.

La fecha de nacimiento de Elizabeth Báthory es desconocida para la humanidad. Los registros de los años 1560 y 1561 muestran un nacimiento en la familia real que bien podría haber sido ella. Por esta razón, los historiadores ficharon el nacimiento de Elizabeth en el 1560 o en el 1561 indistintamente. Elizabeth nació en la familia real ubicada en el reino de Hungría dentro del castillo Ecsed. Elizabeth pasó la mayor parte de su juventud jugando en los campos de Nyíbátor, Hungría, mientras que su familia emprendió los procedimientos reales cada día. El padre de Elizabeth y su madre eran primos, siendo su padre el Barón George VI Báthory y siendo su madre la Baronesa Anna Báthory. El padre de Elizabeth nació dentro de la familia real de la rama Ecsed del gobierno de Hungría mientras que su madre nació dentro de la familia real de la rama Somlyó. Con la familia orientada tan fuertemente en el gobierno Húngaro, a Elizabeth le fue otorgado prestigio real inmediatamente y era la sobrina directa de Stephen Báthory, el actual rey de Polonia quien también era el Duque de Lituania.

Los gobiernos de Polonia y Lituania se habían combinado para formar una mancomunidad muchos años antes del nacimiento de Elizabeth, resultando en una mancomunidad llamada Transilvania. Con los gobiernos combinados a tal punto, Elizabeth estaba destinada a pasar su vida dedicada a la política y en constante contacto con la mirada pública. Su hermano, Stephen Báthory, no confundir con su tío que también se llamaba Stephen Báthory, eventualmente habría servido como el Juez real de Hungría. A lo largo de la infancia de Elizabeth, el drama y prestigio del gobierno la rodeó, dándole un vistazo al poder que un día podría tener.

A pesar de estar rodeada de los lujos de la realeza, Elizabeth era una esclava de algo más: las cadenas de la epilepsia. Debido a su epilepsia, las convulsiones comenzaron a ocurrir regularmente cada día de la vida de Elizabeth, causando que odiara su vida. Los historiadores apuntan a la relación marital de sus padres que fueron primos, como la culpable de su condición. Si bien las convulsiones epilépticas eran lo suficientemente traumáticas, el tratamiento para su condición era casi peor que la condición en sí. Para aquellos que sufrían de epilepsia, la práctica medicinal de aquel entonces implicaba colocar sangre de otra persona que no era afligida por la epilepsia en los labios del epiléptico. Esta práctica traumatizó a Elizabeth pero no era nada comparada con la segunda práctica que su tío recomendó. En esta práctica, Elizabeth era forzada a beber sangre de una persona que no sufriera de epilepsia. En adición a beber su sangre, pequeños trozos de cráneo eran agregados a la bebida. Los historiadores se preguntan si Elizabeth no habría estado intentando recolectar sangre y cráneos en el futuro cuando asesinó a muchas de las chicas que eran sus sirvientes. Si bien la historia detrás de esto jamás se sabrá, lo que si se saber es que Elizabeth fue forzada a someterse a horribles prácticas medicinales que la dejaron horrorizada y traumatizada.

De muy joven, Elizabeth fue forzada a asistir a la iglesia protestante de su ciudad. Conocida formalmente como Iglesia Calvinista, la iglesia era similar a muchas otras iglesias protestantes de la zona, aunque la familia asistía a la iglesia por tradición más que por querer hacerlo. En sus diarios personales, Elizabeth registró que su familia estaba en desacuerdo con la mayoría de las enseñanzas de la iglesia pero asistían por miedo de lo que pensaría el pueblo si dejaban de asistir. Además, la iglesia bañaba a su familia con recursos financieros por el solo hecho de mantener su asistencia a la iglesia. Si bien Elizabeth asistió a la iglesia durante toda su infancia, se cree ampliamente que dejó de hacerlo luego de alcanzar su adultez.

Aunque Elizabeth era afligida por la epilepsia y las traumáticas soluciones a las que era forzada a someterse, la vida cotidiana de Elizabeth estaba también plagada de influencias derivadas de prácticas satánicas. En algunos testimonios, los registros sostienen que Elizabeth era instruida a torturar animales a una temprana edad y que su familia no tenía ningún remordimiento por matar gente. Además, Elizabeth aprendió Satanismo de uno de sus tíos que era un reconocido adorador de Satán de modo regular.

Más registros muestras que Elizabeth también aprendió brujería de la mano de su tía, una bruja que vivía con la familia. Solo tomando en cuenta estos testimonios, el futuro de Elizabeth tiene bases más claras. Con tal influencia de fuentes demoníacas, Elizabeth seguía muchos de los principios que aprendió de niña cuando comenzó su oleada de asesinatos muchos años más tarde. Cuando Elizabeth tenía 10 años, sus padres consideraron que ya era lo suficientemente grande como para comprometerse y se la ofrecieron a Ferenc Nádasdy para casarse. Nádasdy era el hijo de una amigo miembro de la familia real, lo que llevó a los historiadores a creer que este casamiento fue arreglado solamente por consideración de los lazos políticos que proponía. Cuando la noticia del compromiso llegó a oídos del pueblo, las preocupaciones aumentaron con respecto a qué nombre se asumiría para convertirse en su apellido. Debido al prestigio de Elizabeth y de su alto estandard social, la pareja asumiría utilizar el apellido de Elizabeth, Báthory, en lugar de utilizar el apellido de Nádasdy. Este compromiso estuvo tremendamente nublado, sin embargo, cuando llegaron las noticias de que Elizabeth estaba embarazada de un hijo varón. A la edad tremendamente temprana de 13 años, Elizabeth había quedado embarazada de un chico campesino que había sido amigo suyo en esa época. Poco después de que Elizabeth diera a luz al niño, le fue dado a una mujer que era amiga cercana de la familia Báthory y el asunto del embarazo de soltera no interfirió en el compromiso de Elizabeth y Nádasdy. Para asegurarse de que el niño recibiría el mejor de los cuidados, la familia real le pagó a esta mujer para cuidar del hijo de Elizabeth, y eventualmente el niño fue mudado a Wallachia, una región de la tierra de Rumania.

Cuando Elizabeth cumplió 15 años, ella y Nádasdy, quien tenía 19 en ese entonces, se casaron el 8 de Mayo de 1575. La boda fue un momento de pomposidad y alegría, y los registros históricos atestiguan que más de 4,500 invitados estuvieron presentes en la boda.

Luego de la boda, Elizabeth dejó el castillo que su familia estaba residiendo y tomó nueva residencia en el Castillo Nádasdy en Sárvár, el hogar de su nuevo esposo. Los meses que siguieron directamente luego del casamiento fueron meses difíciles para Elizabeth. Si bien Elizabeth había tenido la visión de comenzar una familia juntos y pasar mucho tiempo con su nuevo esposo, su vida de casada fue bastante opuesta a esto ya que Nádasdy era llamado a pasar la mayor parte del tiempo en la corte real. Cuando no estaba estudiando, Nádasdy estaba ocupado estudiando leyes en Viena. Para mantenerse ocupada durante estos tumultuosos meses, Elizabeth comenzó a estudiar idiomas extranjeros. En menos de dos años ella aprendió cuatro idiomas completamente. Adicionalmente, Elizabeth comenzó a estudiar estrategias defensivas de guerra, un estudio que se volvería invaluable años más tarde cuando ella sería puesta como líder de la defensa del castillo debido a la prolongada movilización bélica de su marido.

Cuando Elizabeth y Nádasdy se casaron, el regalo de Nádasdy para la familia de Elizabeth fue un gran castillo ubicado en las pequeñas Islas Karpatos en lo que ahora conocemos como Eslovaquia. Este regalo particularmente deleitó a la familia de Elizabeth y a muchos miembros directos de la familia se mudaron a ese castillo. El castillo tenía especial prominencia en la familia Nádasdy ya que su madre lo había comprado y se lo había regalado a Nádasdy para su cumnpleaños número 16. El castillo existe hasta el día de hoy y es la mayor atracción turística de Eslovaquia.

Con la inminente guerra, Nádasdy fue llamado para ser comandante en jefe de todo el ejército Húngaro. Instrucciones especiales describieron un ataque en el cual Nádasdy debería atacar a los Otomanos tantas veces como sea necesario para forzar su retirada. Era ahora cuando Elizabeth debería comenzar a utilizar tantos días de estudios de estrategias de defensa y administración. Inmediatamente luego de la partida de su marido hacia la guerra, Elizabeth fue ubicada en control de los tratos financieros del estado en el castillo Nádasdy. Durante esta larga permanencia como líder del castillo, Elizabeth estuvo también a cargo de ser la responsable de la gente que había dentro de su área. A menudo, Elizabeth debería tomar decisiones médicas y decisiones financieras por la gente de Eslovaquia y Hungría que estaban ubicados en su área. Eventualmente, la guerra terminó, y ella y su esposo regresaron pero los momentos de liderazgo serían puestos en uso nuevamente en poco tiempo.

Desde 1593 hasta 1606, el imperio había crecido gracias a la Larga Guerra y los servicios de Nádasdy como comandante fueron solicitados nuevamente. Durante la ausencia de su marido, Elizabeth fue asignada con más que simplemente manejar las finanzas del castillo: ahora Elizabeth estaba a cargo de la defensa del castillo. Esto sería particularmente importante debido a la estratégica ubicación del castillo Nádasdy con respecto a su proximidad con Viena. Durante la guerra anterior, los Otomanos habían atacado la villa de Čathtice la cual estaba ubicada también cerca de Viena, dejando a Elizabeth preocupada de que ellos pudieran planear otro ataque pronto.

Afortunadamente, tal ataque no habría ocurrido pero en la preparación de semejante ataque, Elizabeth había dividido el ejército del castillo en dos grupos, demandando que una sección de las tropas siempre estuviera lista. Luego de que la guerra finalizara, el esposo de Elizabeth volvería a casa y la habría aliviado de de sus tareas de liderazgo.

Durante su tiempo como líder del castillo, Elizabeth a veces había sido requerida para gobernar en la decisión de muchas mujeres que habían sido abusadas. Si alguien hubiese podido ver las atrocidades que Elizabeth cometería en vida antes de contar con su decisión, podrían haberse tentado de asumir que sus decisiones estarían a favor del partido opositor a las mujeres abusadas. Sin embargo, Elizabeth siempre gobernó a favor de las mujeres abusadas y siempre trató con dureza a los partidos responsables de los daños.

Elizabeth dio cada indicación de ser compasivos cuando en verdad, ella simplemente estaba divisando un plan que traería dolor a la vida de muchas chicas.

En 1585, Elizabeth dio a luz a su primera hija, Anna Nádasdy. No era su primer hijo, ya que había dado a luz a un hijo muchos años antes, pero sí era el primer hijo nacido de su matrimonio con Nádasdy. Elizabeth daría a luz a otros cuatro niños más a lo largo de su vida. Algunos historiadores alegan que Elizabeth y Nádasdy tuvieron otro hijo que murió a una muy corta edad pero no hay registros que corroboren este hecho. Mientras no existen registros de este nacimiento, el nombre György Nádasdy existe, posiblemente denotando otro hijo que murió antes que sus otros hijos. Aún así, los historiadores están vacilantes ante darle la propiedad de este niño a Elizabeth considerando lo prominentes que fueron todos sus otros hijos contra la discreción del registro de este niño. Poco después del nacimiento de cada niño, ellos fueron entregados a institutrices que se encargaron del cuidado de sus necesidades diarias. Esto significa que los niños tenían muy poco tiempo de interacción con su madre, aunque esto no era de naturaleza extraña teniendo en cuenta el tiempo en que ocurrió. Exactamente del mismo modo en que Elizabeth había sido cuidada de pequeña, sus hijos recibían todo el cuidado del equipo de institutrices que vivían con la familia.

En 1604, la vida d e Elizabeth dió un giro trágico cuando su esposo de 29 años falleció. Los registros médicos de esa época parecen demostrar que la muerte de Nádasdy fue resultado de una enfermedad originada en 1601. La enfermedad original comenzó en las extremidades bajas de Nádasdy antes de escalar lentamente hacía el resto de su cuerpo y eventualmente dejándolo parapléjico. En 1603, la enfermedad había tomado toda la movilidad de Nádasdy y él transmutó de una paraplejía a una cuadriplejía. La muerte lenta de su marido fue traumática de ver para Elizabeth y muchos otros miembros de la familia notaron que su aura se volvió oscura a medida que la muerte de su esposo se acercaba. Finalmente, el 4 de Enero de 1604, Nádasdy falleció, dejando una esposa y cuatro hijos. Poco tiempo tras su muerte, Nádasdy traspasó todas sus posesiones y el cuidado de su familia a un amigo de confianza de la familia, György Thurzó.

De particular Ironía, György Thurzó más tarde lideraría la investigación de la vida criminal de Elizabeth. Con su amado esposo ahora fallecido, Elizabeth lentamente se hundió en un estado depresivo, del cual la una vez increíble y brillante Elizabeth Báthory jamás regresaría.

Según la historia, los reportes de las atrocidades de Elizabeth salieron a la luz en el año 1602, dos años antes de que el esposo de

Elizabeth muriera. Sin embargo, con la familia Báthory enfrentando semejante juicio, el reino pensó que sería sabio rechazar tales reclamos y dejar que la familia disfrute de sus últimos días junto a Nádasdy. Por un corto tiempo, estos reportes disminuyeron; sin embargo, los reportes pronto empezarían a ver la luz otra vez de una manera mucho más agresiva.

Por último, luego de soportar reportes durante ocho años, el Rey Matthias II confiando en que podría comenzar a investigar a Elizabeth y una vez que había ordenado al amigo de la familia György Thurzó a comandar la investigación. Thurzó comenzó su investigación contratando los servicios de de dos notarios en su búsqueda de evidencias. La búsqueda duró dos años y al finalizar los dos años, los notarios regresaron a Thurzó con testimonios de más de 300 testigos que bien afirmaban que habían sido afligidos o torturados por Elizabeth, o que habían testigos directos de alguno de sus tortuosos actos. Durante la investigación, no dejaron una sola piedra sin levantar. Cualquiera que hubiera tenido cualquier tipo de contacto con Elizabeth era interrogado. Con los testimonios primarios originarios del castillo Sárvár, Thurzó regresó al Rey Matthias II con todo excepto una confirmación de su culpabilidad. Al examinar los testimonios, se descubrió que Elizabeth había asaltado y torturado a mujeres y niñas que eran principalmente chicas de entre 10 y 14 años. Se supo que Elizabeth había tentado a estas niñas a quedar bajo su cuidado a través de promesas de empleos como criadas y cocineras en su cocina. Una vez empleadas, estas chicas comenzaron a confiar en Elizabeth hasta que ella eventualmente las asesinara y utilizara sus cuerpos para lo que parecerían ser prácticas Satánicas. Además de las chicas buscando empleo, Elizabeth también encontró víctimas a través de padres de niñas buscando alcanzar la etiqueta de cortesanas. Durante la época medieval, era muy común que las niñas asistan a lecciones en el castillo de cómo comportarse como damas. Estas niñas eran especialmente vulnerables, ya que muchas de ellas provenían de hogares de pobres mendigos. Cuando sus hijas no eran regresadas a ellos, los mendigos comenzaban a hacer preguntas pero les eran dadas limitadas respuestas y se les decía que sus hijas ahora servían en el castillo como criadas. Si bien examinar a estos afligidos es de por sí traumático, estudiar los métodos con los que Elizabeth llevaba a cabo sus diabólicas atrocidades es aún más perturbador. A menudo, Elizabeth torturaba a sus víctimas a través de: golpizas, mutilación de sus cuerpos, congelamiento intencional o dejando incluso a sus víctimas morir de hambre, o drenando la sangre de sus cuerpos hasta que morían desangradas. Al realizar la investigación, Thurzó encontró que todos estos actos de terror y tortura eran llevados a cabo por Elizabeth. Ella sola llevó a cabo todos estos actos, y ahora ella sola debería enfrentar un juicio como consecuencia de sus acciones.

Al leer el reporte, el Rey Matthias II estaba shockeado al descubrir que Elizabeth también había experimentado con la respuestas de animales a las niñas. En algunos casos, Elizabeth incluso doraba los cuerpos de las niñas, mientras estaban vivas, antes de colocarlas en agua extremadamente helada. Además, Elizabeth también intento despellejar vivas a las niñas cubriendo a las niñas con miel y dejando que las hormigas cubran toda su piel. Quizás la cumbre del reporte fue la sección que implicaba el alegado canibalismo de Elizabeth. En muchas ocasiones, sirvientas y criadas reportaron haber visto a Elizabeth cocinar los cuerpos de niñas sirvientas fallecidas en el fuego antes de la carne cocida. Tras leer esto, el Rey Matthias II estaba indignado e inmediatamente propuso matar a Elizabeth.

Sin embargo, la corte real persuadió al Rey Matthias II de tener un juicio justo en la reclusión del castillo. Luego de decidir realizar el juicio, el Rey Matthias II ordenó a Thurzó volver al castillo de Elizabeth y traerla a su castillo para el juicio. Cuando Thurzó regresó al castillo, encontró a Elizabeth torturando a una joven sirvienta. Thurzó inmediatamente arrestó a Elizabeth y se la llevó, junto a cuatro de sus sirvientes que estaban ayudándola en ese momento, al castillo del Rey Matthias II para un silencioso y rápido juicio. Sin embargo, mientras el juicio estaba destinado a permanecer silencioso, Thurzó estaba tan indignado por los actos de Elizabeth que comenzó a anunciar sus atrocidades en toda la ciudad. Esto causó que el Rey Matthias II se viera forzado a acelerar el juicio y darle un castigo justo. Elizabeth fue encerrada en prisión, esperando por su juicio que sería sostenido el día 2 de Enero de

1611. El largo período del reino de terror secreto de Elizabeth había concluido.

EL juicio comenzó el 2 de Enero y se extendió hasta el 7 de Enero. Cada día, numerosos testigos eran públicamente interrogados y con cada testigo, el desdén público por Elizabeth crecía. El clímax del juicio ocurrió cuando uno de los sirvientes personales de Elizabeth proporcionó una lista de más de 650 niñas que habían sido asesinadas legítimamente por Elizabeth. Con esta información, la muerte parecía ser el castigo más justo para Elizabeth. Sin embargo, la familia real estaba aún preocupada acerca de sentar el precedente de matar a un miembro de la familia real, sin mencionar la imagen negativa que esto arrojaría sobre la familia. El Rey Matthias II propuso que Elizabeth sea internada en un convento de monjas y pase el resto de su vida como monja. Esta pareció ser una solución plausible hasta que el convento fue notificado de las acciones de Elizabeth. Luego de saber sobre las atroces acciones de Elizabeth, el convento se rehusó a permitir la aceptación de Elizabeth y le ordenaron al rey que no la enviara. Con la opción de internarla en un convento retirada de la lista, el Rey Matthias II resolvió dejarla en confinamiento solitario en medio del calabozo del castillo. Bajo la supervisión de un guardia durante cada hora del día, Elizabeth pasaría el resto de su vida en una pequeña celda sin ventanas. La única conexión que Elizabeth tendría con el mundo exterior sería un listón de madera de dos pulgadas en el piso permitido para ventilación y entregas de comida. La persona que durante tanto tiempo había tenido niñas atrapadas en su castillo sin tener en cuenta sus vidas, ahora estaba atrapada ella misma en una celda, sin nunca más volver a ver un rayo de sol.

En prisión, reportes del comportamiento de Elizabeth sostienen que ella era reservada y no ofreció explicación alguna de por qué cometió tales atrocidades. A pesar de los intentos de ofrecer su reconciliación, Elizabeth se rehusó a disculparse por sus acciones y eventualmente se rehusó a hablar de ellas en absoluto. El 21 de Agosto de 1614, Elizabeth comenzó a quejarse de tener frío y sentir sus dedos entumecidos. A esto, su guardia respondió, "No es nada señorita, sólo vuelva a acostarse." Elizabeth cumplió con sus órdenes y no se escuchó nada más.

La mañana siguiente, los guardias notaron que no hubo movimientos en la celda y tras abrir la celda, encontraron muerta a Elizabeth. El pueblo se regocijó con su muerte, aunque algunos continuaron quejándose que ella recibió una muerte mucho más agradable considerando las torturas a las que expuso a sus víctimas. Inicialmente, Elizabeth fue enterrada en una iglesia local pero tras el descubrimiento de que una asesina había sido enterrada en una espacio sagrado, los locales forzaron a la familia a remover el cuerpo a otra ubicación. La familia estableció finalmente enterrar su cuerpo en Ecsed, el lugar en el cual ella había nacido. Una vida que causó tanto dolor conoció su final y no dejó nada más que un legado sombrío de asesinato y egoísmo a su paso.

Capítulo doce

Gilles de Rais

Cuando examinamos los crímenes de asesinos desde el inicio de los tiempos, hay cierto nivel de aceptación que es usada al evaluar cada hecho. Para muchos, los crímenes que amontonan los registros serían considerados como inmaduros o desconsiderados pero no llevarían a uno a odiar a la persona que perpetró el crimen. Por otra parte, hay unos cuantos crímenes que han provocado una severa ira hacia el perpetrador, a veces considerando la pena capital llevada a cabo por civiles cuando el gobierno falla en cumplir con las expectativas de los ciudadanos. Una rama del crimen que es a menudo considerada ampliamente inapropiada y digna de un severo castigo es la que involucra a los más indefensos, a saber, niños. Dentro de la métrica de la autojustificación, muchos criminales comparan sus crímenes en un esfuerzo por quitarle sensibilidad a la naturaleza del crimen. Los crímenes contra niños, sin embargo, son crímenes que no puedes ser desensibilizados y conducen al odio desde casi cualquier fuente. Un hombre que participó en innumerables crímenes contra niños fue Gilles de Rais; un caballero medieval que más tarde se convertiría en lord poco antes de comenzar sus crímenes contra niños. Gilles vivó durante la era del 1400 y tomó ventaja de su gran influencia para alimentar su satírico sentido de diversión. A pesar de sus heroicas batallas junto a Juana de Arco en su liderazgo del ejército Francés, Gilles se aprovechó de los más indefensos y dejó padres horrorizados a su paso cuando las noticias y detalles de sus crímenes salieron a la luz.

Si bien la mayor parte de la vida de Gilles fue dedicada a herir niños y alimentar sus egoístas y enfermizos deseos, los crímenes de Gilles trajeron una reforma al tratamiento de los niños y sirvieron como precedente para futuros reglamentos implicando crímenes similares. La vida de Gilles de Rais sirve como ejemplo de lo que ocurre cuando permite que sus deseos egoístas reemplacen el cuidado y consideración para con otros. Gilles de Rais será para siempre recordado no por ser un héroe en los campos de batalla, pero sí por su cobardes actos por propio placer, nombrandolo como el primer asesino serial de Bretaña.

Gilles de Rais nació una noche del año 1405 en el lugar al que la era moderna de dio el nombre de Francia, conocido como Bretaña por aquel tiempo. Debido a la falta de registros históricos de esta parte de la historia Medieval, muy poco se conoce con respecto a la infancia de Gilles. De los documentos históricos de aquellos días, se descubrió que Gilles perteneció a la familia de Guy II Montmorency-Laval y Marie de Craon. Juntos, Gilles y sus padres residieron en el castillo familiar ubicado en Champtocé-sur-Loire. Se cree ampliamente que Gilles fue un niño muy listo, a menudo hablando en diferentes idiomas y dominando el difícil idioma Latín a un edad muy temprana. Desde sus años prepúberes, Gilles comenzó a iluminar y traducir manuscritos para su padre. Alineando su educación con la educación de otros niños de Francia, los padres de Gilles dividieron su educación entre años de una escuela regular y una escuela militar. El ejército Francés era la fuerza estabilizada del 1400 debido a sus fuertes programas de desarrollo militar dentro de varias escuelas a lo largo de Francia. La familia de Rais era afluente, influyente, y se cree ampliamente que estuvieron entre las familias que lideraban Francia en aquel entonces. En suma a ser altamente inteligente a tan temprana edad, Gilles fue también visto como muy arrogante y obstinado.

Sin embargo, demostró un liderazgo sólido y aquellos que lo rodeaban aceptaban su comportamiento como simples acompañamientos característicos de los líderes. En 1415, la tragedia azotó a la familia de Gilles cuando sus padres murieron, ambos el mismo día por causas no registradas. Esto dejó a Gilles como único heredero de una gran fortuna, impulsandolo instantáneamente a nuevas a alturas de liderazgo y promesa. Actuando como su guardián por el resto de años de Gilles como niño, Jean de Craon llevó a Gilles y a su hermano menor René de La Suze. Debido a la corta edad de René, éste fue excluido de los beneficios de la herencia. A pesar del cuidado de de Craon, este hombre demostraría ser un perjuicio en la vida de Gilles.

Jean de Craon era el abuelo materno de Gilles, dándole a ambos un vínculo instantáneo. Fomentando este vínculo, Jean le dió a Gilles todo lo que deseaba, incluyendo mujeres. Jean de Craon era un conocido estafador de esa época pero sus habilidades financieras lo ayudaron a mantener a sus seguidores e influencia. Cuando Gilles cumplió doce años, Jean intentó unir los dos amores de Gill, mujeres y finanzas a la vez a través del matrimonio con Jeanne Paynel.

Sin embargo, Paynel, a pesar de de ser una heredera afluente, sólo tenía cuatro años de edad y sus padres se rehusaron a permitir que se case con un chico obstinado de doce años. Para no sentirse desanimado por su primer intento fallido, Jean organizó el casamiento de Gilles y Béatrice de Rohan, otra niña rica, sobrina del Duque de Bretaña. Eventualmente, este matrimonio también fracasó y dejó a Gilles ampliamente frustrado con su fracasado abuelo. En contra de los deseos de Gilles, Jean eventualmente organizó un exitoso casamiento entre Catherine de Thouars, la hija de La Vendée y Poitou, dos influyentes y afluentes líderes dentro de Bretaña.

Aunque este casamiento era insoportable de sobrellevar para Catherine, le dio a Gilles los dos elementos que buscaba en la vida: una mujer para tener a su hijo y la seguridad financiera que la herencia de Catherine prometía. Ambos tendrían un hijo nueve años luego de haberse casado, una niña llamada Marie. Si bien la vida de parecía llevar a Gilles hacia la felicidad y la riqueza, era notorio que Gilles estaba cada vez más deprimido y enojado. Gilles tenía el liderazgo y seguridad financiera que todo hombre parecía querer tener; aún así, él era muy infeliz. A pesar de volverse más miserable cada día, Gilles continuó su búsqueda de más liderazgo y pronto lograría llegar al más alto nivel del área civil de liderazgo disponible en el joven gobierno de Bretaña: Comandante del ejército real. Para Gilles, los días venideros mantendrían un gran liderazgo, afluencia financiera, y fama creciente. Sin embargo, también mantendrían una oscura transición en la vida de Gilles cuando él finalmente encontraría un elemento del cual derivar felicidad: el fallecimiento de los indefensos.

En 1364, la guerra de la sucesión Bretona había terminado, pero aún había frecuentes ataques hacia los miembros del gobierno de Bretaña, específicamente los Duques de la Casa de Montfort. Estos ataques le darían la oportunidad a Gilles de demostrar sus habilidades militares y planes estratégicos. Hasta este punto, Gilles había trabajado simplemente dentro de su propio castillo, alimentándose de la estabilidad financiera que su matrimonio y su herencia le dieron. Sin embargo, sus servicios militares fueron solicitados a medida que los ataques se intensificaron.

A sus dieciséis años, Gills tomó su lugar como ayudante de la Casa de Montfort, para así alinearse con los Duques de la Casa de Montfort. Esta movida demostró ser muy redituable para el chico al que se le pagó por su sacrificio y sus peligrosas acciones a través de varias concesiones de tierras que Gilles podía convertir en finanzas nuevamente. Una vez más, la vida de Gilles encontró su principio central en derivar tanta riqueza financiera como sea posible. Como una suerte de avaro, Gilles era conocido por no mostrás ningún esfuerzo filantrópico hacia los ciudadanos del pueblo. Aún así, permaneció al frente del liderazgo gubernamental y de la ciudad. La vida de liderazgo de Gilles dentro de la milicia continuó con darle el título de comandante del ejército real en 1425. Esta promoción vino como resultado de una reunión con Charles VII en una ubicación no revelada en Saumur. En esta reunión, Charles VII mencionó que él había sido testigo del tremendo liderazgo militar de Gilles durante los ataques a los Duques de la Casa de Montfort.

Durante esta reunión, Charles VII le ofreció a Gilles la posición de comandante real con el único requisito de que debería tomar lecciones de los modales de cortesía que se esperaban de él. Gilles aceptó la oferta de aprender los modales de cortesía a través de lecciones diarias de el Dauphin. Durante su primera batalla como comandante real, Gilles condujo al ejército real a capturar al prestigioso capitán de barco Inglés, Blackburn. Esta movida deleitó a Charles VII y la posición de Gilles como comandante cobró solidez.

Gilles continuaría sirviendo como comandante real desde 1425 hasta 1435. Durante muchas de sus batallas, Gilles fue notorio por el temerario abandono con el cual abordaba cada batalla. Durante la guerra de los cien años, el liderazgo agresivo de Gilles habría venido a jugar poderosamente. Fue durante este período que uno de los dúos más fuertes en las batallas de la era medieval había sido creado. En 1429, Gilles fue presentado a Juana de Arco, la heroica mujer líder de una pequeña porción del ejército. Juana de Arco necesitaba más ayuda militar para continuar su asedio de las tropas Inglesas, un movimiento que Gilles estaba que dispuesto a hacer. En suma,

Gilles proporcionó su propio liderazgo y los dos fueron a vencer a las tropas de Inglaterra y Burundi en batallas secuenciales. Gilles estaba en realidad junto a Juana de Arco por el asedio total de Orléans, aunque su nombre no figura en la mayor parte de los libros de historia debido a las atrocidades que iba a cometer más tarde en su vida. Tras la victoria en el asedio de Orléans, Gilles fue condecorado con el distinguido honor de ser uno de los cuatro lords que soportaría la Holy Ampulla ya que hizo su movimiento desde Abbey de Saint-Remy hasta el Notre-Dame de Reims, en celebración y tradición de Charles VII siendo consagrado como el siguiente Rey de la gente de Francia. Este movimiento sólo reforzó su posición dentro del ejército Francés y lo condujo a que sus tropas sean vistas como una mayor sensación de jactancia. Para enaltecer su orgullo, Gilles fue certificado como Mariscal de Francia en el día de la consagración del Rey Charles VII. Un movimiento de ese calibre distinguió a Gilles y su fama continuó creciendo a lo largo de Francia. En una mirada retrospectiva a la vida de Gilles de Rais, quizás el momento más grande de su vida fue la victoria que sostuvo en el asedio de Orléans. Parece ser que la mayoría de los elogios hacia Gilles parten de este momento. Un elogio como este hubiera sido la adición de las las armas reales al abrigo personal de armas de Gilles. Un permiso como este efectivamente coronó a Gilles como un honorario miembro de la familia real, un honor recibido por algunos pero codiciado por muchos.

La adición, una fleur-de-lis creciendo, mostraba varias palabras que Gilles creía ejemplificar mejor. Estas palabras y frases incluían "...altos y encomiables servicios, grandes riesgos y peligros, y otras hazañas valientes." Era fácil aseverar que Gills estaba bastante encantado con su valentía contra los Ingleses durante su permanencia como comandante real. La relación de Gilles con Juana de Arco se agrió significativamente tras la guerra y culminó con Juana de Arco ardiendo sola en la estaca. De hecho, Gilles ni siquiera estuvo presente cuando incineraron a Juana de Arco. Un movimiento así fue muy cobarde, sin embargo se distanció lo suficiente de Juana de Arco para arriesgarse a ser incinerado en la estaca él mismo.

Cuando el guardián de Gilles de hace muchos años murió el 15 de Noviembre de 1432, dejó en claro su descontento con su nieto a través de su testamento. En tiempos medievales, la posesión más grande que uno podía darle a sus herederos eran su espada y su pechera. Tal gesto denotaba respeto y admiración. Gilles debería haber sido el primero de la línea familiar en recibir tal honor pero su abuelo no pensaba esto en absoluto, dado el último fracaso financiero de Gilles.

Gilles había comenzado a gastar su dinero su dinero agresiva y atolondradamente, algo que su abuelo consideraría contradictorio a la fé de la familia. Con esto en mente, Gilles fue observado por la espada y la pechera, ambos de los cuales fueron heredados a su hermano menor de La Suze. Furioso por tal movimiento, Gilles se rehusó a asistir al funeral de su abuelo y en lugar de ello comenzó a hacer compras aún más superficiales. Fue en ese entonces que las acciones de Gilles comenzaron la transición y la primera audiencia de dicha transición estaba muy cerca suyo: su familia.

En 1435, Gilles abandonó su posición de comandante del ejército real para enfocarse en una obra que él mismo había escrito y en una capilla, conocida como la Capilla de los Santos Inocentes. La obra se convirtió en una de las realizaciones más extravagantes de de su tiempo como así también en la producción más costosa de aquel entonces. Independientemente de haber tenido algún apoyo financiero mientras la obra estaba siendo escrita, Gilles se encargó de la producción e hizo adquisiciones costosas y precipitadas para la realización. Sin embargo, Gilles pronto se quedó sin dinero se vió forzado a vender todas su propiedades para poder llevar a cabo la producción de la obra. Con la obra ni siquiera estando cerca de su producción, la familia de Gilles comenzó a buscar ayuda del gobierno para recibir una orden para que Gilles deje de gastar dinero. Eventualmente la orden llegó pero no antes de que la obra ya haya sido realizada. A lo largo de toda la presentación, se proveyó de comida y bebida ilimitadas para el público a expensas personales de Gilles, mientras que el elenco descartó cada pieza de vestuario luego de la obra a órdenes de Gilles. A pesar de haber perdido su fortuna en una triste obra, Gilles aún estaba esperanzado y deseaba gastar más dinero. El gobierno había anunciado que Gilles no podría vender nada más debido a su hábito derrochador.

Este fallo no se hizo cumplir en Bretaña, sin embargo, y Gilles simplemente se mudó a esta ubicación ya que no tenía permitido hacer compras en Orléans.

Gilles pronto comenzó a explorar el mundo de lo oculto, preguntándole a toda la gente si alguien sabía cómo invocar demonios y los principios de la alquimia para ir a su castillo. Durante uno de los momentos de invocación, Gilles estaba intentando hablar con un demonio llamado Barron pero fracasó luego de tres intentos.

El hombre que ayudaba a Gilles en estos intentos le ordenó a Gilles traer una taza llena de pedazos del cuerpo de un niño. Gilles regresó al poco tiempo con extremidades, presumiblemente de su primera víctima; desgraciadamente, el demonio nunca fue invocado y Gilles quedó quebrado financiera y espiritualmente.

Con su vida dando un giro negativo y proyectando una sombra oscura, Gilles comenzó a asaltar niños regularmente, sin que nadie lo sepa. Incluso habiendo reportes que declaran que Gilles comenzó sus ataques en 1432; los historiadores creen que su primer ataque ocurrió en realidad en 1437 y comenzó a incrementarse rápidamente desde allí. En Machecoul, la tumba de cuarenta niños desnudos fue encontrada, provocando una protesta inmediata de los ciudadanos.

Sin embargo, nada se hizo y Gilles simplemente aseguró a sus constituyentes que él mismo había investigado el crimen. La primera víctima identificada de Gilles parece haber sido un niño de doce años de nombre Jeudon. Este niño contactó a Gilles a través de un fabricante de pieles de nombre Gillaume Hilairet. En este punto, Gilles estaba realizando los ataques con la ayuda de sus primos, Gilles de Sillé y Roger de Briqueville. Este par de hombres le habría proporcionado a Gilles numerosos niños cada día sistemáticamente para que pudiera realizar sus actos de autosatisfacción en ellos antes de matarlos. Durante la rutina del secuestro de un niño, los dos hombres habrían vestido al niño con ropas caras para hacer parecer que la familia de Gilles estaba adoptando al niño. Entonces Gilles habría forzado al niño a consumir una gran cantidad de alcohol. Tras la cena, el niño habría sido conducido a un cuarto en el cual Gilles había instruido a sus sirvientes de sólo admitir su entrada y la de sus dos primos. Una vez dentro del cuarto, Gilles le habría revelado su sádico plan al niño, en un intento por generar terror en el niño. En dicha confesión, Gilles admitiría que esta era su parte favorita del ritual. Gilles entonces procedería a desnudar al niño, colgarlo del techo con una soga áspera, y entonces realizar una variedad de actos sexuales en el niño. Gilles admitió que los llantos de súplica y desesperación del chico eran su mayor fuente de placer. Luego de doblegar al niño, Gilles lo bajaría de la soga, le aseguraría que todo iba a estar bien, y entonces procedería a bien matar al niño él mismo o hacer que alguno de sus cómplices lo haga. Tales sádicas rutinas eran gráficas pero tristemente llevadas a cabo día tras día por Gilles. En una parte posterior de su testimonio, Gilles contaba cómo habría besado a los niños antes de que éstos fueran brutalmente asesinados. Si el chico era guapo o bello, entonces Gilles procedería a abrir el cuerpo del niño completamente para admirar su órganos internos, un acto que, Gilles decía proporcionarle un mayor disfrute. Tras el ritual de matar al niño, Gilles quemaría el cuerpo de la criatura, parte por parte, en el hogar a leña de su cuarto. La disección del cuerpo de antemano permitía que el aroma quede contenido y le permitía a Gilles muchas más formas sádicas de satisfacerse a sí mismo. Aunque Gilles estaba profundamente ensimismado en sus rutinas diarias de asesinar niños, el fin del horror estaba al alcance de la mano y pronto, Gilles estaría experimentando una pequeña porción de la tortura a la que expuso a todo estos niños.

En Mayo de 1440, Gilles cometió un error crítico al asaltar y asesinar a un niño que resultó ser hijo del clérigo local. Esto provocó una ardua investigación que, una vez completada, encontró a Gilles cargando con la muerte de más de veinte niños.

Gilles fue inmediatamente arrestado y llevado a juicio. Durante el juicio, los testimonios y descripciones de los asesinatos se volvieron tan gráficos que el juez ordenó que las declaraciones sean borradas de los registros de la corte real. Al culminar el juicio, Gilles fue declarado culpable con el cargo de asesinato de más de 80 niños. Si bien sólo 80 de los niños pudieron ser identificados, el número estimado de muertes resta en más de 600 niños. Ya que el juez estaba completamente convencido de la culpabilidad de Gilles, ordenó que fuera colgado junto con sus dos primos.

Tras la larga ceremonia, Gilles fue llevado al Île de Biesse para su muerte. En concordancia con sus exigencias, Gilles fue colgado antes que sus dos cómplices fueran incinerados y su cuerpo fue retirado al cabo de su incineración. El cuerpo de Gilles fue finalmente enterrado en Notre-Dame des Carmes mientras que a los cuerpos de sus cómplices les fue permitido arder antes de ser subsecuentemente esparcidos a lo largo de la llanura de Rais. La vida de Gilles, pura maldad, finalmente conoció su fin y la muerte que infligió a tantos ahora era infligida sobre él.

Capítulo Trece

Ed Gein

Dentro del receso de la historia del crimen, las notables confesiones de criminales son a menudo examinadas para determinar la validez y posible causa de sus crímenes. Dentro de estas confesiones, las responsabilidades de insanidad y daño internacional son cuidadosamente examinadas para determinar si los perpetradores están aptos para soportar un juicio o no y recibir el castigo apropiado por sus crímenes. A menudo, los criminales han escapado a ser juzgados completamente por trascender ampliamente los límites de la insanidad, declarándose como no culpables debido a su incapacidad de controlar sus acciones. Mientras que algunas de estas admisiones de insanidad son falsas y previenen la actuación de la justicia real, hay algunas admisiones de insanidad que sí son reales y deberían ser negociadas apropiadamente. Tal caso sería el misterioso caso de Edward Gein, un supuesto asesino quien también habría exhumado más de cuarenta tumbas durante su permanencia como criminal en el 1900. Sin embargo, cuando enfrentó su juicio, Ed comenzó a mostrar una serie de problemas de comportamiento que documentaría su locura. Quizás derivando de la pérdida de su única amiga real, su madre, Ed fue responsable de profanar un número de tumbas en un intento por recuperar partes de los cuerpos de los individuos. Cuando la policía registró la casa de Ed muchos años más tarde, encontraría las partes faltantes de estos cuerpos: Ed había reemplazado algunos de los artículos que tenía en su casa con partes de cuerpos de mujeres. Adicionalmente, se supo que Ed había consumido la carne de numerosas personas cuyas tumbas habían sido profanadas. A lo largo de la vida de Ed, la triste realidad de la insanidad mental se hizo visible. Producto de una madre controladora, Ed se sintió atrapado en un mundo en el cual su único amigo era su madre muerta. Como resultado, su madre lo dejó completamente inestable e indefenso tras su muerte. Con el conocimiento de Ed Gein, la humanidad pudo manejar más apropiadamente la insanidad mental y ofrecer la seguridad necesaria.

El 27 de Agosto de 1906, Edward Theodore Gein nació de una pareja pobre, George Philip Gein y Augusta Wilhelmine Gein. Ed tenía una hermano mayor llamado Henry George Gein. Desde sus primeros años, Ed recuerda el deprimente estado de su casa y la inestabilidad que su disfuncional familia ofrecía.

La relación entre Augusta y George quedó envuelta en el odio y ambos comenzaron a vivir distanciados. Nunca se habrían divorciado, pero los padres de Ed daban todo menos la apariencia de una familia feliz que se ocupaba del cuidado de sus hijos. El padre de Ed tuvo numerosos trabajos que eran un indicativo de un trabajador incapaz, incluyendo curtidos, vendedor de seguros y carpintero. Por un corto período de tiempo, George fue dueño y operaba un pequeño almacén que le proporcionaba sustanciales ingresos para su familia. Sin embargo, por razones desconocidas, George vendió el negocio y mudó a su familia fuera de los límites de la ciudad a una granja de 155 acres que dejó a su familia recluida de cualquier contacto con la gente del pueblo. La casa y la granja serían parte del patrimonio de la familia hasta el eventual arresto de Ed. Quizás demostrando la fuente de la inestabilidad de Ed, Augusta, su madre, demostró una severa obsesión por sus hijos y gobernó cada aspecto de sus vidas.

Bajo ningún tipo de circunstancias sus hijos tenían permitido tener amigos, conduciendo a que los chicos Gein vivieran una vida antisocial fundada en el odio a la sociedad. Las únicas veces en las que Ed tenía permitido abandonar la seguridad de la granja era cuando lo obligaban a asistir a clase. La granja era lo suficientemente amplia como para mantener bastante ocupado a Ed con sus quehaceres alrededor de la casa. Sin embargo, a menudo se planteaba su falta de amigos y creía que su madre estaba en lo cierto en asumir que las influencias externas en su vida eran malvadas y sádicas. A pesar de sus tendencias a evitar cualquier amigo en la vida de sus hijos, Augusta mantuvo estrictos estandartes religiosos, conformados por los principios de la fe Luterana. Cada día, Augusta tenía como prioridad el aprendizaje de sus hijos, mediante el cual les revelaría las atrocidades del mundo presente, refiriéndose a cada mujer que no fuera ella misma como a una prostituta. En suma, Augusta les contaba las más gráficas historias de los noticieros a sus hijos, asustandolos lo suficiente como para que nunca quisieran abandonar la granja. Si bien Augusta estaba intentando salvar a sus hijos de los horrores del mundo, ella estaba, en efecto, inoculando los horrores que sus hijos eventualmente vivirían.

Augusta leyó pasajes de escrituras que contenían testimonios gráficos de víctimas de violaciones, asesinatos, y mala conducta sexual a través de sus enseñanzas. Ed fue otorgado con la oportunidad de asistir a la escuela y esto quedaría asentado como la única vez que su madre le daría la oportunidad de alejarse de su mirada protectora. En la escuela, Ed era conocido por ser antipático y vivir en su propio mundo. A menudo, Ed comenzaría a reír durante las clases de lectura, aparentemente tentado a reírse por bromas que él mismo se contaba. Sus compañeros de clase recuerdan que él era inteligente pero carecía de las habilidades sociales básicas necesarias para sobrevivir en un sistema escolar público. Durante muchas instancias, Ed intentaría ser amigable con uno de sus compañeros de clase, sólo para que su hermano revelara su "pecado" ante su madre. Ed sería entonces severamente castigado hasta que dejara de tener contacto con su compañero de clase. Los maestros de Ed eran condescendientes con su situación, a menudo intentando hablar con la madre de Ed y convencerla de que tener algunos amigos podría ser beneficioso para la ineptitud social de su hijo.

Sin embargo, su madre se rehusó a permitir que tuviera el privilegio de tener amigos y Ed continuaría en espiral hacia un estado antisocial. Posiblemente teniendo una condición mucho más profunda que simplemente ser antisocial, Ed permaneció cerca de su madre a pesar de que ella controlara su vida por completo. Sus compañeros de clase recuerdan a Ed siendo extremadamente crédulo y parecía haber sido absorbido completamente por las enseñanzas fervientes de su madre. Y así concluiría la infancia de Ed; un muchacho con un extremo potencial y que era lo suficientemente inteligente como para triunfar pero que permanecía atrapado dentro del mundo de seguridad creado por su madre. Sin embargo, el mundo sería presentado eventualmente ante los horrores que habían sido creados dentro de este "seguro" mundo.

Ed y Henry continuaron por mantener su extraña vida, viviendo con sus padres mucho más allá de sus años de secundaria. Sobre todo, los dos hombres que estaban satisfechos con la típica contención entre miembros de la familia se volvió un aspecto regular de sus vidas. Sin embargo, sus vidas cambiaron cuando Ed cumplió 36 años. El padre de Ed había sido un alcohólico durante mucho tiempo. El alcoholismo persistente lo atrapó y falleció el 1 de Abril de 1940. Luego de realizar una autopsia en el cuerpo de George, los doctores concluyeron que había muerto de una falla cardíaca, el resultado directo de años de tomar alcohol. Ed y Henry estaban tristes por la muerte de su padre pero su consistente negatividad y abusos no era algo que extrañaban. George había sido la única fuente de ingresos de la familia y como resultado, Ed y su hermano se vieron forzados a tomar cualquier tipo de trabajos en las cercanías de su pueblo para intentar pagar sus cuentas mensuales.

La comunidad aceptó a los dos hombres y notaron su honestidad y fuerte ética laboral. Adicionalmente, Henry y Ed demostraron ser confiables a los miembros de la comunidad y pronto, los dos tuvieron trabajos consistentes alrededor de la ciudad. Para Henry, su trabajo consistía en labores manuales mientras que Ed estaba más enfocado en cuidar niños. Ed parecía llevarse muy bien con los niños de una manera mucho más consistente y como resultado, se volvió un amigo de confianza de las familias que dejaban sus hijos bajo su cuidado. Si bien Henry y Ed estaban contentos de poder trabajar nuevamente, Henry comenzó a desaprobar el profundo respeto y admiración de Ed por su madre. Augusta aún abusaba de sus hijos y les hizo saber que ella no aprobaba que trabajasen. Sin embargo, a pesar de todo esto, Ed se mantenía como un sirviente de su madre y obedecía cada una de las exigencias que ella proponía. Para intentar disuadir a su hermano del respeto por su madre, Henry comenzó a menospreciar a su madre cada vez que estaba con Ed. A menudo, Henry también provocaría altercados verbales con su madre en un intento de mostrarle a Ed su naturaleza voluble. No obstante, Ed no entraría en razón con esto y continuaría viendo a su madre como la máxima autoridad en su vida. Finalmente, la frustración con su madre y el hecho de no poder hacer razonar a su hermano hicieron que Henry decidiera abandonar la casa. Sin el conocimiento de su madre, Henry había comenzado a verse con una mujer divorciada que tenía dos hijos y eventualmente se mudaría a vivir con ella. Ed estaba profundamente herido por las acciones de su hermano pero no hizo nada para disuadirlo de su decisión de abandonar la casa. Ahora, la única influencia real en la vida de Ed era su madre, la misma que había creado este mundo para él.

Tras cuatro años de la muerte de su padre, Ed y Henry estaban intentando controlar un incendio en los límites de su propiedad. La vegetación del pantano comenzó a treparse sobre la medianera y así Henry propuso quemar esas plantas para despejar la medianera. Desafortunadamente, el fuego pronto encendió más plantas y Ed y Henry no fueron capaces de controlar el fuego. Mientras que ambos se rehusaban a llamar al departamento de bomberos, las llamas rápidamente crecieron lo suficiente como para crear un destello que podía verse desde la ciudad y los bomberos llegaron a la escena para extinguir las llamas. Al poco tiempo que el departamento de bomberos dejó la casa, Ed hizo un llamado a la estación de policía para reportar que su hermano se había perdido. Luego de que la policía registrara la propiedad durante horas, finalmente encontraron el cuerpo de Henry, volcado en la tierra y lleno de hematomas. Sorpresivamente, Henry no estaba quemado de ninguna manera. Luego de que el forense investigara la muerte, encontró que Henry había fallecido de un paro cardíaco y anotó la causa de muerte como asfixia. Sin embargo, la policía no prestó especial atención a los golpes y hematomas en la cabeza de Henry y jamás se llevó a cabo ninguna autopsia.

A pesar de la falta de intervención policial en la muerte de Henry, muchos de los locales sostienen la sospechan de un juego sucio y ponen a Ed como el principal sospechoso. Se sabía que

Henry y Ed tenían una relación matrimonial y los locales se preguntaban si Ed habría culpado a Henry por el incendio. Nunca hubo pruebas de estas alegaciones y Ed jamás confesó el crimen.

Mientras Ed y su madre continuaron viviendo solos en la enorme casa, se volvieron aún más cercanos a pesar de los continuos regaños de Augusta para con Ed. La muerte de su hijo Henry fue bastante traumática para Augusta y el estrés agregado llevaron a un derrame cerebral que la dejó semi paralizada. Ed asumió el desafío de cuidar a su madre y lo haría obedientemente hasta su muerte. A menudo, Ed conducía la silla de ruedas de su madre y ambos daban largas caminatas. Durante una de estas caminatas, Ed y su madre fueron testigos de su insensible vecino, el Sr. Smith, golpeando a su perro hasta matarlo. Una mujer salió de la casa del Sr. Smith y comenzó a gritarle por haber matado al perro. Luego de que la ordalía terminase, Ed estaba en shock por ver al perro sin vida. Su madre también estaba indignada pero no por la muerte del perro; en lugar de eso, Augusta estaba indignada porque una mujer vivía con el Sr. Smith, una mujer a la que Augusta comenzó a referirse como la "Ramera de Smith." Mientras Ed siguió cuidando de su madre, se volvió aparente que su salud se estaba deteriorando, rápidamente.

El episodio con la "Ramera de Smith" había tomado mucha de su energía y pronto, Augusta parecía estar cerca de morir. El 20 de Diciembre de 1945, Augusta tuvo un segundo derrame, uno que la habría dejado completamente inválida. Sin poder hablar, Augusta yacía inmóvil en su cama todo el día, todos los días, mirando el espacio vacío sobre ella. Ed estaba destrozado por el deterioro de su madre pero estaba determinado a cuidar de ella hasta el día de su muerte. Ese día llegó el 29 de Diciembre de 1945, cuando Ed regresó al cuarto de su madre para encontrarla fría al tacto. Ed estaba desmoronado. La única amiga que había tenido durante toda su vida se había ido para siempre, para nunca ser visto nuevamente en la tierra. En su biografía sobre Ed Gein, Harold Schechter escribió, "Ed había perdido a su única amiga y a su único gran amor. Por primera vez, estaba completamente sólo en el mundo." Desgraciadamente, Ed recurriría a métodos sádicos y terroríficos con el propósito de traer a su madre de vuelta. La vida de Ed Gein estaba lista para sufrir una dramática caída.

Tras la muerte de su madre, Ed continuó administrando la granja familiar, atendiendo el ganado y tareas generales. Sin embargo, no podía lograr entrar al cuarto en el que su madre había muerto. Ed estaba demasiado destrozado como para entrar en cualquier habitación en la que su madre haya pasado largos períodos de tiempo. Para calmarse, Ed cerró todas las habitaciones que asociaba con ella y las bloqueó desde afuera. Estas habitaciones nunca fueron abiertas nuevamente hasta que la casa fuera subastada muchos años más tarde. En su tiempo libre y por las noches, Ed dormía en un pequeño cuarto que estaba ubicado junto a la cocina. Sin las instrucciones de su madre, Ed estaba perdido en su propio mundo. Para proveerse de una suerte de terapia, Ed comenzó a comprar suscripciones a revistas enfocadas en la muerte y diversos cultos que celebraban la muerte. Se cree que alrededor de este tiempo, Ed comenzó a exhumar tumbas y no se sentía afectado por sus pensamientos sobre la muerte. Además, Ed comenzó a desarrollar un interés en las prácticas de mutilación de los doctores del ejército Nazi de años anteriores.

Como entrada financiera, Ed comenzó a trabajar en la ciudad arreglando carreteras y también ayudó en la cosecha estacional de cultivos dentro del área. Cuando las finanzas se ajustaron, Ed vendió 80 acres de la granja de la familia. Sin embargo, los problemas de Ed estaban a punto de incluir ayuda legal cuando sus atrocidades salieron a la luz.

El 6 de Noviembre de 1957, Bernice Worden, una operadora de una ferretería de la ciudad de Ed, Plainfield, desapareció. La policía no se detuvo en pensar por qué su tienda estaba cerrada debido a la actual temporada de ciervos. Sin embargo, cuando su hijo, el jefe de policía de Plainfield fue a la tienda poco más tarde, encontró rastros de sangre y ningún signo de que su madre estuviera allí. Luego de examinar el registro de recibos, el hijo de Worden encontró que el último cliente al que atendió era Ed Gein. La policía encontró a Ed en una tienda de comestibles contigua y subsecuentemente fue arrestado.

Luego de que la policía comenzó a registrar la casa de Ed, se encontraron con un terrorífico descubrimiento. Lo primero que encontró la policía al entrar a la casa fue el cuerpo de Worden en un cobertizo detrás de la casa. Worden había sido decapitada y estaba colgando de una viga, como lo haría un ciervo que espera ser procesado. Los policías estaban aterrados ante el descubrimiento e inmediatamente comenzaron a registrar la casa. Sería aquí cuando hicieron el más espeluznante de sus descubrimientos. Dentro de la casa, los policías encontraron: sillas con piel humana estirada sobre ellas para cubrir los almohadones, cestos de basura hechos de piel humana, varias prendas de vestir como polainas confeccionadas con piel humana, máscaras hechas con cabezas de mujeres, la cabeza decapitada de Worden, un cinturón hecho con pezones, un cordón hecho con un par de labios, una tulipa de lámpara que fue hecha solamente con una cara humana, y la cara de Mary Hogan, una mujer que había desaparecido meses antes. La búsqueda de Worden había terminado, pero los policías se encontraron ante un problema aún mayor: Identificar los cuerpos que habían sido destrozados. Luego de ser interrogado, Ed le dijo a la policía sin dar demasiadas vueltas dónde había encontrado los cuerpos: el cementerio local. Luego de un largo período de interrogatorios, se supo que Ed había registrado el cementerio cada noche en busca de tumbas frescas de mujeres que se veían parecidas a su madre. De estos cuerpos, Ed estaba rescatando cualquier porción de carne que pudiera utilizar para su obra maestra: el cuerpo de una mujer hecho con pedazos de varios cuerpos. Ed tenía tal atadura con su madre que, estaba empeñado en crear un "Disfraz de ella" que pudiera utilizar en cualquier momento que la extrañase. La policía estaba demasiado shockeada como para indignarse con Ed pero la bronca comenzaría a encenderse. Durante una entrevista con la policía, Ed encendió la ira de su entrevistador, tanto que su entrevistador aplastó la cabeza de Ed contra una pared de concreto. Los espeluznantes detalles de la vida de Ed, estaban a punto de ser presentados ante el mundo.

El juicio comenzó el 21 de Noviembre de 1957 con Ed siendo arrestado con un cargo de homicidio en primer grado, el asesinato de Mary Hogan. Sin embargo, los abogados de Ed le hicieron un examen de demencia y el resultado arrojó que Ed sufría de esquizofrenia y por lo tanto no podía ser puesto en prisión. El juez ordenó que Ed pase el resto de su vida en una institución mental correccional y así dejar de ser una amenaza para la seguridad pública.

Casi once años más tarde, el juicio continuó presionando, con abogados discutiendo acerca de si Ed sabía o no las consecuencias de lo que estaba por hacer antes de asesinar a Worden. Ed fue considerado no culpable a raíz de su insanidad mental y le fue ordenado permanecer en el Mendota Mental Health Institute (Instituto de Salud Mental de Mendota). Sus pertenencias fueron subastadas hasta que el fuego destruyó su casa y todas sus cosas, resultado de un incendio. El 26 de Julio de 1984, Ed falleció como resultado de un cáncer de pulmón, Los medios comenzaron a utilizar su vida para sus propias ganancias financieras, Su historia se convirtió en la fuente de nuevos shows televisivos, series y películas. Su confesión fue de hecho presentada en numerosos álbumes de Heavy Metal. Luego de ser sepultado en el cementerio de Plainfield, la tumba de Ed comenzó a ser vandalizada tan regularmente que los oficiales de policía fueron forzados a dejar la tumba sin lápida y junto a la de su hermano y sus padres. Al día de hoy, la lápida de Ed Gein reside en departamento del alguacil de Waushara County. La horrorosa vida de Ed Gein ahora estaba completa, una triste reputación y memoria es lo único que dejó a su paso.

Capítulo catorce

Alexander Pichushkin

"Algunas personas roban para vivir, y algunos roban para sentirse vivos. Así de simple."

La cita de V.E. Schwab suena tan real en nuestros días como cuando fue escrita en su libro, A Darker Shade of Magic (Una Magia Más Oscura). Corroborado por el hecho de que muchos criminales de alto perfil hablaron de la reputación que reciben por cometer sus crímenes, el verdadero empuje detrás de muchos elementos del crimen es la adrenalina o incluso el placer sexual derivado de cometer el crimen. Además, muchos criminales se enorgullecen de sus crímenes, dejando pequeñas marcas distintivas para ser encontradas dentro de sus crímenes. Para algunos, esta marca era un objeto personal dejado en la escena del crimen; para otros, era el método con el cual el crimen era llevado a cabo. Para Alexander Pichushkin, su marca era una gran botella de vodka que metía a presión dentro del hueco creado en la cabeza de la víctima, producto de un violento martillazo propinado por Alexander Pichushkin. Mientras los psiquiatras apuntan a la lesión de Alexander cuando era niño como la fuente de su ira y eventuales asesinatos, una condición mental no puede ser por sí sola la culpable de semejantes crímenes simplemente porque esta condición no puede ser juzgada de manera apropiada. Conocido como "El Asesino del Tablero de

Ajedrez (The Chessboard Killer)," Alexander Pichushkin le dio a la sociedad una historia de horror que tuvo lugar en Bitsa Park en Rusia. Consumido por dejar su legado en la historia como el asesino en serie más mortífero, Alexander nunca se detuvo a pensar en las vidas que estaba tomando, o en las familias a las cuales les robaría la presencia de sus seres queridos. Aunque su historia es la trágica culminación de un hombre que trató con su ira de la manera más inapropiada, la historia de Alexander Pichushkin sirve como ejemplo para la humanidad de los efectos de no buscar ayuda para tratar apropiadamente con la amargura y el odio. Alexander Pichushkin nació el 9 de Abril de 1974 en Rusia, hijo de Natalya Pichushkin y de padre desconocido. A una temprana edad, la madre de Alexander lo conoció como a un niño amable que amaba a los animales y buscaba servirles. Una de las memorias más tempranas de su hijo fue la tristeza incontrolable que sintió tras la muerte de su mascota, un gato. De los aspectos de los primeros años de vida de Alexander, su madre no encuentra razones para pensar en cómo su hijo podría convertirse en el segundo asesino en masa más peligroso en la historia de Rusia. Sin embargo, la tragedia azotó la vida de Alexander cuando tenía cuatro años de edad; durante un viaje al parque, Alexander estaba disfrutando de un momento en los columpios cuando cayó del suyo cuando el columpio estaba alcanzando su punto más alto. Al caer de esa altura, Alexander golpeó su cabeza contra el suelo antes de ser golpeado en su frente por el columpio que acababa de caer. Mientras que la madre de Alexander minimizó la herida siendo que no fue nada demasiado serio, su familia y amigos comenzaron a notar un cambio en el comportamiento de Alexander: Se estaba volviendo más agresivo y hostil día tras día. Hoy, los doctores suponen que probablemente Alexander golpeó su corteza frontal y la dañó severamente. El daño en esta porción del cerebro puede ser muy severo, ya que quienes sufren estos golpes a menudo exhiben un fuerte e infundado sentido de agresión hacia quienes los rodean. Si bien Alexander estaba en la primera etapa de su desarrollo cerebral, los doctores asumen que el daño provocado de hecho empeoraría a medida que el cerebro de Alexander siga creciendo.

Alexander comenzó a volverse hostil con sus compañeros de clases en la escuela, y su madre decidió que no podría permanecer en la escuela primaria, sino que en lugar de esto sería más apropiado que sea institucionalizado hasta que su condición mental fuera mejor estudiada y comprendida. Además, la madre de Alexander notó que estaba siendo abusado en la escuela, siendo su apodo más común "Ese retardado." La madre de Alexander temía lo que él podía hacerles si lo llamaran de esa manera otra vez, dejándola con la única opción de poner a Alexander en una institución para chicos con discapacidades mentales y del habla. Desgraciadamente, la vida de Alexander sólo continuaría hacia algo más trágico dentro de la institución.

Cuando Alexander cumplió doce años, su abuelo convenció a su madre de permitirle que viva con él. El abuelo de Alexander veía el lado altamente inteligente del cerebro de Alexander, un lado que él sintió que los doctores estaban obviando y posiblemente inhibiendo. Luego de que Alexander se mudara con su abuelo, su madre notó un cambio inmediato en su predisposición. Alexander parecía más feliz y empezó a estudiar sus asuntos con más vigor. El abuelo de Alexander comenzó a involucrar a su nieto en más actividades extracurriculares, actividades que Alexander comenzó a abordar con una seria, pero alegre mentalidad. Un atributo del liderazgo del abuelo de Alexander era su elección de no cubrir al chico de su inherente discapacidad. En lugar de ello, su abuelo lo confrontaba independientemente de su condición e insistía en que Alexander se enfocara en superarla en vez de intentar simplemente cumplir diversos logros escolares. Al hacer esto, Alexander comenzó a cumplir con los elementos escolares a la vez que sobrellevaba su discapacidad y hostilidad. Sin embargo, este no sería el único método a través del cual su abuelo crió a su nieto. Cuando Alexander cumplió trece años, su abuelo pensó que ya tenía edad suficiente para comenzar a estudiar su juego favorito: Ajedrez. Alexander se enamoró inmediatamente del juego y demostró tener genuinas habilidades para jugarlo.

Una vez que su abuelo creyó que ya había dominado el número mínimo de elementos del juego, comenzó a llevar a Alexander a Bitsa Park donde le permitió jugar ajedrez con algunos de sus amigos que ya tenían vasta experiencia en jugar este juego. Los hombres quedaron sorprendidos ante el talento de Alexander ya que este comenzó a vencer a todos. Al examinar el amor de Alexander por el ajedrez, los doctores y psiquiatras supusieron que su amor por este juego se basaba en su habilidad de dominar todo el tablero a la vez. Para Alexander, la vida se trataba de dominar a tus enemigos, y el ajedrez le daba la oportunidad de dominar el tablero y a su enemigo: su oponente. Sin embargo, incluso fuera del sistema escolar, Alexander no estaba ajeno al abuso de sus pares. Aún siendo llamado como "Ese retardado," Alexander intentaba enfocar toda su ira en el tablero de ajedrez y continuar dominando la mesa en cada partida que jugaba.

Mientras la fama de Alexander dentro del pequeño grupo de jugadores de ajedrez del parque continuaba creciendo, parecía ser que había encontrado un nicho que podría resolver sus problemas de ira. Sin embargo, se rehusaba a confrontar la raíz su problema y en lugar de eso confiaba en jugar ajedrez como en casi un sentido terapéutico del manejo de la ira. La dominación de Alexander del juego de ajedrez tuvo un serio golpe sin embargo cuando una fuerza integral dentro de su vida le fue retirada: su abuelo había fallecido.

Simplemente por sucumbir a los rigores de la edad, el abuelo de Alexander falleció, dejando a su nieto solo, sin el único estabilizante y figura de apoyo que tuvo en su vida. Alexander admitió que durante este tiempo, había contemplado suicidarse en varias ocasiones, simplemente queriendo salir de su vida oscura y volver con su abuelo. La hostilidad de Alexander comenzó a regresar y su ira y agresividad hacia los demás comenzó a salirse de control. Para frenar los ataques violentos que experimentaba,

Alexander comenzó a consumir vodka en grandes cantidades, emborrachándose cada noche. En adición a deprimir su ansiedad y tendencias violentas, el alcohol le permitía albergar fantasías del regreso de su abuelo mientras apaciguaba el dolor de su pérdida. Mientras estaba borracho, Alexander seguía manteniendo su riguroso calendario de ajedrez, a menudo jugando mientras estaba completamente intoxicado. El vodka era un elemento doble de éxito: reducía la pérdida emocional de su abuelo mientras que a la vez le permitía encajar mejor con los jugadores regulares de ajedrez del parque. La mayoría de estos jugadores tomaban alcohol regularmente y jugaban borrachos. La única diferencia entre estos jugadores y Alexander era que Alexander podía jugar con todas su facultades aun estando completamente borracho. En un extraño sentido de encubrir los poderes del vodka, Alexander continuamente jugaba como lo hacía estando intoxicado, como si estuviera jugando sobrio. Sin embargo, el ajedrez y los juegos de exhibición no eran suficiente para enmudecer el lado oscuro que alexander estaba comenzando a desarrollar. Él comenzó a fantasear con tener extremo y total control sobre la humanidad. Los doctores suponían que su verdadera fuente de poder venía de su abuelo, y que sin él, Alexander se sentía impotente, la cual era una posición en la que no podía ponerse y a la vez triunfar con sus actuales arrebatos de ira.

Muchos de sus amigos más populares eran hombres viejos con los que jugaba ajedrez. Muchos de estos hombres vieron el cambio en el comportamiento de Alexander tras la muerte de su abuelo. Notaron que a menudo se volvía hostil en un juego de ajedrez, tratando al propio juego como una experiencia de vida o muerte en la cual el perdedor estaba completamente sometido al poder del ganador y moriría. Mientras no había muertes o incluso amenazas de muerte, quienes jugaban con Alexander estaban de acuerdo con que la ira dentro de la partida iba más allá de una simple competencia. Alexander estaba enfrentando a un enemigo nunca visto y estaba descargando su ira en quienes fueran sus oponentes durante el juego. Tristemente, esta ira empezaría a ser canalizada hacia los más débiles dentro de la sociedad, en un esfuerzo por satisfacer su hambre de completo control sobre la humanidad.

Cuando el ajedrez fracasó en satisfacer el hambre de control y dominio de Alexander, él cambió a otra fuente de poder: la fantasía de control total. En esta fantasía, él podía caminar, tomar a cualquier ciudadano ordinario, e imaginarse a sí mismo teniendo el control sobre la vida o la muerte de ese ciudadano, la visión de control total a los ojos de Alexander. Sin embargo, esta fantasía duró poco tiempo y al rato, Alexander estaba contemplando cómo podía transformar esta fantasía en realidad. Para lograrlo, comenzó a amenazar a los niños que vivían cerca de su casa. Para permitirse el placer de experimentar estas emociones más adelante, Alexander comenzó documentando los instantes con su cámara y los miraría más tarde esa misma noche; el sádico film pornográfico de un degenerado mental que que se excita con el poder total y tuvo como presa a quienes no pueden defenderse solos. Una ocasión, en la cual Alexander estaba asaltando a un niño, caminó alrededor de su casa sosteniendo al niño de una pierna.

Durante el clímax de este momento de auto placer, Alexander arrojó al niño por la ventana y dijo repetidas veces "Estás en mi poder ahora… voy a arrojarte por la ventana y vas a caer 15 metros hacia tu muerte." Aunque Alexander no llegó a cumplir su amenaza de muerte, admitió ver el video continuamente aquella noche, a menudo experimentando el equivalente a un orgasmo sexual mientras lo veía. A pesar del hecho de que Alexander no estaba hiriendo a nadie físicamente, estaba criando dentro suyo un amor por herir humanos en su mente con estos videos, desgraciadamente este amor pronto se facilitaría y Alexander comenzaría su permanencia como asesino.

En 1992, Andrei Chikatilo fue condenado por asesinar a 52 personas en Rusia. Alexander se sintió seguro de poder mejorar este número, y un día mientras jugaba ajedrez, tuvo una idea que lo convertiría en el asesino serial más famoso en la historia de Rusia. Utilizando un tablero de ajedrez, Alexander buscaría llenar cada casillero del tablero, un total de 64, antes de cesar sus pasiones asesinas. Su primer asesinato tuvo lugar años atrás cuando apenas era un adolescente. Se había metido en una pelea con un amigo de su barrio, y luego de ambos discutir durante unos minutos,

Alexander procedió a empujar al chico por una ventana, causando que el chico muera a causa del impacto.

Sin embargo, Alexander descansó cuando la policía dijo que la muerte fue un suicidio. Se desconoce por qué Alexander dejó de asesinar, quizás debido a su nuevo amor por el ajedrez en aquel momento. Tarde o temprano, Alexander estaba nuevamente decidido a regresar a su vida como asesino. Comenzó a enfocarse en hombres con quienes estaba familiarizado: los mendigos de Bitsa Park donde Alexander jugaba ajedrez frecuentemente. Alexander tentaba a los hombres a seguirlo, con la promesa de beber una botella de vodka mientras se sentaban en la tumba de su perro. Una vez que Alexander les daba una gran cantidad de alcohol, esperaría a que estos hombres estuvieran intoxicados, y en este punto comenzaría a golpearlos repetidamente en la cabeza con un martillo hasta matarlos. Luego de su primer asesinato con este método, comenzaría a encajar la botella vacía de vodka en el cráneo destrozado, etiquetando así el asesinato a su nombre. Durante los primeros asesinatos, Alexander arrastraría los cuerpos hacia un bosque o los arrojaría en una alcantarilla cercana. Eventualmente, Alexander comenzaría a directamente dejar los cuerpos en el mismo lugar del crimen, haciendo de Bitsa Park un horrible lugar para estar. Durante las investigaciones de los asesinatos, se encontró que Alexander siempre asesinaba a sus víctimas por la espalda, asegurándose de que estarían completamente sorprendidos por el ataque. Este método le permitió a Alexander de que no quedara nada de sangre en su ropa. Durante estos asesinatos, Alexander nota que ha experimentado un cierto nivel de emoción en terminar con la vida de un ser humano; "En todos los casos, maté por una sola razón." recuerda Alexander, "Maté para vivir, porque cuando matas, quieres vivir. Para mi, vivir sin asesinar es como para ti vivir sin comida. Me sentí el padre de todas estas personas ya que fui yo quien les abrió una puerta hacia otro mundo." En efecto, Alexander estaba asesinando para calmar su hambre de matar; sin embargo este hambre solo crecía con cada asesinato que completaba. En 2006, Alexander habría asesinado a su última víctima, una de sólo tres mujeres que habría matado. Marina Moskalyova era empleada en el mismo almacén el que Alexander trabajaba, y a través del trabajo se volvieron buenos amigos.

Cuando Alexander le pidió a Moskalyova que lo acompañara a la tumba de su perro a tomar un trago de vodka, Moskalyova sospechaba y le dio el número de Alexander a su hijo. Cuando Moskalyova no regresó a su casa aquella noche, su hijo llamó a la policía y declaró que sentía que su madre había sido asesinada. Luego de una corta búsqueda en Bitsa Park, Moskalyova fue encontrada, junto con el boleto de tren en su bolsillo lo cual la ubicaba en la estación de tren a la hora designada. Luego de revisar las grabaciones de las cámaras de seguridad de esa noche, las autoridades la encontraron, acompañada por Alexander en el tren. Con esta evidencia, la policía arrestó a Alexander y lo acusaron del asesinato de Moskalyova.

Luego de ser arrestado el 16 de Junio de 2006, Alexander fue condenado por 49 asesinatos y tres intentos de asesinato el 24 de Octubre de 2007. Cuando Alexander supo que su conteo de asesinatos llegaba sólo a 49, le pidió a la corte que agregara 11 cargos adicionales por asesinato a su acusación, para elevar el total al número de 60, diciendo que no era justo que otros tuvieran que morir sin alcanzar el objetivo por el cual trabajó tan duro.

Alexander fue sentenciado a cadena perpetua y a quince años de confinamiento en solitario. Al día de hoy, Alexander sigue en prisión con contacto limitado con el mundo exterior, aún sigue autoproclamandose un inocente que no le teme a ningún hombre, y reclama su deidad como Dios.

Capítulo quince

John Haigh

Siendo que el sistema judicial de Inglaterra es uno de los más grandes y justos, la fuerza impulsora de cualquier juicio es una palabra: evidencia. Sin evidencia sustancial o apropiada, la mera idea de sostener un juicio es un punto débil y aquellos que buscan un juicio se arriesgan a ser procesados por falso arresto. Puesto de un modo simple: en Inglaterra un juicio requiere evidencias y evidencias que sean indisputables. En algunos casos, la evidencia tangible ha sido destruída pero donde una vez hubo evidencias tangibles está la sombra de lo tangible o la evidencia emocional. Un caso en el cual el acusado buscó salvarse a sí mismo fue el caso de asesinato de John Haigh. John Haigh, un ex ingeniero mecánico, llegó bajo la asunción de que la frase corpus delicti se refiere a la inhabilidad del sistema de la corte de condenar a un hombre sin la presencia de evidencia. Sin embargo, John se basó en esta definición de evidencia fuera del cuerpo físico que podría asesinar; la idea de testigos jamás se cruzó por su mente y ese sería por lo tanto el defecto de un hombre que fue categorizado como el más intrigante de los asesinos. John Haigh estuvo entre los primeros asesino seriales de Inglaterra, y hasta el día de hoy es recordado por haber sido el más creativo en su esfuerzo por destruir los cuerpos. Recordando los días de laboratorio del colegio, John utilizó ácido sulfúrico para desintegrar los cuerpos de sus víctimas, y así no dejar rastros de evidencia. Sin embargo, este método sería su defecto y la policía habría encontrado pronto la estructura de su diabólico plan y lo habrían procesado apropiadamente: colgandolo hasta su muerte. Cuando le preguntaron por qué llevó a cabo semejante plan para asesinar a nueve personas, la respuesta de John contuvo la alegoría de un hombre que estaba insatisfecho con su riqueza actual y codiciaba la riqueza de quienes lo rodeaban, así utilizando los celos para alimentar su impulso contra aquellos que poseían la vida que él deseaba. La vida de John Haigh puede servir como un plano de una vida que fue absorbida por las semillas de los celos; semillas que crecieron para florecer en la forma de un monstruo que asesinó a nueve personas y derritió sus cuerpos en ácido sulfúrico.

El 24 de Julio de 1909, John Haigh nació y comenzó su vida como un niño normal que disfrutaba de jugar al aire libre y atendiendo a sus diversos animales. Nacido en Stamford, una porción de Lincolnshire, Inglaterra, John nació en una familia de trabajadores que disfrutaban de ser de clase media. A pesar de que los padre de John le otorgaron las bases necesarias y el cuidado para hacer de su infancia algo beneficioso, John constata que su infancia fue oscura y ausente de amigos. Esto es corroborado por el hecho de que John mantiene regular contacto solo con su perro y su familia. Sin embargo, cuando John comenzó a crecer, a su vez comenzó a luchar contra los principios que su familia mantuvo durante generaciones. La familia Haigh eran religiosos y pertenecían al Plymouth Brethren, un grupo de conservadores protestantes cercanos a los Haigh. Esta dedicación religiosa sirvió como tropiezo para bloquear a John, un hombre que estaba en constante guerra con los líderes de la iglesia sobre su alegada hipocresía. En un intento por traer de vuelta a este niño de vuelta al redil, John se rehusó a sus ofertas y continuó rechazando sus enseñanzas cada Domingo. No obstante, el padre de John continuó obligándolo a asistir a la iglesia, convencido de que su hijo estaba simplemente entrando en los años de su pubertad de una manera agresiva.

Durante su infancia, John alegó que tenía numerosas pesadillas relativas a la religión de sus padres; pesadillas que a menudo incluían genocidio o asesinatos en masa mientras que algunas otras religiones salían a la luz. Sin embargo, su padre se rehusó a prestar su oído a las afirmaciones de John y fue forzado a mantener su membresía dentro de la iglesia. A pesar del desacuerdo con sus padres acerca de la religión, John estaba de acuerdo con sus padres en su amor por la música. Con simplemente cuatro años de edad, John comenzó a demostrar un amor por la música que continuaría intacto por el resto de su vida. Durante su juventud, John pasó la mayor parte del tiempo escuchando las presentaciones en vivo de trabajos de tales autores como Félix Mendelssohn, Johann Sebastian Bach, Tchaikovsky, y Antonio Vivaldi. La música demostró ser la terapia que él deseaba y sus padres notaron que John era más reservado y de un nivel mental elevado luego de escuchar o tocar música clásica.

En la escuela, John trabajó duro y tuvo buenas calificaciones, un hecho que encantó enormemente a sus padres. Cuando John tenía apenas trece años, se comprometió a continuar con la tradición familiar de ser ingeniero mecánico ya que su padre y su abuelo lo eran. Cuando John era mayor de edad, comenzó a explorar diversas escuelas de gramática dentro de la zona buscando una en la cual pudiera continuar su educación. Esta decisión fue ampliamente tomada por él cuando se le otorgó una beca para la Queen Elizabeth Grammar School (Escuela de Gramática de la Reina Elizabeth) ubicada en Wakefield, Inglaterra. John demostró sus habilidades y fue premiado con otras becas para varias escuelas de la zona. Una de estas escuelas era la Wakefield Cathedral ubicada en Wakefield. En esta escuela, John se vió más envuelto en las actividades extracurriculares, primero uniéndose al coro del colegio como corista. Tras su graduación, John comenzó a trabajar dentro de compañías de automotores de Londres trabajando como aprendiz en el concepto motor de las empresas. Sin embargo, este trabajo demostró dejar a John bastante disconforme consigo mismo y pronto dejó el trabajo por otro que le permitía mas interacción con el público en general. Manteniendo su trabajo anterior por tan solo un año, muchos empleadores dudaban acerca de contratar a un hombre que había renunciado a su empleo anterior y que se quejaba regularmente de su trabajo.

Por último, a John le ofrecieron un trabajo que sintió que cumplía con sus deseos. El trabajo en el cual se estableció sería como vendedor de seguros, un trabajo que lo ubicó en la puerta de potenciales clientes. John permaneció como empleado en este trabajo por casi dos años, pero sus celos por su empleador pronto resultó en ser despedido. John había visto la oficina de su empleador y el auto que conducía, conduciendo a John a robar sistemáticamente de la caja de efectivo que se dejaba en el trabajo. Cuando esto se supo, John fue inmediatamente despedido, y éste sería el inicio de una vida que se vería dominada por la lujuria de los celos y el deseo de acumular riquezas a cualquier expensa necesaria, incluyendo la vida humana. En 1934, cuando John aún permanecía desempleado a causa de su pelea por haber robado dinero de su ex empresa, conoció a una chica de 23 años con quien se casó, Beatrice Hamer. Beatrice (más conocida comúnmente como Betty) vivía cerca de la casa de John y era alguien con quien disfrutaba de hablar de sus problemas con su empresa.

Durante un tiempo, el matrimonio parecía ser dulce, pero pronto, serias fracturas comenzaron a salir a la luz en la pareja, un indicativo de un matrimonio que se decidió apresuradamente. A pesar de saber que el matrimonio probablemente no duraría hasta el final de ese año, John y Betty continuaron viviendo juntos como una pareja casada. El matrimonio duró más de lo que muchos creían y dos años más tarde, John y Betty se mudaron a Londres mientras John seguía buscando empleo. Su anterior jefe le dijo a todas las empresas del área sobre su robo, lo que resultó en que nadie estuviera dispuesto a contratar a John. En Londres, John se aseguró un trabajo como chofer para el adinerado William McSwan. McSwan era dueño de numerosas arcadas en el área y era conocido como un individuo filántropo en Londres. Sin embargo, John dejó el trabajo como chofer (en buenos términos) por otro trabajo que le ofrecía más incentivos financieros pero le daba menos notoriedad. En verdad, John estaba negociando si buen trabajo para ser un estafador. John comenzó a vender acciones falsificadas bajo el nombre de William Cato Adamson, un supuesto corredor de acciones que tenía oficinas en Chancery Lane, Londres; Hastings, Sussex; y Guildford, Surrey. John se hizo pasar por Adamson y decía que estaba vendiendo acciones que habían sido repuestas por el banco tras la muerte de sus clientes. Y así, vendiendo fraudulentas acciones ilegítimas, individuos fallecidos le permitieron a John ofrecer estas acciones a un precio significativo bajo el rango actual. Esto redujo las sospechas que muchos potenciales compradores podían tener por estas acciones a tan bajo precio. Sin embargo, John cometió un error crítico cuando escribió mal el nombre de una de las ciudades en la cual su oficina estaba supuestamente ubicada, escribiendo "Guilford" en lugar de Guildford en un letrero, un error notado por un potencial comprador. Para un hombre tan notable y adinerado cometer un error tan elemental causaba sospechas y el cliente envió un telegrama a la policía quienes subsecuentemente arrestaron a John.

John recibió una sentencia de cuatro años en prisión por fraude, una sentencia que le causaría mucho más que una simple pérdida financiera. Sin que John lo supiera, su esposa Betty estaba embarazada de su primer hijo al momento de su sentencia. Lamentablemente, John estaría residiendo en prisión cuando recibió la noticia de que su esposa había dado a luz a su hijo y que ella inmediatamente había dado al niño en adopción. Este hecho indignó a John y demandó el inmediato divorcio de Betty, una demanda a la que ella fácilmente accedió. Ahora sin su hijo y sin su esposa, John comenzaría una espiral hacia la codicia y los celos, una lujuria que exigiría la vida de muchos que eventualmente iban a suplicar por sus propias vidas.

Cuando fue retirado de prisión, la segunda guerra mundial estaba en el horizonte y el pueblo de Inglaterra estaba ocupado preparándose para ella, dejando a John incapaz de continuar su vida como convicto por haber vendido acciones falsificadas y seguros. Sin embargo, esto no detendría a John de perpetrar más crímenes, lo que resultaría en una aún más larga estadía en prisión. Mientras estaba en prisión, john llegó a la conclusión de que el único motivo por el cual estaba pasando más tiempo en prisión era simplemente porque estaba fracasando en asesinar a sus víctimas, permitiéndoles reportar sus crímenes a la policía. No obstante, John estaba dudando de matar a alguien y dejar su cuerpo al descubierto, una acción que lo tendría inmediatamente conectado al crimen. El momento del descubrimiento de John llegó cuando escuchó sobre un asesino llamado George-Alexandre Sarret, un hombre que había matado a sus víctimas y habría dispuesto los cuerpos en ácido sulfúrico.

John estaba convencido de que este era el mejor método para deshacerse de sus víctimas e hizo preparaciones para acumular ácido sulfúrico tras su liberación. Mientras tanto, John se enfocó en desarrollar un proceso desde el asesinato hasta la disolución de cuerpos, un proceso que pronto dominaría. En 1943, John se encontraba libre de prisión y ansioso por probar su nuevo método de disolución de cuerpos. Como prueba, john mató un ratón y lo puso en el ácido, regresando solo 30 minutos más tarde para encontrar al ratón completamente disuelto. Esto dejó a john enaltecido y seguro de que estaba frente a un proceso que podía volverlo inimputable y rico.

Tras su liberación, john fue empleado en una planta de ingeniería como contador. Durante una visita de rutina del comité de directores, john se puso en contacto con McSwan, el hombre para el que había estado trabajando como chofer. John salió a cenar con su ex jefe y fue subsecuentemente presentado ante los padres de McSwan, Donald y Amy McSwan. Conversando, john se enteró de que McSwan estaba actualmente trabajando para su padre, simplemente recolectando la renta de los inquilinos de su padre. Como resultado, McSwan estaba viviendo una vida al máximo, un estilo de vida de la cual John pronto comenzó a sentir celos. Un año más tarde, John era incapaz de esconder sus celos de él y atrajo al adinerado hijo al sótano de su casa.

Tras empujar a McSwan delante suyo, John lo golpeó en la cabeza dejándolo inconsciente. Entonces colocó el cuerpo inconsciente de McSwan en una tina de ácido sulfúrico y sumergió el cuerpo para que se disuelva. Cuando John regresó dos días más tarde, encontró que el cuerpo de McSwan se había disuelto por completo y ahora era solo una gran pila de lodo. John entonces vació la tina llena de ácido, incluyendo el cuerpo de McSwan, por las tuberías y les reportó a los padres de McSwan que su hijo tuvo que volar a escocia y había dejado todas las tareas a su cargo. Los padres de McSwan le creyeron a John y le permitieron quedarse en su antigua casa y asumir su trabajo como recolector de rentas. SIn embargo, luego de un año, los padres de McSwan comenzaron a cuestionar a John más intensivamente, temiendo por qué su hijo no había regresado de Escocia. Con miedo a que sus padres pudieran alertar a las autoridades, John trajo a los padres de McSwan al mismo sótano en el cual había asesinado a su hijo el año pasado. Utilizando el mismo método de asesinato, John dejó a ambos padres inconscientes y se dispuso a disolver sus cuerpos en ácido sulfúrico. John asumió entonces sus vidas, recolectando sus rentas y todas sus ganancias financieras. Mientras que John vivía una vida al máximo, a costas de los individuos que había asesinado, esta vida pronto lo dejaría sin dinero y John se vería forzado a asesinar a más gente para mantener su estilo de vida.

Con las finanzas volviéndose escasas, John se hizo amigo de una pareja; el Dr. Archibald y Rose Henderson. Utilizando el pretexto de invertir en bienes raíces, John invitó a la pareja a su casa para ver si estaban interesados en comprarla. La pareja accedió y no pasó mucho hasta que John les mostrara su sótano donde les dio el mismo tratamiento que a las personas que había asesinado previamente. Tras disolver los cuerpos, John utilizó el membrete del Dr. Henderson para falsificar una carta demandando que todas las posesiones del Dr. deberían ser dadas a John. Y así tras este hecho procedió a vender todos los artículos.

Sin embargo, el lujoso estilo de vida de John a duras penas podía ser soportado incluso con las riquezas del Dr. Henderson. Forzado a matar nuevamente, John acechó a numerosas víctimas potenciales hasta que estableció que sería Olive Durand-Deacon, una mujer de 69 años de quien su difunto esposo, John Durand-Deacon, había amasado una gran fortuna durante toda su vida. Utilizando el pretexto de esta interesado en la idea de las uñas postizas de los Durand-Deacon, John invitó a la mujer a su sótano donde le disparó en la espalda una vez y se dispuso a utilizar su tina de ácido sulfúrico. Sin embargo, el ácido comenzó a perder su acidez y comenzó a también a perder efectividad en la disolución de los cuerpos. Por esta razón, todo excepto un tobillo de Durand-Deacon había sido disuelto, un error que le costaría a John su falsa inocencia. Luego de dos días de que Durand-Deacon fue asesinada, su amiga Constance Lane reportó su desaparición a la policía. Estos descubrieron que Durand-Deacon había estado visitando a John y tras llegar a su casa, encontraron muchas de sus cosas en su oficina, siendo su abrigo de piel la más notable.

Cuando la policía encontró una gran tina de ácido sulfúrico en el sótano, comenzaron a levantar sospechas y decidieron investigar el patio trasero de John, donde encontraron un artículo importante de entre una pila de basura: el talón de Durand-Deacon. Gracias a esta preciada evidencia, la policía arrestó a John y lo acusaron de asesinato. Tras un pintoresco juicio en el cual John intentó apelar su inocencia bajo insanidad mental, el jurado lo encontró culpable a pesar de la alarmante revelación de que John había bebido la sangre de sus víctimas antes de disolver los cuerpos. Tras la decisión del jurado, el juez sentenció a John a muerte en la horca. Las últimas palabras de John fueron, "Hazlo a lo grande, viejo," en referencia a una copa de brandy que le fue ofrecida previo a su ejecución. El 10 de Agosto de 1949, el juicio de John Haigh fue consumado y él fue colgado en las horcas de la cárcel Wandsworth Prison, y así le pusieron fin a una vida de celos y asesinatos. Si bien John robó las vidas de muchas personas, en efecto su vida le fue robada a causa del vicio que jamás pudo dejar: los celos.

Capítulo Dieciséis

Richard Speck

Uno de los más grandes atributos del sistema judicial Americano es la preservación de la santidad de la vida. En crímenes que resultan en la pérdida de la vida, el sistema judicial tiene la oportunidad y la obligación de retener el regalo más grande que una persona puede recibir: Su vida. Sin embargo, con respecto a ciertos crímenes, simples errores administrativos o un trabajo insatisfactorio del sistema judicial permiten a los criminales el derecho a disfrutar los días restantes de su vida como una persona encarcelada luego de que ellos victoriosamente le hayan arrebatado este derecho a alguien más. Esta malversación estuvo presente en el caso de Richard Speck, un hombre de Kirkwood, Illinois que asesinó a ocho mujeres, entre otros crímenes cometidos.

Si bien la mayor parte del pueblo estaba de acuerdo con que Richard debería morir y su sentencia inicial culminó en ser sentenciado a muerte en la silla eléctrica, un error sin precedentes hecho por el sistema judicial hizo que Richard permaneciera con vida. Si bien Richard estaba esperando un nuevo juicio debido a un error en la decisión del jurado, la Suprema corte reglamentó que la pena de muerte era inconstitucional y a Richard Speck le fue permitido seguir con vida el resto de sus días. Richard se volvería pronto un popular prisionero en el Stateville Correctional Center

(Centro Correccional de Stateville) siendo conocido por su promiscuidad sexual. El revés en la sentencia de Richard sirvió como tema de odio para algunos pero también fue un ejemplo de un revisado sistema judicial para otros. Aunque algunos pueden discutir acerca del error del jurado que le permitió a Richard tener más tiempo de vida, subsecuentemente llevándolo a un revés en su sentencia, otros evocan que esta fue la simple evasión del propio sistema judicial del error que cometió al no sentenciar a muerte a John. A pesar del hecho de que el argumento es propenso a ser un pretexto subjetivo, la vida de Richard Speck mostró a un hombre que no tenía virtudes y que vivió su vida para beneficio propio. Demostrado en su vida dentro de prisión años más tarde, Richard Speck no tenía remordimientos de su matanza y llevó a cabo sus acciones en el nombre de la justicia y del placer propio. La vida de Richard Speck sirve como ejemplo del poder y la ceguez que una actitud egoísta puede proporcionar.

El 6 de Diciembre de 1941, Richard Speck nacía en un suburbio de Saint Louis, Missouri, hijo de Franklin Speck y Mary Margaret Carbaugh Speck. Richard nació siendo parte de una familia numerosa; el séptimo de ocho niños que Ben y Mary criarían en su familia. Había una significativa diferencia de edad entre Richard, su hermana más pequeña, y sus hermanos mayores. A su temprana edad, Richard y su padre se volvieron muy cercanos, un vínculo muy estrecho que unifica su amor familiar. Su padre era un buen hombre que temía a Dios y defendía cualquier uso del alcohol. Sin embargo, el estrecho vínculo entre Richard y su padre se volvió simplemente un legado cuando Benjamin sucumbió ante un ataque cardíaco en 1947, cuando Richard tenía apenas seis años de edad. La muerte de su padre tendría severas implicaciones en la vida de Richard. Estaba devastado, pero siendo tan joven, luchó contra la verdad gravedad de la situación. En 1949, su madre empezó a verse con otro hombre pero para sorpresa de sus hijos, este hombre sería todo lo contrario a lo que su padre había sido alguna vez.

Alcohólico, abusivo, agresivo, y otras palabras cortas fueron las más utilizadas para describir a Carl August Rudolph Lindbergh, el hombre que pronto se convertiría en su padrastro. Tras el casamiento de la madre de Richard con Lindbergh, los niños notaron un cambio instantáneo en la moral del hogar, particularmente en el joven Richard. Lindbergh sostuvo un pasado muy manchado que incluía varios cargos por asalto y robo. En este momento, Richard y su hermana más pequeña eran los únicos dos niños que aún vivían con su madre, y así tras su casamiento, la madre de Richard se llevó a sus dos hijos más pequeños a vivir con ella y Lindbergh a Santo, Texas. Allí, Richard comenzó el tercer grado en una escuela local. Lo que debería haber sido un momento excitante y divertido en la vida de cualquier niño era todo lo contrario para Richard. Abusos rutinarios, verbales y físicos, plagaron su vida. El período entre cuarto y octavo grado fue un período particularmente tumultuoso para Richard, más notoriamente en el deterioro de su desempeño académico. Richard estaba en una encrucijada en su vida y desafortunadamente, estaba a punto de tomar el camino equivocado.

Cuando Richard comenzó el octavo grado, su desempeño académico (el cual caía en espiral) farfulló antes de morir completamente. Aterrorizado de hablar en público, Richard se rehusó a usar sus gafas de lectura, un rechazo que le costó su habilidad para poder leer exitosamente. Finalmente, luego de hartarse de la escuela, Richard la abandonó apenas cumplió sus dieciséis, la edad legal para hacerlo. Desgraciadamente, años atrás, Richard había cambiado su éxito académico por su adicción al alcohol comenzando a la edad de 12 años.

Cuando tenía trece, recibió su primer orden de arresto, una triste premonición de su futuro. Tras desarrollar su adicción al alcohol durante tres años, llegando al punto de tener sólo quince años y tener niveles de intoxicación elevados de manera regular. Para pagar su alcohol, Richard se vió forzado a buscar empleo en la empresa embotelladora de 7-up ubicada en Dallas. Mantuvo este empleo por tres años, la permanencia más extensa que Richard tendría en un trabajo. En 1961, a los veinte años conoció a Shirley Malone, una chica de quince años a la que conoció en la Feria Estatal de Texas. Richard y Shirley consumaron su relación luego de tan sólo tres semanas de conocerse y Shirley quedó embarazada, y ambos se casaron al poco tiempo. Esta vida de decisiones frívolas y peligroso abandono dictaría la mayor parte de la vida de Richard. Con Shirley embarazada, Richard se mudó al apartamento de su madre que ya estaba alojando a su hermana, al esposo de su hermana y a su madre. En esta época, su madre se había separado recientemente de su padrastro, Lindbergh. Richard continuó rozándose con la ley, mayormente debido a intoxicación en público y conducta subversiva. Uno de éstos incidentes puso a Richard tras las rejas de la cárcel del condado haciendo que se perdiera el nacimiento de hija, Robbie Lynn Speck. Sin embargo, Richard no pudo decirle a su mujer que había sido arrestado, haciéndole creer que estaba buscando empleo y que por eso no llegaría al hospital. No obstante, ella descubriría pronto que en lugar de ellos estaba sirviendo una sentencia en prisión por golpear a un hombre durante una pelea en un bar. Si bien ella le había pedido no ser decepcionada, pronto descubriría quién era Richard verdaderamente.

Poco después del nacimiento de su hija, Richard le dijo a Shirley que sería un hombre diferente para ellas, pero esa promesa tuvo una vida muy corta. El 8 de Julio de 1963, Richard intentó cobrar un cheque falsificado que había robado de un hombre con el que trabajaba.

Cuando la tienda rechazó pagar su cheque, Richard asaltó la tienda a punta de pistola, robando cigarrillos, cerveza, y apenas $3 dólares en efectivo. La huida fue un fracaso ya que la policía lo encontró rápidamente y recibió una sentencia de tres años en la prisión estatal. Durante esos tres años, Richard debería pasar su tiempo en la Penitenciaría Estatal de Texas ubicada en Huntsville,

Texas. Por buen comportamiento en la cárcel salió en libertad condicional tras cumplir menos de la mitad de su sentencia. El 9 de Enero de 1965, intentó robar a una mujer a la salida de un almacén luego de haber estado con su familia por apenas una semana. Blandiendo una cuchilla de carnicero de 17 pulgadas, Richard demandó el dinero de la mujer pero se vió forzado a correr tras que la mujer comenzó a gritar y huyó. Richard no conocía el camino de esta nueva sección de la ciudad y fue encontrado rápidamente por la policía a minutos de haber escapado. Regresó a la corte y esperó por su siguiente sentencia. Tras ser sentenciado, fue puesto en el programa para pasar los siguientes 16 meses en prisión pero un error administrativo le permitió salir en libertad solo seis meses más tarde. Lamentablemente, esto permitió que Richard sea liberado del juicio por su crimen; la primera de dos veces en las cuales no recibiría el castigo completo en un juicio.

Tras el error administrativo, Richard volvió a su vida como civil luego de seis meses y pronto tomó un empleo en la empresa Patterson Meat Company como chofer. Sin embargo, luego de tener seis accidentes dentro de los primeros dos meses, la empresa Patterson Meat Company puso a Richard en una probatoria y le comunicó que una violación más de las políticas de la empresa resultaría en su despido. Richard no tomo estas amenazas muy seriamente, pero no estaba sorprendido cuando un mes más tarde fuera despedido por llegar tarde al trabajo. Tras ser despedido, él y su esposa comenzaron a experimentar más agresividad entre ellos, algo que tuvo que ver ampliamente con el resultado de la inestabilidad y fracaso de Richard para obtener un empleo. Por esta razón, la pareja se separó y él se fue a vivir con una mujer divorciada que tenía tres hijos. Esto le dió a Richard un empleo ya que la mujer necesitaba a alguien que cuide de sus hijos mientras trabajaba. Richard se sentía bastante intimidado por esta mujer debido a su profesión anterior como luchadora profesional. Tras un mes de la separación de Richard con su esposa, Shirley presentó el divorcio, enfureciendo a Richard enormemente. Sin embargo, había muy poco que pudiera hacer ya que el divorcio se volvió oficial y Richard y Shirley ya no estaban casados. Furioso ante la decisión de Shirley, Richard fue a su bar favorito y comenzó a beber desaforadamente. Esto resultó en otra pelea de bar que terminó con Richard apuñalando al otro hombre. Inicialmente fue acusado con el cargo de asalto agravado pero pudo reducir este cargo a perturbación de la paz cuando su madre contrató un abogado defensor hábil para representar a su hijo. Se le ordenó pagar una multa de $10 dólares y tras su rechazo a cumplir, fue puesto en custodia policial por tres días. En este punto, Richard había comenzado a vivir en completo abandono, haciendo lo que quería cuando quería. Su primera decisión precipitada tras el cargo de "Perturbación de la paz" fue robar otro almacén. Para hacerlo, Richard compró un auto viejo y robó todos los cigarrillos de la tienda, estibando los cigarrillos en el maletero de su auto. Con su stock de cigarrillos, Richard comenzó a venderselos a los clientes en el estacionamiento de la misma tienda que acababa de robar. La policía fue pronto puesta en aviso de sus graves actos y emitieron una orden para arrestarlo. Esto llevó a Richard a escapar de la ley y huyó a Dallas, Texas donde previamente había residido. Durante los meses siguientes, habría vivido en Illinois fuera de la vista de su madre y de las fuerzas de la ley.

En Illinois, se mudó con su hermana Martha Thornton quien vivía en Chicago. La policía fue alertada rápidamente de su presencia en Chicago y Richard se vio forzado a huir hacia Monmouth, Illinois. En Monmouth trabajó como carpintero para su hermano. Desafortunadamente, pronto se indignó al oír que su mujer se había casado con otro hombre luego de haber estado divorciados por apenas dos días. Sintiéndose traicionado y furioso, comenzó a pasar días y noches en las tabernas del centro de Monmouth. No pasó mucho hasta que se viera envuelto en otra pelea la cual otra vez resultó en ser detenido e interrogado por la policía. Por otra parte, nada se dijo de su arresto pendiente en Dallas y Richard fue liberado. Tras su liberación, Richard ingresó a la vivienda de Virgil Harris, una mujer de 65 años que vivía en el centro de Monmouth.

Cuando Harris volvió a casa, Richard la ató, tapó sus ojos, y la violó antes de robar todo su dinero y escapar. Richard estuvo escondido durante una semana pero una semana más tarde regresó y mató a Mary Kay Pierce, una camarera de su bar favorito. El cuerpo de Pierce fue encontrado en la parte trasera de la taberna. Tras ser interrogado por la policía debido a su amistad con Pierce, richard reclamó su inocencia y la policía no pudo demostrar ninguna evidencia clara de su intervención. Cuando la policía solicitó que Richard permanezca en Monmouth para interrogarlo, Richard aseguró que se quedaría allí, pero cuando la policía llegó al hotel más tarde ya había desaparecido. Lo único que se encontró en el hotel fueron piezas de bijouterie de las dos mujeres asaltadas.

Huyendo otra vez de la policía, Richard buscó asilo en la residencia de su hermana en Chicago. Cuando le preguntó por qué había regresado tan repentinamente, Richard ideó una mentira dando detalles de cómo un criminal de alto rango había solicitado su ayuda, pero que él, retratándose a sí mismo como un ciudadano que respeta la ley, se rehusó, y que éste era el resultado de su estancia en Chicago. Su cuñado fue capaz de conseguir un empleo para Richard en la U.S. Coast Guard (Guardacostas de E.U.A.) en un carguero del lago. Luego de tomar sus huellas y pasar al examen físico, Richard comenzó a trabajar en el Clarence B. Randall. Durante su primera semana de empleo en el barco, Richard sucumbió ante una apendicitis aguda y fue trasladado en un vuelo de salvataje desde el carguero hacia el hospital para una apendicectomía de urgencia. Fue forzado entonces a mantenerse desempleado hasta recuperarse de la cirugía, viviendo con su hermana durante estos meses de desempleo. Tras tres semanas de descanso, Richard volvió a su trabajo a bordo del Clarence B. Randall y permaneció como empleado hasta que un altercado con el capitán quien lo obligó a abandonar la nave. Richard regresó a

Chicago en tren e inventó otra mentira en un esfuerzo por que su hermana le permitiera quedarse con ellos. Su hermana accedió de mala gana con la condición de que consiguiera un empleo. En busca de empleo Richard regresó al hall de empleo de la Unión Marítima Nacional en Chicago donde intentó obtener su tarjeta de marinero. Se le había prometido un puesto en un barco pero pronto lo perdió esa posición cuando un hombre con más experiencia se presentó y fue contratado en su lugar. Tras volver a casa, su hermana le informó que debía mudarse. Richard juntó sus pertenencias y regresó al hall de empleo donde pasó la noche en los pasillos del establecimiento. En la mañana del Martes 12 de Julio, le ofrecieron un puesto en el Sinclair Great Lakes como marinero. Luego de apresurarse a llegar al puerto, Richard se decepcionó al encontrar que su puesto había sido dado a alguien más. Frustrado y furioso, fue a la taberna local y gastó todo lo que le quedaba en alcohol.

Cuando sus fondos se terminaron, Richard encontró a una mujer mayor llamada Ella Mae Hooper y la retuvo amenazada con su cuchilla hasta que ella le dió todo su dinero. Tras asegurarse su dinero, la violó, la amarró y la dejó en la cocina del Shipyard Inn. Además de robar el dinero de Ella Mae, Richard también robó una pequeña pistola que encontró en su casa. Luego de gastar todo su dinero en el bar del pueblo, dejó el bar y se preparó para completar uno de los más crudos asesinatos que la Nación sufriría.

Ubicado a solo 150 pies de distancia del hall de empleo en el cual Richard había pasado su última semana, se erguía un edificio que alojaba a ocho estudiantes de enfermería. Armado con una navaja y una pistola, así como también mostrándose dudosamente borracho, Richard forzó su entrada en la casa de las ocho estudiantes y ubicó a todas las mujeres en una habitación sin ventanas y sin ningún modo de escapar. Luego de que las mujeres fueran retenidas en la habitación por más de tres horas, Richard comenzó a sacar a las mujeres de la habitación una por una hacia las sala de estar en la cual bien las estrangulaba o apuñalaba hasta matarlas. Richard continuó su patrón con todas excepto una de las mujeres; la octava mujer fue violada antes de ser estrangulada por Richard. Aunque el había matado a ocho mujeres que eran residentes dentro de la casa, observó a una enfermera que se había quedado a pasar la noche allí y se había escondido bajo la cama. Esto demostraría un punto clave en el juicio ya que la mujer proporcionó una identificación definida de Richard como el asesino.

Durante dos días, los investigadores estudiaron la escena del crimen, incapaces de determinar quién había perpetrado tal horroroso crimen. Finalmente, hubo un quiebre cuando se encontraron huellas que encajaban perfectamente con las de Richard, que habían sido tomadas a unos pocos pies de distancia en el hall de empleos. Luego de que la policía emitiera una orden de arresto y pidiera la ayuda de la gente para atrapar a Richard, el hombre dueño del hotel en el que Richard se alojaba llamó por teléfono a la policía y les informó que él se estaba alojando allí. Cuando Richard vió que la policía venía a buscarlo intentó suicidarse (sin éxito) y fue arrestado inmediatamente cuando la policía ingresó a su habitación y lo encontró en cuclillas en el baño. Cuando fue llevado al Cook County Hospital para recuperarse de su intento fallido de suicidio, Richard confesó el crimen de las ocho mujeres. Cuando fue informada de la confesión, La Suprema Corte de Justicia de Illinois John J. Stamos declaró, "No la necesitamos, tenemos un testigo visual." Aparentemente, Richard iba camino a la silla eléctrica y la opinión pública apoyó ampliamente esta medida de castigo. El 3 de Abril de 1967, el juicio de Richard comenzó, y tras ser identificado positivamente por la enfermera que había quedado con vida dentro de la casa, el juicio se apresuró a su final. Tras deliberar por tan sólo 49 minutos, Richard fue sentenciado a la silla eléctrica por el juez Herbert J. Paschen. Richard apeló a esta decisión y se le otorgó una suspensión inmediata. Sin embargo, la apelación fue escuchada el 22 de Noviembre de 1968 e inmediatamente confirmada. Si bien parecía que Richard no tenía esperanza de vivir tras su sentencia de muerte, se volvió objeto de confusión cuando se encontró que un error en el proceso de selección del jurado requería que el juicio vuelva a foja cero. El nuevo juicio fue llevado a cabo el 28 de Junio de 1971 y mientras estuvo en prisión fue confirmado, la corte había revertido su sentencia de muerte debido a una selección inapropiada del jurado.

Además, el caso Furman V. George se volvió un caso fundamental en 1972 y consideró la pena de muerte como inconstitucional. Por éste motivo, Richard fue sentenciado a 1,200 años en prisión sin opción a libertad condicional. Richard comenzó a cumplir su sentencia en el Stateville Correctional Center (Centro Correccional de Stateville) y pronto se volvió conocido por su descarada admisión de asesinar mujeres. Una vez, cuando se le preguntó sobre el asesinato, Richard respondió, "Claro que lo hice. Simplemente no fue su noche."

El 5 de Diciembre de 1991, a un día de su cumpleaños número 50, Richard Speck sucumbió a un ataque cardíaco y falleció a la edad de 49 años. Temiendo protestas, la familia de Richard realizó un funeral privado y cremó su cuerpo, esparciendo las cenizas en una ubicación desconocida.

Capítulo Diecisiete

Richard Ramirez

Dentro del reino de los asesinos seriales y ladrones, el elemento que diferencia estos crímenes es el motivo, o más apropiadamente dicho, el motor detrás del hombre o la mujer que mata insensiblemente. En muchos casos, los celos, el odio, y las enfermedades mentales son los principales culpables, pero en un número selecto de casos, los motivos yacen dentro de una faceta sorpresiva: Religión. La mayoría de las religiones promueven la paz y el amor hacia la humanidad, pero existe una fracción de las religiones que permiten, y a veces bogan por la muerte de personas inocentes. Una de estas religiones podría ser la adoración diabólica a Satán, también conocida como Satanismo. A través de un rápido estudio sobre la adoración a Satán, se habría encontrado un culto que define a la muerte como el himno de su religión y el asesinato de vidas inocentes es completamente aceptado como el enfocado trabajo misionario de su religión. Alguien que fue un avocado a este culto era Richard Ramírez, conocido comúnmente como el "acechador nocturno (Night Stalker)" por sus asesinas salidas nocturnas. Si bien los asesinatos de Richard fueron lo suficientemente atroces y dejaron una muy pequeña gracia para ser dada a este hombre, los crímenes que lo acompañan (incluídos violación y sodomía), dejaron a la humanidad furiosa de que un hombre de esta calaña haya habitado la misma tierra que las inocentes vidas que tomó. Lamentablemente, Richard nunca habría sido totalmente acusable de sus crímenes, sucumbiendo a un linfoma de las células B mientras esperaba su muerte dentro de la cámara de gas de California en el corredor de la muerte del Estado. Algunos aseguran que no llegó a enfrentar el juicio real por sus crímenes, pero la justicia verdadera para Richard no sólo fue encontrada en sus consecuencias, sino también en el juicio al cual fue expuesto como un malicioso criminal y sentenciado a muerte. Richard Ramírez, aunque un dedicado adorador de Satán, fue responsable por sus crímenes y se mantuvo imputable por sus acciones. Aunque jamás llegaría a sentir una mínima fracción del dolor que infligió en tanta gente, las consecuencias de sus acciones fueron servidas tras su culpa, a pesar de haber asegurado que no se sentía mal por lo que había hecho. Bajo la protección de un valiente departamento de policía, las atrocidades de Richard Ramírez fueron llevadas hasta el final y la justicia se restauró en el Estado de California.

Nacido el 29 de Febrero de 1960, Richard Ramírez fue hijo de Julián y Mercedes Ramírez como el último hijo de una línea de 5 hijos. Ambos padres de Richard eran trabajadores inmigrantes que tuvieron trabajos muy duros en México antes de cambiar su vida dura allí por una vida más desafiante como inmigrantes Mexicanos en los Estados Unidos. Si bien Julián, su padre, trabajó siempre duro para proveer a su familia, sufría de una extraña enfermedad desconocida que terminaba en ataques de ira. Estos ataques de ira por lo general terminaban con Richard recibiendo un abusivo golpe de parte de su padre, sentando la base de los fundamentos para abusador en quien se convertiría Richard en un futuro. Sin embargo, estos fundamentos abusivos no eran todo lo que Richard recibía de pequeño. En dos ocasiones separadas, recibió traumatismos en su cabeza que lo dejaron inconsciente; por ejemplo, un armario cayó sobre su cabeza cuando tenía dos años, y en otra ocasión, Richard cayó de un columpio y este lo golpeó en su frente. Como resultado de estas experiencias, Richard comenzó a notar ligeros temblores que devinieron en convulsiones epilépticas las cuales sufría casi todos los días.

A causa de esto, Richard era forzado a permanecer en su cama por mucho tiempo en esta época. Durante estas largas estancias en cama, su primo, Mike Ramírez regresó y le contaba historias sumamente gráficas de cuando era un boina verde en el ejército de Estados Unidos en la guerra de Vietnam. Mike había tenido su porción de historias gráficas de la guerra y necesitaba contarle todas sus historias al joven Richard. Cuando Richard cumplió doce años, Mike comenzó a mostrarle fotos que le darían a sus historias de guerra una nueva vida. En muchas de las fotos, Richard podía ver mujeres Vietnamitas que Mike había violado, asesinado, o en algunos casos ambas cosas. En una foto en particular, Richard recuerda haber visto a su primo sosteniendo la cabeza decapitada de una mujer Vietnamita a la cual había violado previo a su muerte.

Además de facilitarle un amor por la violencia y la muerte, Mike también le enseñó a Richard los placeres desconocidos de fumar marihuana y a como armas sus propios cigarros. A menudo, ambos podían ser encontrados fumando y teniendo fantasías sexuales violentas juntos. Desafortunadamente, estos momentos tendrían una profunda influencia en Richard.

Cuando Richard cumplió trece años, sus hábitos diarios incluían fumar marihuana y escuchar a Mike hablar sobre la guerra. Julián se había puesto violento y Richard estaba comenzando a sentir la peor parte de la ira de su padre. Buscando indulto de estos ataques violentos, Richard comenzó a dormir en un cementerio ubicado cerca de la casa de sus padres. Su familia y amigos cuentan que Richard comenzó a exhibir amor por los muertos alrededor de esta época.

Poco antes del cumpleaños número quince de Richard, observó con horror como su primo Mike, con quien había crecido tan de cerca, le disparó a su mujer en la cara luego de una discusión sobre comida. Richard se sorprendió por las acciones de su primo y buscó borrar la imagen de la esposa muerta de su primo de su memoria. Richard creyó que amaba la violencia pero la escena actual lo había asustado terriblemente. Para escapar a estos terrores, Richard comenzó a usar LSD regularmente y buscó los poderes de la adoración a Satán.

Se desconoce quien introdujo a Richard al Satanismo pero lo que sí se sabe es que Richard desarrolló una dedicación a lo largo de su vida a Satán a través de las historias violentas de su primo. Mike sería encontrado no culpable bajo la razón de insanidad mental y serviría una exigua sentencia de cuatro años en el Texas State Mental Hospital (Hospital Mental del Estado de Texas). A pesar de haberse horrorizado con las acciones de su primo, Richard continuó dejando que le contara las historias de sus arrebatos violentos, sin darse cuenta de que estaba cambiando, de que jamás volvería a ser el mismo.

Richard dejó la escuela en noveno grado y se mudó a California con su primo Mike. Mike eventualmente terminó mudándose de California, pero Richard se quedaría allí hasta el día de su muerte años más tarde. Durante los años siguientes, Richard tuvo empleos extraños cerca de su casa y pasó una considerable cantidad de tiempo en prisión, bajo alegaciones de estar vendiendo drogas. Cuando cumplió 24 años, sus crímenes trascendieron de contrabandear drogas a asesinatos insensibles, y todo lo que él alegaba era que fue obra de Satán. La primera víctima de asesinato de Richard sería una niña China de nueve años que vivía en el mismo complejo de apartamentos en que él vivía. Cuando la niña, Mei Leung, salió un día, Richard la tironeó hacia dentro de su apartamento y la violó antes de apuñalarla hasta matarla.

Mientras que Richard jamás sería acusado de este crimen debido a falta de evidencias en la escena del crimen, muestras de

ADN recolectadas posteriormente lo pondrían como el autor del hecho. Sin embargo, esto habría ocurrido mucho después de su muerte. Dos meses luego del asesinato de Mei Leung, Richard asesinó a Jennie Vincow, una viuda de 79 años. El razonamiento detrás del asesinato de Vincow jamás sería comprendido, pero la brutalidad del asesinato llevó a la policía a creer que Richard había tenido contacto previo con esta mujer antes de asesinarla. Richard había cortado su garganta tan profundamente que la policía la decapitó accidentalmente al intentar mover el cuerpo para estirarlo. Richard se había asegurado de que su ADN y rastros de evidencia fueran completamente removidos de la escena; en un descuido, dejó solo una huella dactilar en la ventana mientras estaba escapando. No sería fácil para la policía hacer encajar esta huella con su perfil por un tiempo hasta que sus asesinatos mostraran patrones; la policía fue capaz de identificarlo y confirmar que este crimen era de hecho obra suya. Tras casi un año de seguir el crimen, Richard permaneció lejos de los radares policiales, aún vendiendo drogas y teniendo empleos extraños.

Sin embargo, Richard asegura que Satán le dijo que tenía que asesinar a María Hernández y en obediencia a este ser que adoraba, Richard disparó a Hernández con una pistola calibre .22 pero inadvertidamente le dio a las llaves que ella llevaba en su mano, dejando a María ilesa. Cuando Richard notó que María no estaba herida, temió que jesucristo hubiera sido el responsable de detener la bala, causando que Richard corriera hacia la casa de María.

Dentro de la casa estaba la compañera de cuarto de María, Dayle Okazaki a quien Richard le disparó en la cara, matándola instantáneamente. Luego de huir de la escena, Richard corrió hacia la calle frente a un auto conducido por Veronica Yu. Sacándola del asiento del conductor a tirones, Richard le disparó y mató a Yu y escapó en su auto. Con dos personas asesinadas en un solo lugar y otro intento de asesinato, los medios locales se apresuraron a la escena. Cuando la historia fue retransmitida desde Hernández, la policía supuso que tenían en sus manos el comienzo de un vicioso y desenfrenado asesino en serie. Desafortunadamente, verían mucha más muerte antes de atrapar a este vicioso asesino.

Tras diez días del doble asesinato, Richard retomó su ola de asesinatos, revisitando una casa que ya había robado. Una vez dentro, Richard disparó y mató a Vincent Zazzara antes de atar a su mujer Maxine a la cama. Una vez atada, Maxine fue brutalmente golpeada por Richard y forzada a revelar las ubicaciones de los artículos de valor de la casa. Mientras Richard intentaba encontrar estos valores, Maxine aflojó sus ataduras y encontró una escopeta debajo de la cama. Desafortunadamente, el arma no estaba cargada, y cuando Richard regresó, apuñaló severamente a Maxine, le arrancó sus ojos y los dejó sobre el armario para que los investigadores los encontraran. Mientras Richard estaba emprendiendo su huída, aterrizó en un colchón de flores fuera de la ventana, dejando una marca fresca de sus tenis marca Avia. A lo largo de su matanza frenética, sus tenis Avia estaban recibiendo casi tanta atención de los medios como la que él estaba cosechando. Cuando la policía vio el informe de balística del arma, notaron que era igual al de las balas de los tres asesinatos previos, confirmando que estaban tratando con un asesino serial que parecía no tener una "lista de objetivos" asignada y estaba simplemente escogiendo sus víctimas al azar y al hacer esto estaba aterrorizando a la gente del área de Los Angeles.

Tras dos meses de los asesinatos del matrimonio Zazzara, Richard irrumpió en la casa de Bill Doi, un hombre de 66 años que pasaba cada día cuidando de su esposa, quien era cuadripléjica. Cuando Bill despertó tras el sonido de Richard entrando en su casa, inmediatamente fue a investigar y se topó con Richard quien le disparó en la cara, matando a Bill instantáneamente. Cuando Richard descubrió a Lillian, la esposa de Bill, la violó y procedió a registrar la vivienda en busca de artículos de valor. Richard se iría sin asesinar a Lillian, pero su experiencia había sido tan traumatizante que no pudo dar ninguna información de valor a los investigadores. Sin embargo, las balas encontradas en el cuerpo de su marido eran idénticas a las encontradas en los asesinatos previos y la policía pudo atar este asesinato a la ola de muertes que sólo conocía como el "Acechador Nocturno."

El 29 de Mayo de 1985, Richard arrancó los cables de arranque de un Mercedes-Benz y condujo a la casa de una mujer mayor que eligió al azar. La casa era propiedad de Mabel Bell y de su hermana Florence Lang. Cuando Richard ingreso a la vivienda, lo primero que vio fue un martillo que utilizaría como arma durante esa noche. Luego de golpear a Bell insensiblemente, procedió a violar a Lang antes de dibujar un pentagrama en su muslo. Richard entonces amarró a ambas mujeres juntas y les dió descargas eléctricas con el extremo desnudo de un cable enchufado. Richard huyó de la escena, dejando morir a Bell a causa de sus heridas y a dejando con vida a Lang pero mentalmente aterrorizada. Richard alegó que estaba siendo instruido por Satán de conducir su auto hasta la casa de Carol Kyle en Burbank donde el amarró a Carol y a su hijo. Luego de encontrar todos los objetos de valor dentro de la casa, Richard asaltó sexualmente a Carol antes de dejar la escena. Un mes más tarde, Richard irrumpió en el hogar de Mary Louise Cannon y la apuñaló hasta matarla. Nada de valor fue tomado de la casa de esta mujer. Tres días más tarde, Richard robó la casa de William Bennett. Sin embargo, al momento del robo, Solo la hija menor de William, Whitney estaba en la casa. Richard noqueó a la chica dejándola inconsciente con una llanta de acero. Una vez que ella estaba inconsciente, Richard intentó electrocutar a la chica pero estaba demasiado sorprendido y dejó la escena, clamando que vio a jesucristo flotando sobre el cuerpo de Whitney. Whitney sobrevivió al ataque, pero recibió cerca de 450 puntos para cerrar los profundos cortes en su cabeza. Dos días tras el robo de la casa de Bennett, Richard irrumpió en la casa de Joyce Nelson donde ella estaba durmiendo sola en el sofá. Richard procedió a darle puñetazos y patadas repetidamente, lo que resultó en su muerte. Sin embargo, Richard dejó una impresión de su infame tenis Avia en su cara, lo cual permitió que los policías la identificaran como suya. Aunque Richard era aparentemente invisible para este entonces, se estaba quedando sin tiempo y pronto sería encontrado y atrapado por la policía.

En la misma noche del asesinato de Nelson, Richard condujo su auto hasta que encontró una casa que se veía lo suficientemente valiosa como para robarla. La casa era propiedad de Sophie Dickman a quien violó y sodomizó. En este robo en particular, Richard demandó que Dickman "juró por Satán" que le había dicho todo, dándole fundamentos a la policía del perfil que ellos estaban buscando. Desde el 20 de Julio hasta el 24 de Agosto de 1985, Richard robaría siete casas más y habría asesinado a siete personas más. La policía estaba perpleja ante quién era este individuo, pero ofrecieron poca información a los medios temiendo que éstos pudieran revelar esa información, y así potencialmente incitando a Richard a alterar sus acciones y darle menos pistas a la policía.

Se hizo una revelación potencialmente dañina cuando la alcaldesa Mayor Dianne Feinstein le dijo a la prensa que que el perpetrador vestía unas Avia de tenis número 11 y ½. Esta noticia fue poco pertinente para la opinión pública pero era el único aspecto identificando al criminal hasta ahora. Cuando Richard descubrió que sus zapatillas habían sido identificadas, procedió a arrojarlas desde el Golden Gate Bridge hacia el río que corría debajo. El 24 de Agosto, Richard intentó robar la casa de Bill Carns e Inez Erickson. Richard le disparó a Carns en la cara pero fracasó en matar a Inez.

Tras su escape, Inez le daría a la policía una detallada descripción que les permitiría determinar con precisión el perfil de Richard gracias a sus días anteriores en prisión. Tras una larga búsqueda, la policía tenía una identidad que podían revelar al público. En una conferencia de prensa, el jefe de policía dijo "Ahora sabemos quien eres, y pronto, todos lo sabrán. No habrá lugar donde puedas esconderte."

El 31 de Agosto, Richard estaba caminando por Los Angeles, sin saber que había sido identificado, cuando un grupo de transeúntes comenzaron a gritar en su dirección las palabras "Acechador Nocturno!" Richard huyó de la escena pero pronto fue capturado y golpeado incansablemente por un grupo de ciudadanos. La policía pronto arribó al lugar y richard quedó bajo su custodia. El "Acechador Nocturno" finalmente había sido encontrado y sería llevado a juicio por sus enormes acciones.

Tras el comienzo del juicio el 22 de Julio de 1988, Richard observó cómo el jurado se llenó de odio hacia sus insensibles crímenes. El 20 de Septiembre de 1989, el juicio llegó a su fin y Richard fue encontrado culpable de trece cargos de asesinato, once cargos por violación, cinco intentos de asesinato, y catorce robos. Richard fue sentenciado a muerte en la cámara de gas de California pero pero esperaría el largo proceso de apelación antes de su muerte. El 7 de Junio de 2013, aún esperando por su muerte, Richard sucumbió a los rigores de un linfoma de las células B y falleció a los 53 años. Richard Ramírez sirvió 23 años en el corredor de la muerte antes de ser asesinado por su abuso de drogas en sus años de juventud. La terrorífica vida de Richard Ramírez había llegado a su fín.

Capítulo Dieciocho

Gary Ridgway

El asesinato sistemático de la humanidad ha sido un proceso que el sistema judicial Estadounidense siempre abordó severamente. En muchos de los casos, el abuso desde niños estuvo presente y se descubrió que le dio fundamentos al odio que sería el alimento de los asesinatos en serie. Un caso que sostiene dichas facetas fue la oleada de asesinatos conducida por Gary Leon Ridgway. Conocido como el Asesino de Green River (Green River Killer), Gary habría llevado una vida que estaba basada en el odio hacia su madre y las trabajadoras del sexo.

Durante la confesión de sus crímenes, Gary reveló a los investigadores que había sido abusado por su madre cuando era niño, un acto que había causado que dentro de su mente naciera un odio ardiente que eventualmente lo llevaría a asesinar a más de 70 mujeres en los Estados Unidos. Sin embargo, las acciones de Gary eran su propia decisión y por esto, el sistema judicial de los Estados Unidos lo cargó con 48 cadenas perpetuas acompañadas de una cadena perpetua que había recibido de un asesinato previo. Gary escapó de la pena de muerte al entrar en un acuerdo de culpabilidad en el cual confesó los demás crímenes que había cometido, hoy reside en una prisión de máxima seguridad ubicada en el estado de Washington. La vida de Gary Ridgway le muestra a la humanidad el tipo de monstruo que pueden crear las semillas de la amargura. Su decisión de tomar venganza sobre vidas inocentes por los errores de su madre causó dolores insondables en muchas personas y una vida en prisión para él.

Nacido el 18 de Febrero de 1949, Gary Ridgway entró al hogar y cuidado de Thomas y Mary Ridgway en Salt Lake City, Utah. Gary fue el hijo del medio en una familia con tres hijos; sin embargo, se mantuvo distante de su familia y nunca tendría un vínculo de relación con ellos. Amigos y familiares notaron que la familia era extremadamente disfuncional y que tenía hábitos extraños. Mary Ridgway era una madre de 'me quedo en casa' mientras que Thomas Ridgway trabajaba como chofer de autobús. Cuando Thomas volvía a casa del trabajo, Gary recuerda que exhibía un odio extremo por las prostitutas que frecuentaban su autobús cada día. Irónicamente, Gary también recuerda a su padre utilizando sus servicios de forma regular. Durante su infancia, Gary estuvo atormentado con mojar su cama hasta los primeros años de su adolescencia. Cada noche, Gary solía mojar su cama, y cada mañana su madre lo lavaba personalmente. Por esta razón, Gary experimentó la pubertad con su madre tocando sus genitales regularmente, una condición que lo dejó sexualmente atemorizado y fantaseando tanto con tener sexo con su madre como asesinandola. Además de mojar su cama, Gary sufría de dislexia y no era un estudiante prolífico. Durante su primer año de secundaria, fracasó en cada clase, lo que resultó en volver un año atrás. Adicionalmente,

Gary comenzó a exhibir una hostilidad muy fuerte hacia quienes lo rodeaban, incitando peleas todo el tiempo. Cuando tenía 16 años, Gary atrajo a un niño de 6 años hacia el bosque y lo apuñaló repetidas veces en su estómago, resultando en que el niño sufriera una laceración en el hígado y costillas rotas. Gary jamás sería procesado por este crimen ya que el chico no revelaría su ataque sino hasta después de años de ocurrido el incidente.

Cuando Gary se graduó de la secundaria Tyee High School en 1969, inmediatamente se casó con la chica que había sido su novia durante toda la secundaria, Claudia Kreg. Sin tener ninguna oportunidad de empleo como graduado de la secundaria, Gary se unió a la armada U.S. Navy y fue enviado a Vietnam. Cuando llegó a Vietnam, comenzó a trabajar como portero de un barco de suministros pero también peleaba en combates durante su permanencia como portero. Además de su trabajo, tomó ventaja de la falta de seguridad en Vietnam y violó a muchísimas mujeres Vietnamitas.

También había estado visitando el área de las prostitutas locales y utilizado sus servicios. Luego de numerosos combates sexuales en Vietnam, descubrió que tenía Gonorrea pero no fue perturbado por esta complicación y continuó manteniendo encuentros sexuales con las trabajadoras sexuales de la zona de forma regular. Durante su estancia en Vietnam, Gary recibió palabra de su mujer Claudia quien le informaba que había estado durmiendo con otro hombre y que buscaba el divorcio. Antes del final de ese año el divorcio estaba finalizado. Poco después, Gary regresó a los Estados Unidos y comenzó una relación con Marcia Winslow. La pareja eventualmente se casaría pero el matrimonio se vería atormentado por las escapadas sexuales de Gary y los problemas con la ley.

Alrededor de este tiempo, Gary comenzó a exhibir un fuerte deseo sexual por las mujeres. Sus primeras dos esposas recuerdan lo mucho que Gary demandaba sexo de su parte. Durante un evento, Gary tenía a Marcia tomada por su cuello, demandando que tuviera sexo con él cuando ella había rechazado su primer oferta. A pesar de su fuerte inclinación por el sexo, Gary se convirtió en un silencioso asistente de iglesia, y demandaba que su esposa se adhiera a cualquier principio enseñado por su pastor. Gary recuerda que se volvió extremadamente bipolar durante este período de su vida. A menudo tomando un descanso de leer su biblia para llorar a los gritos. No era algo fuera de lo común para él explotar en llanto durante los sermones de su pastor. Sin embargo, el amor de Gary por el sexo con otras mujeres y su adherencia a los principios bíblicos puritanos no estaban estaban alineados, dejando fuertes discusiones con su esposa. Mientras que los placeres del sexo dentro de su cuarto comenzaron a menguar, Gary comenzó a pedirle a su esposa tener sexo con él en público, siendo los bancos del parque su sitio favorito. Cuando su mujer se rehusó, Gary buscó los servicios de numerosas trabajadoras del sexo de la zona. Irónicamente, muchas de las áreas en las cuales Gary insistía en tener sexo serían eventualmente los lugares de reposo de muchas de sus víctimas. Su esposa, Marcia, estaba dándole un adecuado placer sexual en aquel entonces, para que él no sienta necesidad de admitir su infidelidad hacia ella. Desgraciadamente, ella supo de sus infidelidades y pronto presentaría el divorcio.

Luego del divorcio de Gary y Marcia, el deseo sexual de Gary se volvió insaciable y su vida nada más que un deseo constante de tener sexo a cualquier precio. Este deseo lo llevaría a cometer las cosas más aberrantes que un hombre podría hacerle a una mujer: violarla y asesinarla. Aunque el número es discutido, las autoridades estiman que Gary asesinó a 71 mujeres y adolescentes. Este número fue corroborado por Gary, aunque más tarde se podría remarcar que realmente perdió la cuenta de la cantidad de mujeres que asesinó.

El número más grande de estos asesinatos habría ocurrido entre 1982 y 1984, con muchas de las mujeres asesinadas siendo trabajadoras del sexo en el área. Los objetivos de Gary incluían a chicas que habían abandonado su casa y no tenían donde pasar la noche. Independientemente de la edad de las mujeres, el común denominador entre todas las mujeres asesinadas era su vida inestable; Gary estaba buscando las más vulnerables en la zona de Seattle. Un verdadero acto de cobardía pero que le daría a su vez a Gary la satisfacción sexual que deseaba. A la vez que Gary iba matando mujeres más rápidamente, su número de muertos estaba excediendo la cantidad que podía haber en una zona puntual sin atraer la vigilancia de la policía. En un principio, Gary arrojaba los cuerpos de las mujeres en el río Green River, incitando su alias, "El

Asesino de Green River." No obstante, Gary era forzado a re-pensar su ubicación cuando la policía comenzó a patrullar el área de Green River más profundamente. Para quitar a la policía del medio, Gary a menudo recorrería los alrededores de los límites de los Estados cercanos y arrojaría cuerpos en esas zonas. Esto causó que las organizaciones policiales de varios Estados sean llamadas, y así conducir a un pronto arresto de Gary. Lo que alguna vez fue una buena idea para sacar a las autoridades del medio, eventualmente sería lo que lo lleve a su muerte.

Luego de matar a sus víctimas, Gary a menudo tendría sexo con los cuerpos antes de arrojarlos en el río. En la mayoría de los casos, los cuerpos eran encontrados desnudos y puestos en diferentes poses sexuales. En algunas raras ocasiones, Gary volvería a la escena del crimen para tener encuentros sexuales con las víctimas, bien después de que ya estuvieran muertas. Cuando se le preguntó por qué volvía a la escena del crimen sabiendo que esto podía arriesgarlo a ser capturado, Gary dijo que a pesar de los riesgos, era todavía menos riesgoso que intentar violar mujeres mientras aún estaban vivas. Para reducir el riesgo de que la policía fuera capaz de identificar los cuerpos y más importante, a él, a menudo tiraba basura en los puntos donde arrojaba los cuerpos, haciendo que los cuerpos sean imposibles de identificar.

Tras el arresto de Gary, éste le reveló a la policía sus tácticas para atraer a las mujeres a lugares a donde podía matarlas. Gary crearía a un niño, refiriéndose a él como su hijo, y les decía a las mujeres que estaba interesado en comenzar una relación con ellas para poder darle a su hijo una madre que cuide de él. Estas mujeres, en sus diversos estados de vulnerabilidad, a menudo consideraban la petición de Gary un honor y aceptaban su propuesta. Una vez que las tenía en su camioneta, o bien las asesinaba allí mismo o regresaba a un lugar del bosque para matarlas. A medida que sus acciones empezaron a cobrar conocimiento, la ubicación elegida por Gary para matar las mujeres era su propia camioneta, siendo el ahorcamiento su método principal para matar a las mujeres. Durante sus primeros asesinatos, Gary simplemente usaba sus manos para llevar a cabo el atroz crimen, confiando a los fiscales que el amaba la sensación de "mujeres pataleando por su vida." Sin embargo, usando sus manos permitía que estas mujeres le pegaran, a menudo causando heridas de sangre. Por esta razón, gary resolvió usar ligaduras, bandas ajustadas que permitían que el asesinato pueda ser llevado a cabo más rápidamente y sin riesgos de salir herido en el proceso. Cuando la policía de Washington comenzó a notar que había más cuerpos siendo encontrados en el área de Green River, temían tener a un asesino serial cerca. Para combatir los ataques de este asesino desconocido, la policía creó la fuerza Green River Task Force para conducir las investigaciones de los asesinatos.

La policía comprendió que aunque no tuvieran información sobre este "asesino desconocido," estaban seguros de que había un asesino serial suelto. Si bien la mayoría de sus víctimas estaban desnudas, la policía aseguró que estaban buscando a un hombre que no estaba matando mujeres por simple odio sino que en lugar de ello incluía fantasías sexuales en sus asesinatos. Para comprender mejor a mente de un hombre como este, la policía entrevistó a Ted Bundy, un asesino serial anterior que habían capturado y estaba esperando en el corredor de la muerte. Bundy se había convertido recientemente a un renacido cristiano y estaba interesado en ayudar a los investigadores a atrapar al desconocido detrás de estos asesinatos. Fue tras la sugerencia de Bundy que la policía comenzó a observar los sitios de las mujeres que se encontraron asesinadas y aseguró que el asesino muy probablemente volviera para tener sexo con las víctimas. Lamentablemente, los lugares que estaban observando ya habían sido frecuentados por Gary, pero Bundy tenía razón, Gary estaba regresando a la escena del crimen. El único problema era que la policía estaba llegando demasiado tarde como para atraparlo en pleno acto.

En 1982, la policía arrestó a Gary bajo sospecha de haber estado utilizando a prostitutas, pero al no haber encontrado evidencias fue liberado. Cuando la policía interrogó a Gary nuevamente en 1984, aceptó la prueba del polígrafo la cual subsecuentemente pasó. Sin embargo, Gary permaneció como un sospechoso distante de los asesinatos de Green River. En 1985, Gary buscó un amor más estable en su vida y comenzó a relacionarse con Judith Mawson. En 1988, se casaron. A pesar de los descarados asesinatos de Gary durante la época, Mawson no era en absoluto consciente de que Gary estaba asesinando a estas mujeres. En todos sus años de matrimonio, el único escenario extraño que Mawson recuerda es que no había ninguna alfombra en el suelo del apartamento de Gary cuando ella se mudó. La policía supuso que era muy probable que Gary haya utilizado esta alfombra para transportar a alguna víctima en algún momento de su vida. En 1987, Gary fue llamado una vez más ante las autoridades quienes tomaron una muestra de ADN y otra de saliva de él. Gary fue liberado de inmediato y la policía notó su cortés y amable trato durante la ordalía. Esto marcaría la primera vez que Mawson sería alertada del estado de Gary como sospechoso de los asesinatos de Green River, de los cuales Mawson nunca había oído a cuenta de que ella no miraba las noticias. Durante el matrimonio de Mawson con Gary, él decía que su amor por ella era verdadero y que honestamente tenía mucha menos inclinación a matar mujeres durante ese tiempo. Esta afirmación es corroborada por el hecho de que Gary solo asesinó a tres mujeres a lo largo de su relación con Mawson. De todos modos, tres mujeres eran aún muchísimas, y los días de inocencia de Gary estaban terminando. Cuando Mawson fue informada de la reticencia de Gary de asesinar mujeres durante su matrimonio, ella contestó, "Siento que salve vidas al ser su esposa y hacerlo feliz." Esta felicidad no duraría mucho, sin embargo, y el público pronto se volvería conocedor del hombre que se robó la felicidad de incontables vidas. En 2001, los detectives hicieron un test de muestras utilizando la saliva y ADN que habían tomado años atrás de Gary.

Las muestras concordaban con el semen que se encontró en una de las víctimas y los detectives se apresuraron en ubicar a Gary; el hombre al que ahora confirmaban que era el "Asesino de Green River." Tras encontrar a Gary en la fábrica de camiones Kenworth Truck Factory, la policía acudió a la escena y lo arrestó por el asesinato de cuatro mujeres (las únicas cuatro de las que tenían evidencias sólidas por el momento). Más tarde, la policía sería capaz de igualar las manchas de pintura encontradas en la escena con la pintura utilizada en la Kenworth Truck Factory años atrás. Esta revelación llevaría a tres cargos más por asesinato a nombre de Gary.

Tras dos años de deliberaciones, las noticias de Seattle revelaron que Gary fue trasladado de una prisión de máxima seguridad a otra de seguridad moderada que estaba cercana al lugar donde se realizaría el juicio. Tres meses más tarde, el juicio comenzó y Gary presentó un acuerdo con la fiscalía por el impedimento de la pena de muerte a cambio de la confesión de 44 cargos adicionales por asesinato. Además, Gary debería llevar a los fiscales a los lugares restantes en los cuales dejaba los cuerpos de sus víctimas, un pedido que Gary aceptó fácilmente. Luego de que la policía encontrara 44 cuerpos adicionales, el acuerdo con la fiscalía llegaría a su fin y Gary se aseguraría de pasar el tiempo restante de su vida en prisión. El 18 de Diciembre de 2003, Gary fue sentenciado a 48 cadenas perpetuas sin posibilidad de libertad condicional. Gary también acusado de haber manipulado la evidencia y le fueron dados 10 años adicionales de prisión por cada cuerpo, sumando un total de 480 años a sus actuales 48 cadenas perpetuas. Mientras se siguen encontrando evidencias con respecto a los crímenes de Gary, no se han abierto nuevos juicios considerando las sentencias que ya posee. Al día de hoy, Gary reside en una prisión de máxima seguridad y sostiene que la carrera de su vida fue asesinar mujeres. Aunque aún sigue con vida, la vida de Gary Ridgway ha sido efectivamente limitada y la justicia por sus crímenes ha sido servida.

Capítulo Diecinueve

Albert Fish

Si hubiera una sola cosa que lleve a los asesinos seriales a completar sus aberrantes actos, sería su obsesión con el control. La mayoría de los asesinos seriales mataron por una falta de control que los perpetradores exhibieron o experimentaron anteriormente en sus vidas. Sin embargo, hay un selecto número de casos que trata con motivo para asesinar muy diferente: el canibalismo. El acto de comer carne cruda o carne de seres humanos, el canibalismo es una barbarie del placer propio que es facilitado tras años de fantasías sexuales y abusos. En este caso, el acto del canibalismo fue criado a través de un abuso extremo durante la infancia. Albert Fish es el ejemplo de un hombre que, ya venido de una familia propensa a las enfermedades mentales, fue abusado en un orfanatorio.

Expuesto también a horrendas acciones de autogratificación a través de tradiciones bárbaras, Albert se habría hecho conocido como "El Hombre de la Bolsa (The Boogey Man)" y habría abusado y asesinado a más de 100 niños en su tiempo, también tomando parte en comerse a estos jóvenes niños en muchas ocasiones. No obstante, este abuso jamás puede ser una excusa por las acciones de Albert Fish. Muchos tomarán la decisión de superar los momentos de horror de su desafortunada infancia y volverse fuertes en el proceso. Sin embargo, otros sucumbirán a la fuerza de la codicia y tomarán ventaja de los más débiles en la sociedad. Por hacer esto, esos como Albert Fish están demostrando lo débiles que realmente son, tan débiles que tienen que elegir a sus víctimas de la batea de los más débiles posibles. La vida de Albert Fish debería servir como ejemplo a la sociedad de los horrores que uno puede infligir simplemente porque él o ella no son capaces de superar los abusos que fueron infligidos sobre ellos.

Nacido el 19 de Mayo de 1870, hijo de Randall y Ellen Fishm Albert fue el más joven de cuatro niños y fue dado a luz en un hogar en el cual una extraña base se había sentado. Su padre era 43 años mayor que su madre y tenía 75 cuando el nació. Por este motivo, Albert creció en un hogar donde sus padres estaban mayormente abstraídos y su padre no era una constante en su vida. La familia Fish residía en Washington D.C. donde su padre trabajaba como capitán de una barca. Su padre, de 80 años de edad en ese momento, sucumbió a un ataque cardíaco y falleció el 16 de Octubre de 1875 cuando Albert tenía solo cinco años. Sin una fuente de ingresos, su madre no era capaz de cuidar apropiadamente de Albert y consideró meterlo en el orfanato St. John, cerca de la casa familiar. Albert sería abusado regularmente en este orfanato pero jamás le daría esta información a su madre. Además de ser abusado, estaba al tanto de los actos sexuales que ocurrían en secreto entre muchos otros chicos del orfanato. Luego de un período de palizas, Albert comenzó a disfrutar de ser abusado. Alber recordaría, "Estuve ahí hasta cerca de mis nueve y allí fue donde comencé a portarme mal. Éramos azotados despiadadamente. Ví a niños haciendo cosas que no deberían haber hecho." Los psicólogos apuntan a esta transición como el momento decisivo en la vida de Albert excluyendo su errónea conducta sexual. En el momento en que su vida se desplomaba dentro del orfanato más allá de los límites de poder ser reparada, su madre pudo asegurarse un empleo trabajando para el gobierno y comenzó a ganar dinero suficiente como para retomar el cuidado de su hijo. No obstante, su madre notó el cambio drástico en su hijo.

Albert ya no estaba consumido por la naturaleza como lo había estado antes de ser admitido en el orfanato. Ahora, sólo parecía sentirse excitado con un solo elemento: sus fantasías sexuales. Tras dos años de haber vuelto a vivir con su madre, comenzó una relación con un chico al que había conocido en la oficina del telégrafo. Esta relación demostraría ser lo más perjudicial para su vida y lo arrastraría por completo a su mundo oscuro. Poco después de comenzar a tener citas, su compañero demostró la práctica de comerse sus propias heces y tomar su orina. Estas dos condiciones eran conocidas como coprofagia y urolagnia respectivamente. Estas acciones por sí mismas tendrían efectos terribles en Albert, dañando su mente permanentemente y alterando su comportamiento. Mientras que albert comenzó a resbalar más y más en su atracción en su vida de atracción por personas de su mismo sexo, hacía apariciones regulares en los baños del área de Washington D.C. en los cuales se quedaba simplemente observando los cuerpos de los niños mientras iban pasando por varias etapas de quitarse sus ropas. Además, Albert comenzó a transferir sus ideas sexuales desde su mente a papeles en los cuales escribía cartas obscenas. Albert encontraría entonces avisos clasificados publicados por mujeres de la zona y les enviaría estas cartas obscenas a estas mujeres. Sin embargo, dejaría las cartas sin remitente, dejando a las mujeres indefensas al intentar encontrar al responsable de tal atrocidad.

Cuando Albert cumplió veinte años, se mudó de la casa de su madre a una ciudad lejos de la Costa Este: New York City. Al confesar sus crímenes años más tarde, admitiría que estos meses en New York City serían su primera vez en publicarse a sí mismo como prostituto a la vez que violaba niños jóvenes regularmente. Con la ley centrada en otros crímenes, Albert había sido dejado a un lado y esto le permitió que violar niños sea algo recurrente. Tras vivir solo durante ocho años, su madre comenzó a preocuparse de que Albert podría casarse con un hombre, un hórrido crimen en aquel tiempo. Para prevenir que esto ocurra, su madre encontró una mujer que estaba interesada en casarse. Esta mujer, Anna Mary Hoffman, era nueve años menor que su hijo pero de todos modos aceptó casarse con él. Una vez casados, Albert y Anna llegaron a criar seis hijos, dando la ilusión de una aparentemente placentera vida hogareña con un matrimonio saludable. Sin embargo, esa vida hogareña era cualquier cosa menos placentera. Albert regularmente dejaba su casa de modo inesperado, a menudo para ir a la casa de alguno de sus "clientes" por una noche de placer sexual entre dos amantes del mismo género. Además, Albert continuó maltratando niños mientras era empleado como pintor de casas. As menudo, sus trabajos lo llevaba a casas que le proporcionaban contacto ilimitado con los niños de la zona. A lo largo de estos años, tuvo numerosos novios, muchos al mismo tiempo. Durante un fin de semana de escapada con uno de sus novios, Albert y su chico visitaron un museo de cera. En este museo, una de las exhibiciones presentadas era la de un pene que había sido diseccionado. Albert recuerda haber quedado absorto con ese pene y quería saber más acerca de las prácticas de mutilación sexual. Tras dejar el museo, Albert prometió ponerse tan al tanto de esta práctica como le fuera posible. Sin embargo, esto debería esperar ya que fue arrestado en 1903 bajo el cargo de gran hurto. Tras ser sentenciado, Alberto pasó su tiempo en prisión en la Sing Sing Correctional Facility en New York. Luego de servir su sentencia en prisión, fue liberado y comenzó a trabajar en las barcazas en Wilmington, Delaware. Mientras fue empleado en Delaware, se hizo amigo de Thomas Kedden y su amistad floreció en algo más y pronto el dúo entró en una violenta relación conducida por el sexo.

En ese entonces, albert afirmó que a pesar de la naturaleza sexualmente gráfica de su relación, Kedden era totalmente competente y consentía todos los actos sexuales que se realizaban sobre él. Sin embargo, registros posteriores mostrarían que Kennen era bastante inestable mentalmente y que posiblemente sufría de síndrome de down. A pesar de las obvias incompetencias de

Kedden, Albert continuó obligándolo a realizar actos sexuales en él. Tras haber tenido sexo con Kedden durante diez días, Albert lo obligó a subir a su auto y lo condujo a una casa abandonada en una granja. Aquí, Albert sistemáticamente torturó a Kedden diariamente y a menudo también por las noches.

Durante las siguientes dos semanas, Albert habría torturado a Kedden cada día, mostrando un inquebrantable espíritu pese a las súplicas por piedad del hombre. Por último, luego de dos semanas de tortura sexual gráfica, Albert alcanzó el clímax de su tortura rebanando la mitad del pene de Kedden y controlando la herida simplemente atando un pañuelo al pene lacerado. Recordando este momento, Albert notó "Nunca podré olvidar sus gritos ni la manera en que me miraba." El plan original de Albert era matar a Kedden en aquella granja abandonada pero una ola de calor en el área obligó a Albert a irse dejando a Kedden con vida. Tras atender el pene lastimado de kedden, Albert le dió un beso de despedida, colocó un billete de $10 dólares en su ropa interior, lo dejó atado y se fue de la casa. Jamás volvió a ver, oír, o saber de Kedden en su vida. "Tomé el primer tren que pude para volver a casa," recuerda Albert. "Nunca supe qué se hizo de él, ni traté de averiguarlo." Al regresar a casa de su escapada sexual, su esposa lo saludó informándo que se iba a mudar de la casa y que estaba buscando el divorcio. John Straube había estado abordando a la familia durante los últimos tres años y secretamente había estado teniendo un romance con Anna Mary. Albert parecía imperturbable por la deserción de su esposa, muy probablemente debido al hecho de que él estaba deseando mucho más tener una relación sexual con un hombre que con una mujer. Si bien Albert no se sentía decepcionado por el pedido de divorcio de Anna Mary, estaba consternado por el hecho de saber que ella se había llevado todas las cosas de la casa y que incluso había quedado como propietaria de la vivienda. Además, Albert comenzó a experimentar alucinaciones auditivas por aquel entonces. Muchas veces, se lo podía ver corriendo alrededor de su barrio, convencido de que una fuerza invisible lo perseguía. Una vez, Albert rompió la alfombra de su sala de estar y se envolvió en la mitad de la alfombra en el suelo, todo a órdenes de John de la Biblia. Debido a su inestable naturaleza, sus amigos y familia comenzaron a evitar a Albert tanto como podían.

Con su familia dejándolo solo con sus propias acciones, Albert comenzó a experimentar con las emociones de autoflagelación. En 29 ocasiones diferentes, Albert atascó un clavo en su ingle y lo dejó allí hasta que se volviera parte de su carne. Años más tarde, cuando fuera arrestado, la policía se asombró al descubrir que tenía 29 clavos enterrados profundamente en la carne de su ingle y de su estómago. Además de los clavos, Albert se golpeaba a sí mismo con una paleta llena de agujas que salían por todas partes. Esto se volvió una rutina diaria hasta que el dolor fue tan grande que Albert debía quedarse para en lugar de sentarse ya que no soportaba ninguna presión sobre sus aposentos.

Siendo incapaz de golpearse a sí mismo con la paleta, Albert comenzó a empapar un trozo de lana con combustible antes de introducirlo en su ano y encenderlo. Tales hábitos condujeron a sus amigos a alejarse completamente de él y las únicas personas conocidas de todos días que le quedaban eran sus hijos. A modo de crédito, Albert jamás hirió a sus hijos pero sí en más de una ocasión les pidió que le pegaran. Cuando la autoflagelación y la automutilación eran fuentes insuficientes de las cuales obtener la satisfacción adecuada, Albert comenzó a incurrir en una práctica que a menudo había despertado mucho interés en él: el canibalismo. Para calmarse a sí mismo con la práctica de comer carne de otro ser humano, comenzó a comer carne cruda. A menudo, alimentaba a sus propios hijos con comidas hechas con la misma carne cruda. Luego de adquirir un gusto especial por la carne cruda, Albert sería servido de su primera comida de carne humana por uno de sus amigos sólo meses más tarde. Dos años luego de su introducción a la automutilación y el canibalismo, Albert perdió su temperamento con un niño que era discapacitado mental en el centro de Washington D.C. y apuñaló al niño. Este sería el primero de una cola de niños que Albert bien dejaría incapacitados permanentemente o bien los asesinaría con grotescos métodos de tortura. Sus herramientas de muerte, o como él las llamaba afectuosamente "implementos del infierno," eran un cuchillo de carnicero, un gancho para colgar carne y una sierra de mano. Albert comenzó a elegir a sus víctimas cuidadosamente, sólo eligiendo discapacitados o niños afroamericanos bajo el pretexto de que nadie iba a extrañar a un niño así. Cuando se volvió cuidadoso de mostrar su cara en público debido a la alarma sobre los asesinatos sin resolver que estaban teniendo lugar, Albert convenció a sus hijos de traer amigos a su casa donde luego de estrangular a los niños despedazaba sus cuerpos con sus herramientas.

A cinco años de sus escapadas asesinas, Albert pasó caminando junto a la residencia de los Kiel donde Beatrice Kiel estaba jugando en la puerta de su casa. Él intentó convencerla de lo acompañara, ofreciéndole una pequeña suma de dinero si lo ayudaba a buscar ruibarbo. Justo cuando Beatrice estaba a punto de aceptar su oferta, su madre salió de la casa y se horrorizó cuando escuchó la oferta hecha por Albert. La madre de Beatrice inmediatamente lo obligó a abandonar su propiedad y demandó que nunca regrese. Sin embargo, Albert regresaría al granero más tarde esa misma noche antes de ser descubierto y echado por Hans Kiel, el padre de Beatrice.

Albert sostenía que las mutilaciones de esos niños eran completamente realizadas obedeciendo a Dios, una afirmación que mantendría hasta su muerte años más tarde. Supuestamente siguiendo la voluntad de Dios, Albert convenció a dos hombres jóvenes de acompañarlo a su apartamento donde él cocinaría para ellos. Mientras que Albert estaba en la cocina preparándose para matarlos y cocinar su carne, uno de los muchachos desplegó el mantel bajo el cual Albert tenía las herramientas que habitualmente usaba para mutilar a sus víctimas. Los chicos se asustaron al ver las herramientas y huyeron de la casa, dejando a Albert extremadamente furioso de que su plan había fallado.

En 1928, Albert fue alertado de que una familia estaba intentando que la firma de alguna empresa contratara a su hijo a fines de costear su escolaridad. Albert pensó que esta era la oportunidad perfecta para subsanar sus ansias por carne humana con lo cual de inmediato hizo arreglos para reunirse con la familia y potencialmente contratar a su hijo.

Una vez en la casa, Albert se introdujo a sí mismo como Frank Howard y aseguró que estaba interesado en contratar a su hijo, Edward Budd, para la firma de su empresa. Sin embargo, Albert confesó más tarde que su única intención era asesinar a Edward, colgarlo hasta drenar toda la sangre de su cuerpo, y entonces comérselo. No obstante, a su llegada, Albert también notó que la familia tenía una hija llamada Grace. Luego de que la familia aceptara poner a su hijo Edward bajo la tutela de Albert, él se las arregló para regresar a Edward con su familia unos días más tarde. Una semana más tarde, Albert se comunicó con la familia y se disculpó por fracasar y regresar a Edward. Fue entonces cuando Albert les pidió permiso para llevar a Grace a la fiesta de cumpleaños de su sobrina, una reunión ficticia diseñada para darle la oportunidad de asesinar a Grace. La familia accedió y le dieron un beso de adiós a Grace, sin ser conscientes de que jamás volverían a ver a la niña.

Cuando Grace no regresó a casa la tarde siguiente, su familia se preocupó pensando que algo podría haber ocurrido. Luego de unos días, la familia comprendió que su peor temor había sido confirmado: Alber había secuestrado a Grace. La búsqueda comenzó y lamentablemente continuó durante años. En 1930, la ex esposa de Albert convenció la policía de arrestar a Charles Edward Pope bajo la falsa afirmación de que Pope había ayudado a Albert a secuestrar a Grace. Sin embargo, Pope fue encontrado no culpable y la idea de la familia de que posiblemente nunca vuelva a ver a Grace comenzó a surgir. Seis años tras su desaparición, una carta misteriosa fue enviada a la familia Budd, describiendo la confirmación del secuestro de Grace. Mientras que los padres leyeron horrorizados, la carta era una descripción de la barbarie de cómo se había matado y cocinado a Grace muchos años antes. El escritor de la carta, quien se creía que era Albert, no mostraba remordimientos por el aberrante acto que acababa de cometer, y finalizó la carta con: "La ahorqué hasta matarla y la corté en pequeños trozos para poder llevarme la carne a mi cuarto, cocinarla y comerla. Tan dulce y tierno era su pequeño trasero que cociné en el horno. Me tomó nueve días comer su cuerpo entero. No la violé, sin embargo, podría haberlo hecho, lo deseaba. Ella murió virgen." Sus padres le dieron la carta a la policía y rogaron que la carta no sea real. Sin embargo, el cuerpo de Grace jamás sería encontrado y Albert confesaría este crimen de una manera incluso más explícita al ser arrestado. Mientras la policía estaba investigando la carta, se descubrió que la carta había sido escrita en papel privado de la empresa N.Y.P.C.B.A. Tras más investigaciones, un papel similar fue encontrado en un hotel de la zona. Cuando la policía registró la habitación, encontraron que Albert se había alojado recientemente en el hotel, evidencia suficiente para arrestarlo. Para atrapar a Albert, el jefe de la investigación esperó afuera de la habitación hasta que Albert volviera esa noche.

Cuando el investigador le comunicó a Albert los crímenes por los cuales estaba siendo procesado. Albert procedió a sacar una cuchilla e intentar apuñalar al oficial. Albert fue desarmado fácilmente y llevado a la estación de policía, para nunca más volver a ver la luz del día por más de veinte minutos nunca más.

Durante las etapas iniciales de las entrevistas, Albert asintió en que nunca intentó violar a Grace Budd. No obstante, en una reunión privada con su abogado defensor, admitió que eyaculó mientras intentaba matar a Grace. A causa de esta información, su abogado defensor pudo exitosamente argumentar que Albert había asesinado a Grace a causa del deseo sexual en lugar del deseo de comerse a la niña. El juicio comenzó el 11 de Marzo de 1935 y terminó el 21 de Marzo de 1935 con Albert siendo sentenciado a muerte en la silla eléctrica. Durante un año tras concluído el juicio, Albert permaneció en prisión en WAshington D.C. mientras las apelaciones tuvieron lugar. El 16 de Enero de 1936, Albert Fish fue colocado en la silla eléctrica y ejecutado. La piedra angular a su hórrido nombre, Albert fue ejecutado, para nunca volver a quitar otra vida y nunca volver a lastimar a ningún otro niño.

Capítulo veinte

David Parker Ray

En la lucha contra el crimen y más específicamente, contra los asesinos seriales, es una profunda realidad que la infancia de los eventuales asesinos seriales contiene las bases de los asesinatos en masa en los que algún día incurrirán. Examinado más de cerca, la vida de los asesinos seriales tienen potencial para ser contribuyentes normales de la sociedad; Sin embargo, muchos de estos mismos niños fueron abusados abusados de pequeños, dándoles la base de odio y venganza sobre la cual podrían promulgar sus crímenes. Uno de estos casos fue el caso del torturado David Parker Ray. A temprana edad, sus padres se divorciaron y él fue retirado de su hogar para pasar el resto de sus años de preadolescencia sin el apoyo de sus padres. Desgraciadamente, el abuso infantil para David no vino en la forma de abuso físico. Si bien su abuso no fue de naturaleza sexual, fue a través de revistas pornográficas que su padre le proporcionaba que David se volvió adicto a una forma sádica del placer sexual: tortura. A través del suministro de revistas pornográficas de su padre, David se convirtió en uno de los más prolíficos torturadores y sospechoso de asesinatos en serie de América. Si bien nunca se encontraron cuerpos, David fue conocido por ser un asesino serial, pero lo único que lo salvó de la prisión fue la falta de evidencia. La vida de David Parker Ray es un ejemplo para la sociedad de lo importante que es la crianza de nuestros hijos. Los fundamentos creados por los padres llevarán a hombres y mujeres íntegros. Desafortunadamente, este no fue el caso en la vida de David y debido a la ineptitud innata de sus padres para criarlo; David Ray Parker será por siempre recordado como "The Toy Box Killer (El Asesino de la Caja de Juguetes)," un hombre que pudo robar la alegría inocente de cincuenta mujeres y niños mientras asesinó a muchas más.

El 6 de Noviembre de 1939, David Parker Ray nació en Belen, New Mexico hijo de padres desconocidos. Durante su infancia, los padres de David peleaban incesantemente por las cosas más pequeñas. Estas discusiones terminarían en su eventual divorcio y las batallas legales con respecto a la custodia de David sobrevinieron. No obstante, ninguno de sus padres parecía estar apto para cuidar al niño, resultando en que sus hijos fueran ubicados con sus abuelos. David disfrutó de su tiempo con sus abuelos, remarcando con admiración las libertades que sus abuelos le permitían tener. Sin embargo, esta libertad iba de la mano con las consistentes visitas de su padre. En el caso de David, su juventud hubiera servido mejor si nunca más hubiera visto a su padre. Su padre era un alcohólico crónico y no mostraba remordimiento alguno en realizar actividades ilegales. Durante cada visita, su padre le dejaría numerosas revistas pornográficas que él leía de principio a fin. David recuerda su primera experiencia leyendo la revista pornográfica, siendo "emocionante" la palabra que utilizó para describir ese momento. Luego de que la emoción pornográfica menguara, su padre solía dejarle revistas que contenían pornografía sadomasoquista. Este nivel de pornografía representaba los placeres sexuales de algunos hombres derivados de infligir dolor en otras personas a través de la tortura. El pensamiento de torturar mujeres comenzó a excitar a David y, tristemente, los fundamentos de sus futuras escapadas estaban sentados. Durante sus años de secundaria, David era incesantemente acosado, notado por estar ampliamente atemorizado por las chicas de la escuela.

Debido a su falta de vida amorosa, David a menudo era el centro de las acusaciones homofóbicas y afirmaciones homosexuales. Sin embargo, debajo del silencioso exterior de un chico que estaba temeroso y nervioso alrededor de las mujeres había un hombre cuyas fantasías sexuales incluían violación y tortura. Mientras David siguió adentrándose en el mundo de la pornografía sadomasoquista, comenzó a dibujar su propia pornografía, representando diversas posiciones de tortura que él mismo creaba. David recuerda un momento en el cual su hermana descubrió sus dibujos y lo enfrentó por su fascinación con el amarramiento sexual. No obstante, él aseguró que la pornografía era simplemente un "pasatiempo" y que su respeto por las mujeres se mantenía intacto. Aunque su punto de vista sobre las mujeres estaba significativamente atrapado. Tras su graduación de la secundaria, se uniría al taller de autos local como empleado con el puesto de mecánico. Su trabajo dentro de la mecánica lo llevaría a una corta permanencia en la U.S. Army como mecánico general. Tras completar su trabajo, David fue honorablemente retirado de las fuerzas armadas y regresó a su vida civil como mecánico. Como mecánico, david comenzó a idear un plan para lograr sus fantasías sexuales de violar y torturar a una mujer. Sin tener ningún tipo de reparo en violar mujeres o promulgar violencia física contra ellas, comenzó a formular un plan para transformar un tráiler de ser un dispositivo de contingencia a una cámara de tortura. Para completar tal trágica transformación, procedió a insonorizar el tráiler y lo revistió con varios dispositivos de tortura. Estos elementos de tortura incluían poleas, látigos, cadenas, correas, abrazaderas, cuchillas quirúrgicas, barras separadoras de piernas, constrictores de cuero, y sierras de mano. David fue extremadamente lejos en el revestimiento del tráiler; para pronto ser la casa de terroríficos crímenes de tortura sexual.

Con su tráiler terminado, David comenzó los preparativos para victimizar a las mujeres que tanto había soñado. La mayoría de estos ataques ocurrirían en el Estado de New México cuando David aparcara su camión en una ubicación y trajera a sus víctimas hacia él. Si bien David sería el único responsable de las torturas, hubo mucha gente que estuvo de acuerdo en apoyar algunas de las facetas de David. Extrañamente, muchos de los cómplices fueron mujeres a las cuales David estaba actualmente victimizando; la amenaza de de sus acciones hacia ellas mostraba que no tenía ningún tipo de remordimiento aparente. Tras algunos intentos de tortura, agregó lagunas herramientas más a su cámara de torturas: jeringas, libros sobre técnicas de sufrimiento, juguetes sexuales, y un generador de electricidad casero que era el jefe de sus sesiones de tortura. Luego de aterrorizar extremadamente a sus víctimas, David había pegado un espejo en el techo del tráiler para que sus víctimas pudieran ser forzadas a observar los métodos de tortura mientras los sentían. Para la mayoría de sus torturas, amarraba a sus víctimas a una mesa en la cual procedía a realizar sus torturas, en principio removiendo pequeños trozos de piel del cuerpo de sus víctimas. En algunos casos, amarraba a sus víctimas a una mesa que las doblaba y dejaba desprotegida la zona de la vagina y gluteos. David procedía entonces a violarlas él mismo, a que sus amigos las violaran, o en algunos casos, permitía que su perro violara a las víctimas. Las escapadas terroríficas de David habían comenzado e iban a continuar ocurriendo durante muchos años. En la cumbre de la parte psicológica de las torturas, David decía que su emoción más grande era ver a sus víctimas ver su propia tortura.

En adición al espejo en el cual las víctimas podían verse a sí mismas, David también grababa cada sesión de tortura y hacía que sus víctimas vieran sus propias sesiones; de hecho, la parte más perturbadora de la tortura para sus víctimas era volver a verse a sí mismas pasando por todas las etapas de dolor que David les proporcionaba. Para él, su plan parecía a prueba de tontos. En su mente, él nunca sería atrapado. Sin embargo, estaba a sólo momento de cometer un error crítico. Durante un intento de atraer a una mujer hacia su tráiler, David vistió el uniforme de un oficial de policía e intentó arrestar a la mujer. La mujer cumplió al ser arrestada bajo el falso pretexto de ser una prostituta. David le colocó un par de esposas a la mujer y la metió en su auto. Condujo con ella hasta su tráiler donde la dama pronto comprendería que había sido engañada.

Horrorizada, no había nada que pudiera hacer. David encerró a la mujer en su cámara de torturas y por primera vez en mucho tiempo, movió su camión de la ubicación actual. Luego de conducir durante una hora, llegaron a Elephant's Butte donde decidió que los locales no pondrían resistencia ni atención a su camión. Una vez aparcado, David dejó el tráiler por tres días y se hospedó en un hotel en la zona con su novia Cindy Hendy. Al tercer día de haber sido secuestrada, la mujer se las arregló para desamarrarse y liberarse del tráiler. Hendy advirtió a la mujer escapando y comenzó a perseguirla pero fue detenida cuando fue apuñalada en el cuello por la mujer con un picador de hielo. La mujer logró huir de la escena satisfactoriamente, completamente desnuda y aún arrastrando cadenas y un collar de ahorque. No muy lejos del trailer, una vivienda le abrió las puertas a los pedidos frenéticos de ayuda de la mujer y las autoridades acudieron. Al llegar al tráiler, David fue puesto bajo custodia y se apoderaron del tráiler y su contenido.

Con David bajo custodia, muchas otras mujeres comenzaron a mostrarse, haciendo afirmaciones similares a las de la mujer que David recientemente había abordado. A través de los testimonios de las mujeres, la policía arrestó a varios de sus cómplices, muchos de los cuales eran oficiales de policía locales. Desgraciadamente, tras el descubrimiento de David, se supuso que los cuerpos de las mujeres asesinadas fueron depositados en una peligrosa mina y no fue posible encontrarlos. Sin cuerpos, no podían imputarse cargos por asesinato contra David. Sin embargo, un videotape fue encontrado en el tráiler proporcionado por la policía con amplia evidencia de que David había sido el cerebro detrás de la horripilante tortura. En este video, David abordaba y secuestraba a Kelli Garrett en 1996. David había convencido a su hija de atraer a Garrett al trailer adulterando su cerveza. Con Garrett bajo los efectos de la droga, David podría dejarla inconsciente y arrastrarla dentro de su tráiler donde pasaría tres días torturando a la joven. En muchas ocasiones durante la tortura, Garrett se desmayó del dolor y el shock. En el último día de la tortura de Garrett, David cortó su garganta y la dejó en la ruta, creyendo que había muerto. Sin embargo, Garrett, se recuperó completamente y se mudó de la zona. En una retorcida vuelta del destino, el marido de Garrett habría creído que ella lo engañaba y se habría divorciado inmediatamente tras su regreso, a pesar del grado de sus heridas. Con el testimonio de Garrett y el video en el cual estaba siendo torturada, la policía creyó que tenía el caso perfecto contra David. Sin embargo, querían encontrar un cuerpo para poder imputar a David por asesinato, convencidos de que esta era la única manera de conseguir la pena de muerte que sabían que merecía. A pesar de enviar a más de 100 agentes a la propiedad de David, ni un solo cuerpo habría sido encontrado durante sus búsquedas. David jamás se enfrentó a un juicio por asesinar a una mujer.

Con tres mujeres siendo abordadas en diferentes momentos, la corte decidió que se iban a realizar tres juicios diferentes, uno por cada mujer. Sin embargo, una de las víctimas moriría antes del juicio, dejando el juicio imposibilitado de ser realizado. Durante los primeros días de interrogatorio, la policía le ofreció a David la oportunidad de una sentencia de 224 años en prisión a cambio de información vital. En fin, David no iba a ser procesado por asesinato, y la policía nunca le reveló a David que no habían encontrado ningún cuerpo.

David aceptó el trato ofrecido y divulgó las ubicaciones de de muchos de sus crímenes. Durante este tiempo, la policía habría acusado a varios de sus cómplices, todos ellos irían a prisión por extensos períodos de tiempo. Tres años tras ser arrestado por tortura, David estaba preparado para ser transportado al Lea County Correctional Facility. La policía estatal estaba interesada en entrevistarlo extensamente previo al comienzo del juicio. David comenzó a mostrar cooperación, llevando a la policía a confiar en que pronto iban a encontrar un cuerpo. Sin embargo, David sucumbió ante un paro cardíaco y falleció antes de que la policía pudiera a llevarlo a un hospital. No se sospechaba que su muerte era un juego sucio de parte de David pero la policía estaba devastada al saber que jamás tendrían la ubicación definitiva de alguno de los cuerpos de las víctimas de David. La vida de David Parker Ray, aunque una vez fue un iceberg de condena y tragedia aplastando las vidas de las jóvenes mujeres que interactuaron con él, Ahora era incapaz de volver a torturar. El nombre de David Parker Ray rea por siempre recordado como el de un cobarde depredador que utilizaba a las mujeres para satisfacer sus enfermizos placeres sexuales.

Capítulo veintiuno

Edmund Kemper

A lo largo de los registros de asesinos seriales y asesinos de alto perfil, un perturbador común denominador existe entre la mayoría de los casos: Necrofilia. La necrofilia es una fascinación con los cuerpos sin vida, más específicamente, una fascinación con realizar actos sexuales sobre cuerpos sin vida. Con este tipo de personas reverenciando los cuerpos como un mero "templo" para ellos, no debería sorprender que estos hombres y mujeres puedan quitar vidas tan arbitrariamente. La fracción de sorpresa de este grupo de personas viene de aquellos quienes pueden tomar la vida de uno de los miembros de su familia. La capacidad de tomar la vida de las personas mas cercanas que uno puede tener en este mundo demuestra una naturaleza callosa que es atemorizante incluso para el perpetrador. Uno de los casos de un hombre que mostró tan poco remordimiento por matar a su familia es el caso de Edmund Kemper III. Durante su vida, Edmund tomó la vida de sus abuelos y de su madre en adición a otros siete individuos. Al considerar la vida de Edmund, el motivo detrás de la descarada naturaleza de sus asesinatos se vuelve muy clara: puro odio. Como víctima de abuso verbal y físico desde niño, Edmund perpetró su venganza en su madre asesinando brutalmente a sus padres antes de volver por ella. La vida de Edmund Kemper es un ejemplo de alguien a quien el odio le hizo perder la cordura y alimentó una ira insaciable, que resultó en la insensible carnicería de diez personas. Al rehusarse a controlar su ira, Edmund se debilitó a sí mismo y está pagando el precio de las consecuencias de sus acciones sirviendo con ocho cadenas perpetuas. Una vida brillante, una vez pregonada de ser lo suficientemente buena para la escuela de medicina, ahora vive tras las rejas, y todo gracias a una incontrolable furia.

Nacido el 18 de Diciembre de 1948, Edmund Kemper III comenzó su vida en los brazos de Edmund Kemper II y Clarnell Kemper. Edmund fue el segundo de tres hijos nacidos de la pareja y pronto sería el único hijo en la familia. Su padre había trabajado en la segunda guerra mundial y mantenía su empleo en el ejército haciendo pruebas con armas nucleares hasta que la guerra hubiera terminado. Cuando su padre decidió que necesitaba un empleo más cercano a su casa, comenzó a trabajar como electricista para la ciudad, un trabajo que su esposa particularmente despreciaba. Cuando su madre hubiera menospreciado el trabajo de su padre refiriéndose a él como un "servil" trabajo de electricista, su padre siempre respondería "... las misiones suicida en tiempos de guerra y probar bombas atómicas no son nada comparado a vivir con ella." A lo largo de toda la infancia de Edmund, el odio entre sus padres era canalizado a través de él, dejando a Edmund terriblemente descuidado. A una edad temprana, sus padres notaron que Ed tenía una estatura llamativamente alta. Cuando tenía apenas cuatro años, medía más de un pie de altura que otros niños de su misma edad.

Además de extrema altura, sus padres notaron que parecía ser un niño muy inteligente. A pesar de estas particulares características encontradas en su vida, Ed comenzó a asustar a sus padres con hábitos extraños; la mayoría de esos hábitos extraños se centraban en su crueldad demostrada hacia los animales. En muchas shockeantes oportunidades, Edmund mató o torturó animales y a menudo desfilaba por la casa cargando los cadáveres de sus víctimas.

En una ocasión, Edmund sepultó al gato que su familia había adoptado como mascota mientras estaba con vida. Tras estar seguro de que estaba completamente muerto, cavó el fresco sepulcro con sus propias manos y tomó al gato, para luego decapitarlo y colocar su cabeza en un palo. Luego de rondar por la casa con la cabeza del gato por algunas horas, Edmund tuvo miedo de que sus padres vieran el gato y comprendió lo que había hecho y procedió a sepultar al gato definitivamente. Cuando cumplió trece años, exhibió aún más crueldad hacia los animales cuando mató a otro gato bajo la afirmación de que al gato le gustaba más su hermana que él. Si bien Edmund no desfiló con este gato como lo había hecho con su anterior víctima, lo mutiló y se guardó varias partes del gato en su closet. Tras el descubrimiento de su madre, ella lo forzó a deshacerse de los restos del gato pero no lo reprendió por sus acciones. Poco sabía su madre acerca de que estas mutilaciones estaban creando las bases de futuras mutilaciones que representaría en humanos. En su juventud, Edmund era conocido por tener buen conocimiento y fascinación por la muerte. En un ritual enfermo, Edmund a veces solía cortar las cabezas de las muñecas de juguete de su hermana. Además, su vida hogareña comenzó a deteriorarse y le causó experimentar dos roces cercanos con la muerte, ambos a manos de sus hermanas. Cuando sus padres se separaron, Ed se frustró tanto con la vida que prometió que algún día iba a quedar a mano con sus padres.

Debido a la separación, fue forzado a vivir con su madre quien iba también en caída hacia las profundidades de la adicción al alcohol. Clarnell pensó muy poco en Edmund e intentó demostrar este extremo odio diariamente a través de burlarse de su propio hijo. Afirmando que no sabía lo que Edmund podría haberle hecho a sus hermanas, su madre lo obligó a vivir en el sótano de la casa, dejándolo subir a la casa solamente para comer y ocasionalmente para salir.

A menudo, Edmund sería el motivo de risa de su madre por su altura exorbitante. En este punto, Edmond medía 6'5'' pies de altura y era antinaturalmente delgado. A media que creció, su posición con su madre se había deteriorado al punto de que su madre frecuentemente se refería a él como un "verdadero bicho raro." Cuando era niño, su madre se negó a abrazarse con él, citando que tenía miedo de que su hijo se vuelva gay. Esta negación se volvió en una suerte de discurso de odio cuando ella comenzó a asegurarle a Edmund que él era tan malo como su padre y que jamás iba a encontrar a una mujer que lo ame. Tales palabras tan llenas de odio dejaron a Ed aún más resentido con su madre y causaron que su relación empiece a ser totalmente distante. Edmund recuerda que en esos momentos, se sentía como si no tuviera una madre en absoluto, sino que en lugar de ello tenía a una mujer empecinada en desalentarlo de su potencial. Desgraciadamente, ella tendría éxito, y le costaría el precio más caro que jamás hubiera imaginado.

Poco después de cumplir 15 años, Edmund decidió que su madre era insoportable y que ni siquiera valía el esfuerzo de menospreciarla constantemente. Sin más opciones, Ed huyó de su casa y se fue a vivir con su padre. Tras divorciarse, su padre se mudó a Van Nyus, California. Edmund hizo dedo hasta Van Nyus y lo encontró, se había vuelto a casar hacía poco tiempo con una mujer que tenía un hijo. Su padre no estaba muy encantado con el regreso de su hijo y pronto Edmund se encontró siendo despreciado por su padre. Luego de un mes de vivir con su padre, fue obligado a dejar la casa y se mudó con sus abuelos maternos quienes vivían en North Folk.

Al poco tiempo de vivir con sus abuelos Edmund comprendió que éstos no eran mucho mejores que sus propios padres en menospreciarlo. Si bien el desaliento no era tan frecuente como lo era en casa de sus padres, Edmund afirmó que era aún peor debido a su mentalidad "senil" y su "constante emasculación de [él] y [su] abuelo." Durante los primeros días de su permanencia con sus abuelos, Edmund comenzó a mostrar desdén hacia ellos, a menudo teniendo fuertes discusiones que resultaban en Edmund pasando horas fuera de la casa. El 27 de Agosto de 1964, Edmund y su abuela se lanzaron a una discusión particularmente violenta.

Desgraciadamente, esta discusión terminaría siendo mucho más violenta que cualquier otra discusión que jamás habían tenido. Tras que ninguno de los dos pudo calmarse, Edmund corrió a su cuarto donde tenía guardado un rifle de caza. Cargo el rifle y corrió nuevamente a la cocina donde procedió a dispararle a su abuela en la cara. Luego de esto efectuó dos disparos más en su espalda para asegurarse de que ella estaba verdaderamente muerta y luego la apuñaló múltiples veces en su abdomen con una cuchilla. Cuando su abuelo volvió tarde del trabajo aquel día, Edmund le disparó en el mismo instante en que salió de su vehículo. Al dar unos pasos hacia atrás y comprender lo que acababa de hacer, creyó que lo mejor era telefonear a su madre y buscar su sabio consejo en cómo proceder. Su madre estaba entendiblemente molesta por la situación, pero este asesinato era muy probablemente precipitado en la base de odio que ella había creado en Edmund muchos años antes.

Una vez que su madre fue informada de la atrocidad que había cometido su hijo, ella le aconsejó que llamara a la policía para entregarse. Como un niño de 15 años, Edmund acababa de cometer un doble asesinato y ahora enfrentaría un juicio para evaluar su castigo. Previo a dictar su sentencia, el juez llevó al psiquiatra Donald Lunde para evaluar a Edmund y ver cuál fue el motivo de de las muertes. Tras una breve conversación el motivo se volvió bastante claro: Puro odio hacia sus padres. "A su manera," escribió

Lunde, "él se vengó del rechazo de ambos, de su padre y de su madre." Desgraciadamente, Edmund ahora se volvería rechazado por la sociedad, la noticia de este terrorífico doble asesinato se esparció muy rápido. Edmund fue diagnosticado con esquizofrenia paranoide y fue enviado a servir una sentencia de cinco años en el sector de criminalmente insanos del sistema penitenciario estatal de California.

Durante su permanencia en prisión, Edmund se volvió el tema de la prisión, primeramente porque nadie estaba de acuerdo con que fuera encerrado en la unidad de los criminalmente insanos. Cada reporte de los psiquiatras que daban detalles de Edmund constataban que era inteligente y demostraban que "no sufría delirios, no había interferencias en sus pensamientos, no tenía expresiones de alucinaciones, y no evidenciaba pensamientos extraños." Los investigadores estaban perplejos. La pregunta recurrente se convirtió en: "¿Cómo podría un hombre cometer un acto tan enorme, ser considerado criminalmente insano, y entonces dar un giro completo?" Este era el mismo hombre que meses atrás habló de la muerte de su abuela diciendo, "Solo quería saber como se sentía matar a la abuela." Una semana más tarde durante las subsecuentes pruebas de CI, Edmund obtuvo un puntaje de 136 antes de subsecuentemente tener un puntaje de 145. Además de su excelencia en inteligencia, también comenzó a demostrar su buen comportamiento. En el clímax de su buen comportamiento, Edmund se unió a los Jaycees y se volvió un miembro esencial dentro de la prisión.

Tras cinco años de haber sido sentenciado, se demostró que Edmund podía ser parte de la sociedad nuevamente y fue puesto en libertad condicional por buen comportamiento. Edmund estaba lejos de ser bueno y de hecho estaba actuando una de las mentiras más largas que un hombre podría actuar. Su rostro de venganza y revancha pronto volvería a surgir, y la policía estaría horrorizada al descubrir los crímenes que cometería.

En concordancia con las leyes estatales, Edmund fue liberado al cuidado de su madre y pronto comenzaría a experimentar el mismo menosprecio que había estado experimentando previo a ser arrestado. Además de ser forzado a permanecer con su madre, Edmund fue también forzado a asistir al colegio de la comunidad. Si bien fue rechazado del camino de su carrera inicial de ser oficial de policía, Edmund comenzó a trabajar con los oficiales de policía y creó muchas relaciones duraderas con ellos. Luego de tres meses de vivir con su madre, Edmund tenía suficiente estabilidad financiera para mudarse de su casa e ir a vivir con su amigo. Sin embargo, su madre continuaba llamándolo varias veces al dia todos los días y a menudo se aparecía en su casa inesperadamente.

Luego de que Edmund iniciara su nuevo trabajo en el departamento de autopistas, ahorró suficiente dinero para comprar un Ford Galaxy el cual comenzó a utilizar para transportar mujeres jóvenes de ida y vuelta al trabajo. Edmund sintió una gran emoción al estar en control del destino de estas mujeres, aunque él transportaría a muchas de ellas sin herirlas antes de dar comienzo a su oleada de asesinatos. Tras casi 150 mujeres, Edmund comenzó a sentir deseos que no pudo resistir, lo que culminó en los asesinatos de Mary Ann Pesce y Anita Luchessa. Estas dos colegialas habían estado haciendo dedo y fueron levantadas por Edmund. Las condujo hasta un bosque que estaba a millas del lugar al que ellas intentaban llegar. Una vez allí, amarró a ambas chicas con esposas, las estranguló, y las violó luego de haberlas asesinado. Edmund había fantaseado sobre violar a una mujer mientras estuviera viva pero el riesgo de dejar algún testigo con vida lo condujo a cometer estos actos una vez que la mujer estuviera muerta. Luego de haber tenido sexo con ambas víctimas tras sus muertes, Edmund dejó los cuerpos al pie de la montaña Loma Prieta. La policía encontraría el cráneo de Pesce pero de Luchessa nada sería encontrado jamás.

Sólo cinco meses luego de los asesinatos de Pesce y Luchessa, Edmund atrajo a Aiko Koo, una estudiante Coreana de 15 años de la zona, a su auto donde la dejó inconsciente, la violó, y entonces la asesinó. Edmund casi comete un error crítico cuando quedó "encerrado" fuera del auto. Sin embargo, por razones desconocidas, Koo lo dejó regresar al vehículo donde él eventualmente la mató. Edmund tomó el cuerpo, lo guardó en su maletero, y lo llevó a su apartamento donde sería desmembrado y eliminado. Sobre los dos próximos meses, Edmund mataría y violaría a otras tres mujeres. Si bien estos crímenes son horribles, el clímax de la ola de asesinatos de Edmund fue el 20 de Abril de 1973, cuando tuvo una violenta discusión con su madre. Edmund se mudó nuevamente con su madre y estaba despierto una noche cuando ella anunció ruidosamente que había regresado de una fiesta. Tras su llegada, comenzó una discusión con Edmund que incrementó incesantemente, llegando a su apogeo cuando, haciéndose con un martillo, Edmund golpeó a su madre aplastando su rostro. Tras haberla dejado inconsciente, Edmund cercenó la cabeza de su madre y la colocó sobre un estante y comenzó a arrojarle dardos y así estuvo durante horas. Más tarde, Edmund tomó el cadáver y lo llevó a su cuarto donde tuvo sexo con el cuerpo.

Luego de arrojar el cadáver en el maletero de su auto, se comunicó con Sally Hallett, la mejor amiga de su madre, y tras llegar a su casa, la estranguló hasta matarla. Edmund entonces separó la cabeza del cuerpo y usó el resto de la noche para tener sexo con el cadáver. Cuando ya había obtenido todo el placer que pudo de aquel momento, llamó a la policía, se entregó, y esperó su llegada.

Una vez en prisión, Edmund fue acusado con ocho cargos por asesinato. Tras el dictamen, comenzó a gritar que quería pena de muerte, un pedido que mantuvo hasta ser puesto en prisión. Cinco meses luego del incidente, Edmundo fue encontrado culpable de los ocho cargos por asesinato en primer grado y sentenciado a cadena perpetua. Sin embargo, continuó pidiendo y suplicando "muerte por tortura." Debido a que la pena de muerte había sido suspendida en el estado de California por aquel entonces, Edmund jamás realizó su deseo y fue enviado al California Medical Facility de por vida, donde reside hasta el día de hoy. Siendo o no la locura un factor que contribuyó a perpetrar estos asesinatos nunca se sabrá. Sin embargo, uno podría engañarse al no prestar atención al daño y la devastación que generó el rechazo que Edmund recibió a lo largo de su vida. Con dos padres que se negaron a amarlo, Edmundo tomó venganza de sus padres del modo más vil y cruel: cobrándose la vida de aquellos que alguna vez amaron y luego, tomando sus propias vidas.

Capítulo veintidos

Andrei Chikatilo

Si uno se sentara a observar la vida completa de un asesino en serie, encontraría el punto exacto en el que la vida de esta persona cambió rotundamente; adónde llegaron de ser una person que amaba la vida a convertirse en alguien que buscó cosechar las vidas de los demás por el simple hecho del desprecio o porque disfrutaba de hacerlo. En algunos casos, la negligencia de los padres puede ser el factor más contribuyente. En otros, un momento de rechazo pudo haber causado el gran cambio. En el caso de Andrei Chikatilo, el revés en su vida fue claro cuando descubrió que era impotente. Tal condición o enfermedad, más comúnmente conocida como DE, hoy afecta a millones de hombres en el mundo. Sin embargo, muchos de los hombres buscan ayuda y apoyo para poder sobrellevar la decepción de no ser capaces de tener relaciones sexuales. Este no sería exactamente el caso en la vida de Andrei Chikatilo. En lugar de buscar ayuda de una fuente que le diera sabiduría, Andrei buscó satisfacción sexual desde otras fuentes, lo que definitivamente culminaría en matar por el simple hecho de disfrutar de ello. En su vida, Andrei Chikatilo asesinó a más de 55 personas y abusó sexualmente de numerosos niños. Tras su última aprehensión, Andrei confesaría que durante cada uno de estos asesinatos, él experimentó el placer sexual que le había sido negado durante toda su existencia. Tal revelación fue el motor detrás del motivo que poseía a Andrei. No obstante, el legado de Andrei fue trágico, y terminó con la pérdida de vidas inocentes simplemente por el placer sexual que él experimentaba cada vez que asesinaba a alguien. A través de la vida de Andrei, se le puede recordar a la humanidad que la codicia y la insatisfacción quitan más que la simple felicidad de la persona insatisfecha; también se queda con la vida de esa persona.

Nacido en un pequeño pueblo en las afueras de Sumy Oblast en la porción Ucraniana de la USR, Andrei Chikatilo fue nacido de dos padres que trabajaban duro, pero que eran a su vez incapaces de proveer de los requisitos necesarios para cuidarlo debido simplemente a las rigurosas restricciones impuestas en su tierra por la mano de Joseph Stalin. Las duras sanciones de Stalin sobre el pueblo condujeron a un hambre extremo experimentado por el total de la clase trabajadora de la USR. Andrei recuerda que su madre le contó que tuvo que dar a su hermano mayor Stepan a sus vecinos para que se lo comieran. Tal historia horrorizó al pequeño Andrei y temía continuamente ser el alimento de sus vecinos si no se "ganaba quedarse" en casa. A pesar de los intentos de su padre por darle de comer a su familia, se veían a menudo obligados a comer pasto y hojas que recolectaban de la calle. Cuando Andrei cumplió doce años, comió pan por primera vez en su vida, documentando cuán dura era realmente la hambruna establecida por Stalin. Su padre se unió al ejército rojo durante la segunda guerra mundial y Andrei fue dejado en compañía de su madre cuando tenía apenas cinco años de edad. Cuando los Nazis invadieron Ucrania, Andrei se acostumbró a los horrores promulgados por el ejército Nazi. A menudo, Andrei y su madre se verían obligados a esconderse entre los barrancos y zanjas para evitar ser vistos por los Nazis. En el clímax de la guerra, observaron atónitos desde una zanja como su choza y sus únicos medios de protección eran incinerados, a manos del ejército Alemán.

Amigos y miembros de la familia los ayudaron a restaurar su casa, pero Andrei se quedó sin una cama, obligado a dormir con su madre en su cama. Andrei tenía sólo siete años en ese entonces cuando aún mojaba su cama cada noche. Tras mojar su cama, su madre lo golpeaba severamente y le daba reprimendas por ser un inconveniente para ella.

Cuando cumplió ocho años, su madre inesperadamente dio a luz a una niña que llamó Tatyana. Durante este tiempo, el padre de Andrei era un prisionero de guerra con lo cual no había posibilidades de que él sea el padre de la niña. Por el contrario, el padre de Tatyana era un desconocido soldado Nazi que había violado a la madre de Andrei durante una requisa que se hizo en su casa. Poco después, Andrei comenzó a asistir a la escuela y notaron que era extremadamente inteligente a pesar de ser antinaturalmente débil. Su inusual estatura causó un gran desafío cuando los estudiantes de su escuela comenzaron a burlarse de él e intencionalmente corrieron hacia él haciéndolo caer. Andrei era también propenso a sufrir desmayos debido a su falta de nutrición.

Sin embargo, Andrei hizo lo mejor que pudo para que estos desafíos no se interpongan en su educación, a menudo llevándose sus tareas a casa y estudiando hasta muy tarde en la noche.

En su segundo año de escuela, su madre notó que tenía una habilidad heredada de memorizar amplias cantidades de información. Este hábito continuó hasta incluso la secundaria, donde los profesores de Andrei sostenían que era un estudiante modelo. Con el incentivo de no permanecer pobre ante sus miradas, Andrei continuó estudiando duramente y finalmente se graduó en 1954, siendo el primer integrante de su familia en terminar sus estudios. No obstante, este momento de alegría y exultación se desmoronó significativamente cuando Andrei descubrió que era impotente. Andrei lo sospechó durante años pero se encontró con que sus sospechas eran ciertas cuando empezó a asistir a citas con mujeres pero le era imposible mantener una erección durante la cita. Las mujeres remarcaron que se ponía increíblemente nervioso, y que quizás esto era el resultado de su impotencia sexual. Una vez en un ataque de ira, Andrei saltó sobre la espalda de su prima y ambos cayeron al suelo. Siendo un joven de diecisiete años, Andrei notó que había experimentado un orgasmo mientras ella luchaba y se retorcía por liberarse de sus garras. Desgraciadamente, esta recolección habría servido como fundamento para su futuro cuando Andrei comenzaría a asesinar por la emoción sexual que deseaba sentir.

Una vez graduado de la secundaria, Andrei intentó llevar su educación a la universidad, pero su ingreso a la universidad estatal de Moscú fue denegado basándose en que no tenía los títulos adecuados. Si bien Andrei se negó a creer esto y afirmó que la Universidad lo estaba discriminando debido al estado de su padre como traidor del ejército, la verdad era que Andrei simplemente no había realizado correctamente el exámen de ingreso a la Universidad, lo que para él era tomado como un nuevo fracaso en su vida. Enfrentado al fracaso de no poder entrar a la universidad, Andrei entró forzosamente a la labor de electricista en Kursk antes de subsecuentemente unirse a la escuela vocacional para obtener un certificado como técnico en comunicaciones. A lo largo de todo su viaje para convertirse en técnico en comunicaciones, Andrei no era capaz de mantener relaciones serias debido a su impotencia sexual. En 1957, ingresó como empleado del Ejército Soviético cuando fue redactado por el gobierno que debía trabajar como guardia en la frontera de Asia Central.

En 1960, Andrei se volvió comunista de buena fé de acuerdo a ser garantizado con abandonar el ejército muy pronto. De regreso en Ucrania como civil, Andrei regresó a casa de sus padres donde su padre había vuelto recientemente de su permanencia como prisionero de guerra. Una vez en casa, Andrei se sintió humillado al encontrar que todo el pueblo sabía que era incapaz de mantener relaciones sexuales. Humillado, Andrei recuerda, "Las chicas iban caminando detrás de mí susurrando que yo era impotente. Me sentía tan avergonzado. Trate de colgarme. Mi madre y algunos chicos que eran vecinos me quitaron de la soga. Bueno, creí que nadie querría a un hombre tan avergonzado de sí mismo. Tenía que irme de allí, escapar de mi tierra." Y escapó. Tras pasar un período yendo de ciudad en ciudad, Andrei consiguió empleo en Rostov-on-Don como ingeniero de comunicaciones. Dos años más tarde, se casó con Feodosia Odnacheva, aunque su matrimonio fue ampliamente orquestado por su hermana y ambos sentían muy poco amor por el otro.

Cuando Andrei reveló su impotencia sexual ante su nueva esposa, ella ideó una manera extraña en la que le era posible concebir al intimar con Andrei. El plan funcionó y Andrei pronto fue padre de dos hijos. Poco después de casarse con su mujer, Andrei tomó un puesto en Novoshakhtinsk como maestro. Andrei demostró ser un maestro terrible, incapaz de brindarle ayuda a sus estudiantes o incluso marcar un semblante de orden dentro del aula. Trágicamente, su posición como maestro de escuela demostraría más efectivamente su búsqueda por el placer sexual ya que su primer asalto ocurriría exactamente aquí. Entre 1973 y 1974, Andrei abusó sexualmente de varios estudiantes, tanto en el aula de clases como en espacios públicos. A menudo, los maestros pasarían caminando junto a su aula, solo para ver a Andrei tocando sus partes delante de sus alumnos. Cuando su obsesión sexual resultó obvia para la universidad, el presidente de la escuela le informó a Andrei que podía irse voluntariamente o bien ser despedido del establecimiento. Andrei decidió renunciar y asumió un puesto similar en una escuela cercana poco antes de irse para comenzar a enseñar en Shakhty.

En 1978, su obsesión sexual lo condujo a asesinar a su primera víctima, una niña de nueve años llamada Yelena Zakotnova. Andrei atrajo a Yelena hacia su casa, contándole cuentos sobre las pilas de dulces que tenía guardadas en su casa. Tras un fallido intento de violar a la niña, Andrei procedió a apuñalarla repetidas veces en su estómago, un proceso que culminó con su eyaculación. Cuando Andrei comprendió que la única manera en la que le era posible obtener placer sexual era asesinando gente, comenzó a buscar a los más débiles que la sociedad puede ofrecer. Fugitivos, gente sin hogar, prostitutas y niños se volvieron sus presas. Desgraciadamente, tras la muerte de Yelena Zakotnova, la policía falsamente arrestó y procesó a un ex convicto haciéndolo cargar con su asesinato, a pesar de las numerosas piezas de evidencia que apuntaban a Andrei. Este ex convicto fue injustamente condenado a muerte por el asesinato de Yelena, y así le costó a la policía una vida inocente por su gran inadvertencia. Si la policía hubiera puesto más atención en la evidencia que en los registros criminales previos, los historiadores creen fuertemente que esto podría haber evitado la ola de crímenes en masa proporcionada por Andrei. En 1981, Andrei fue despedido de su puesto como maestro debido a los numerosos casos de mala conducta sexual en los que se había visto envuelto.

Sin embargo, ningún reporte policial fue presentado y Andrei era libre de moverse por las calles, sin el conocimiento de la policía.

Una vez más, la grave incompetencia de la policía le permitió a Andrei continuar con su ola de crímenes en lugar de ser llevado ante la justicia por sus atrocidades contra la humanidad. Dos días luego de asesinar a Yelena, Andrei estranguló a Larisa Tkachenko y utilizó sus dientes para mutilar su cuerpo. Tras notar su cuerpo acribillado, Andrei tuvo un orgasmo y comenzó a retorcerse sobre su cuerpo sin vida. Durante los siguientes nueve meses, Andrei dejó de matar hasta que sus tendencias sexuales enfermas lo sobrepasaron y comenzó a buscar a su siguiente víctima. Poco después de dejar su casa, Andrei se encontró con una niña de trece años llamada Lyubov Biryuk. Andrei atrajo a Lyubov al bosque donde la apuñaló repetidas veces en su estómago. Una vez muerta, procedió a arrancarle sus ojos, sucumbiendo al demoníaco cuento que describe cómo los demonios observan a los perpetradores a través de los ojos de sus víctimas. Cuando Andrei comprendió lo fácil que era matar y el placer y excitación que esto le causaba, comenzó a ser menos discreto en elegir y matar a sus víctimas. En dos meses, Andrei asesinó a cinco personas, todos chicos que huyeron de sus casas de entre nueve y dieciocho años. Luego de que Andrei matara a otro niño en Diciembre de 1982, la policía comenzó a levantar sospechas de los sistemáticos asesinatos en la zona. La policía desplegó a numerosos detectives en las escenas del crimen, enfocados en la búsqueda de éste perpetrador que tanto miedo estaba causando. El jefe de detectives, el Mayor Mikhail Fetisov, redujo sus temores cuando notó marcas similares en los ojos de las víctimas. En la mente de Fetisov, no había dudas de que un asesino en serie estaba suelto y que su identidad era completamente anónima.

A partir de Junio de 1983 y hasta Septiembre de ese mismo año, Andrei asesinó a otras seis mujeres, todas fueron vinculadas por la policía al asesino que había matado a las cuatro víctimas anteriores. Sin conocer su identidad, la policía comenzó a compilar una lista de las supuestas características que poseía su asesino. Tras meses de deliberar con psiquiatras y psiquiatras criminólogos, la policía llegó a la correcta conclusión de que estaban buscando a un hombre que había sido abusado de niño y que enfrentaba una disfunción eréctil en sus años de adultez. Para cerrar el año 1983, Andrei asesinó brutalmente a Sergey Markov, un niño de 14 años a quien apuñaló setenta veces en todo el proceso del ataque. En 1984, Andrei mató a alrededor de veinte personas; en ninguno de los casos dejó pistas de haber estado en la escena del crimen. La policía de Rusia estaba tanto perpleja como aterrorizada. La voraz y violenta naturaleza de los crímenes cometidos por Andrei estaban aterrorizando a la gente, y la naturaleza aleatoria con la cual seleccionaba a sus víctimas mantenía a la gente encerrada en sus casas.

Cerca del final de 1984, Andrei fue arrestado por robar equipamiento de uno de sus empleados a quien había contratado años antes. Previo a su arresto, había sido visto caminando por los alrededores de su pueblo, hablando con mujeres aleatoriamente, y aparentemente acechando a estas mujeres. En una ocasión, él iba y presionaba su pene erecto contra extraños sin su consentimiento. La policía no hizo nada y se negó a procesarlo más allá de su pequeño robo. Andrei habría servido un corto tiempo en prisión antes de ser liberado, libre de continuar con salvaje ola de asesinatos para su satisfacción sexual. Durante los siguientes dos años, Andrei habría limitado sus asesinatos a ciudadanos que elegía al azar y a no más de uno cada mes.

Durante un breve período, el dejó de asesinar completamente debido a la publicidad nacional que estaba recibiendo. Sin embargo, sus deseos sexuales regresaron, y a finales de 1986 Andrei retomó sus matanzas. En 1987, asesinó a otras tres personas, una hazaña a la cual volvería en 1988. Desde 1988 hasta 1990, Andrei asesinó a siete personas más que se pudieron reconocer. Cometió un error crítico el 6 de Noviembre de 1990 cuando asesinó a una mujer y lavó sus manos a plena vista de un oficial de policía. Si bien el oficial no lo arrestó en el acto debido a falta de evidencias, abordó sin embargo a Andrei y le pidió su identificación, datos que anotó antes de que Andrei pudiera irse del lugar. Cuando la policía encontró un cuerpo en la misma zona en la que Andrei había estado días atrás, el mismo oficial nombró a Andrei como principal sospechoso y fue puesto bajo vigilancia durante las 24 hs. Tras apenas seis días de vigilancia constante, Andrei fue visto merodeando los alrededores de Novocherkassk y hablando con niños. Entonces la policía arrestó a Andrei bajo sospecha de asesinato y le encontraron varias armas mientras lo registraban. Estas armas serían la evidencia principal en el juicio que comenzaría dos años más tarde.

El 14 de Abril de 1992, el juicio de Andrei comenzaría. El juicio duró casi seis meses y el 15 de Octubre, el juez Akubzhanov afirmó lo siguiente: "Tomando en consideración las horribles fechorías del culpable, la corte no tiene otra alternativa que imponer la única sentencia que este hombre merece. Por lo tanto lo sentencio a muerte." Andrei habría sido ejecutado por fusilamiento el 14 de Febrero de 1994.

Capítulo veintitres

Henry Lee Lucas

La expectativa de vida de un asesino serial tiene un apogeo: y es cuando están asesinando la mayor cantidad de gente a la vez que permanecen como desconocidos para las autoridades. Para la mayoría, ese momento ocurrió poco antes de ser capturados por la policía, agregando vitalidad al hecho de que los criminales toman decisiones apresuradas que les cuesta su libertad a medida que sienten más poderosos y confiados. Un caso así dentro de la historia sería el de Henry Lee Lucas, un hombre cuyo prestigio como asesino serial proviene de un elemento para nada ortodoxo: sus confesiones o más bien la oportuna naturaleza y amplitud de sus confesiones. Henry Lee Lucas sólo fue sospechoso de asesinato cuando comenzó a contar los incontables otros asesinatos de los cuales supuestamente él era responsable. Sin embargo, luego de chequear con varias fuentes, se descubrió que Henry Lee Lucas había probablemente mentido sobre estos asesinatos con el simple fin de cumplir con los requisitos para obtener un acuerdo con la fiscalía. Esto causaría una falsa sensación de justicia para miles de familiares de las víctimas y un montón de trabajo policial para llevar a cabo el reporte de que todas sus confesiones fueron falsas. Si bien la cantidad de asesinatos a su nombre fue una fábula, el hecho de que él fue un asesino serial jamás fue una pregunta que debía ser cuestionada. Henry Lee Lucas mató a tanta gente que sólo la historia sabe cuántos de sus asesinatos pueden ser verificados. Desgraciadamente, como en el caso de muchos asesinos en serie, Henry tuvo una infancia llena de abusos e inestabilidad. La vida de Henry Lee Lucas culminaría con su muerte en prisión; su vida serviría como precedente para notar en otros y derivar las acciones correctivas correspondientes. De la vida de Henry Lee Lucas, la sociedad puede tener una clara imagen del resultado que puede generar tener una vida vacía de amor y un hogar sin estructuras.

Nacido el 23 de Agosto de 1936, Henry Lee Lucas fue víctima de haber nacido en un hogar donde el amor no se encontraba en ninguna parte. La sombra de la tristeza creaba un velo que cubría completamente el hogar, una oscura premonición de la muerte que seguiría un día a la tristeza que el hogar albergaba. Henry, fue abusado físicamente por sus padres a lo largo de toda su infancia, dos personas que depositaron todas las frustraciones de sus vidas en él. Poco después de que Henry cumpliera 10 años, estuvo envuelto en una violenta pelea con un amigo que resultó en una severa infección en su ojo izquierdo. Los médicos hicieron todo lo que pudieron para salvar su ojo, pero la infección estaba tan manifestada, que Henry pasaría toda su vida portando un ojo falso llenando el hueco de su ojo izquierdo que había sido removido. En un hogar vacío de amor, Henry fue obligado a llegar a cualquier límite por un poco de atención, lo que culminó en encontrar que su reputación se fundara en un comportamiento extraño. Casi al límite de lo maníaco, sus amigos describen a Henry como a un chico que podía llevar a cabo cualquier actividad, independientemente de cuán peligrosa o atemorizante fuera ésta, él simplemente lo hacía, con tal de recibir atención. Algún día creando las bases de sus fantasías sexuales, la madre de Henry se ganaba su vida como prostituta, a menudo llevando clientes a su propia casa cuando su esposo no estaba.

Durante estos momentos, Henry siempre era obligado a ver a su madre teniendo sexo con sus clientes. Además de ser una prostituta, era una transvestista, y Henry era obligado a participar como travesti en público. Cuando Henry cumplió trece años, la tragedia azotó su hogar cuando su padre falleció. Su padre había sido un lisiado durante años, a causa de un accidente de ferrocarril que terminó con sus piernas rebanadas por un vagón de tren. En suma a la tragedia de la situación, su padre murió al haber quedado encerrado afuera durante una tormenta de nieve. Incapaz de alcanzar el picaporte de la puerta, simplemente permaneció sentado, en la puerta de la casa hasta que desarrolló una hipotermia y murió congelado. Si bien su padre había demostrado muy poco interés en él durante su vida, Henry se sintió devastado por su pérdida y huyó de casa. Durante meses, Henry vivió como un pordiosero sin tener un hogar, yendo de una ciudad a otra en la zona rural de Virginia. Durante esos meses, los deseos sexuales de Henry comenzaron a crecer y se apoderaron de sus emociones. Cuando una joven niña llamada Laura Burnsley, se rehusó a tener sexo con él, Henry resolvió estrangular a la niña, consumando así su vida como asesino serial.

Tres años más tarde, Henry fue acusado con múltiples cargos por hurto en Richmond, Virginia, resultando en una sentencia de cuatro años de prisión. Tras pasar tres años en prisión, Henry decidió que no podía seguir siendo un prisionero por el último año de su sentencia e ideó un plan para escapar. Su escape fue exitoso, pero de corta duración; la policía lo atrapó días más tarde. De regreso en prisión, se le agregó un año adicional a su sentencia, cortesía de su apresurada decisión de escapar. Cuando finalmente fue liberado el 2 de Septiembre de 1959, Henry decidió que su vida sería mejor en Michigan, y así fue que el hombre de veintitrés años emprendió su viaje hacia Tecumesh, Michigan donde viviría con su hermana.

En Michigan, Henry desarrolló una relación con una amiga por correspondencia con quien había comenzado a escribirse mientras estaba en prisión. Poco después, Henry le propuso compromiso vía carta y su amiga aceptó la propuesta. Ambos estaban a punto de casarse cuando su madre proyectó una sombra de desaprobación sobre la relación, acusando a su hijo de ser muy apresurado en tomar esa decisión. Su madre le ordenó a Henry volver a casa, y se indignó cuando él se rehusó a mudarse de nuevo con ella. La discusión se tornó violenta y terminó en Henry apuñalando en la espalda a su madre con un cuchillo. De acuerdo a la perspectiva personal de Henry sobre la historia, "Todo lo que recuerdo es darle una palmada en la nuca… entonces noté que tenía un cuchillo en mi mano y que la había apuñalado." Henry huyó de la escena del crimen y su hermana Opal regresaría para encontrar que su madre aún seguía con vida, pero que había perdido una gran cantidad de sangre. Horas más tarde, su madre falleció y Henry pasó de ser un ciudadano común a convertirse en un fugitivo. Henry intentó escapar hacia Michigan nuevamente, pero la policía pronto lo atraparía acusándolo del cargo de asesinato en segundo grado. Durante el juicio, Henry afirmó que su madre había avanzado hacia él de un modo amenazante, garantizando que iba a hacer uso de fuerza letal sobre él. La corte denegó sus afirmaciones de autodefensa; sin embargo, Henry fue sentenciado a la pena mínima de veinte años con un máximo de cuarenta años en prisión. La mínima de 20 años en prisión para Henry no sería alcanzada, y debido a la superpoblación de prisioneros en Michigan, Henry fue liberado el 17 de Junio de 1970 habiendo servido tan sólo 10 años de su sentencia en prisión por haber matado a su madre.

Henry estaría fuera de prisión por mucho tiempo luego de que la policía lo acusara de intento de secuestro de una niña un año más tarde. Este encarcelamiento sostuvo una sentencia de cinco años de prisión que lo puso en contacto con una mujer con la cual se casaría inmediatamente tras quedar en libertad. Sin embargo, el matrimonio duró solo dos años cuando la hija de esta mujer afirmó que Henry había abusado sexualmente de ella. Henry huyó y retomó su vida de sin hogar en Virginia. En 1977, se mudó a Jacksonville, Florida donde conoció a la sobrina de Ottis Toole, de nombre Becky Powell quien era considerada autista. Durante los siguientes años, Henry fue empleado como techista mientras que realizaba trabajos moderados de mecánica en autos en el pueblo, estableciéndose a sí mismo como a un hombre amigable que disfrutaba de la compañía de la gente.

En 1982, la madre de Becky powell y su abuelo murieron. Las autoridades intentaron ubicar a la niña en una institución mental, pero Henry persuadió a Becky de escaparse y mudarse a vivir con él en su van. Los dos emprendieron su camino a California y pronto fueron empleados como cuidadores de Kate Rich, una viuda de 82 años de Ringgold, Texas. Sin embargo, la familia pronto comenzó a levantar sospechas del gran volúmen de recursos financieros que la pareja estaba utilizando en "emergencias" para Rich e investigaron. Cuando la familia descubrió que Henry y Becky no estaban en realidad cuidando de Rich y estaba en lugar de eso escribiendo cheques en su nombre y comprando cualquier cosa que necesitaban para ellos, los despidieron inmediatamente y ambos comenzaron a hacer dedo en la ruta con dirección a Dallas, Texas. Durante una parte del viaje, fueron levantados por un pastor que les permitió quedarse en su refugio. Durante su estadía, Henry y Becky se enfrentaron en una gran discusión que terminó con Henry asesinando a Becky y dejando el refugio para ir a matar a Rich, la mujer de la que recientemente había estado cuidando. Cuando la policía descubrió que Rich había sido asesinada, inmediatamente nombraron a Henry como el principal sospechoso, citando sus necesidades financieras como el motivo de asesinato. Tres meses más tarde, Henry fue arrestado por posesión ilegal de arma de fuego. Durante su estancia en prisión, se quejó de que estaba siendo severamente abusado por otros internos al igual que por oficiales de policía. Mientras su queja estaba siendo archivada, Henry afirmó que era obligado a pasear desnudo frente a oficiales femeninas, forzado a dormir en el piso de concreto sin mantas ni ropa, y restringido de poder contactar con su abogado defensor. Dado que el era sospechoso de un caso de asesinato de alto perfil, los oficiales no hicieron mucho para investigar sus afirmaciones. Henry mantendría sus condiciones de vida actuales hasta cuatro días más tarde cuando confesó que él fue el asesino de Kate Rich Henry y Becky Powell. Sin embargo, Henry no se detuvo al confesar estos dos asesinatos. Pronto, la policía tendría confesiones de Henry de más de cuarenta casos de asesinato que no estaban resueltos. Los policías estaban incrédulos de que un hombre confesara tales crímenes de una manera improvisada. Sin embargo, algunos oficiales creían que Henry simplemente inventó las confesiones para posiblemente influenciar a los policías y mejorar sus condiciones de vida dentro de la prisión. Tras cuatro meses de haber sido arrestado, Henry fue enviado a Williamson County, Texas donde sería retenido hasta su juicio, meses más tarde.

A pesar de tener mejor condiciones de vida e investigadores más amigables, Henry continuó su oleada de confesiones de crímenes, resultando en un número de 213 casos que iban de no resueltos a resueltos. Durante estos meses, la policía tomó mucha confianza en Henry, permitiéndole deambular por la estación de policía sin esposas.

Algunos oficiales de policía incluso afirman que conocía algunos de los códigos de seguridad de las puertas y podía moverse con tranquilidad dentro del bloque de celdas y de casi cualquier parte a la que quisiera ir. Si bien algunos oficiales continuaban dudando del aparente cumplimiento de Henry con las autoridades, las afirmaciones de que estaba falsificando sus confesiones se complicaba debido a los detalles específicos que proporcionaba para cada caso. En uno de los casos, Henry confesó que había mentido sobre una de las confesiones pero era capaz de procurar una confesión válida debido a haber visto las gafas de la víctima en una fotografía, por lo tanto asegurando que su víctima estaba usando gafas al momento de ser asesinada. La policía estaba comenzando a confiar cada vez más en que habían acorralado a uno de los asesinos más prolíficos en la historia de los Estados Unidos; un reporte del periodista Hugh Aynesworth reveló que Henry había manejado 11,000 millas en un mes mientras usaba su antigua van en el proceso de saber si él realmente había cometido los crímenes que confesaba. Cuando este reporte surgió, los medios de comunicación comenzaron a sospechar de su validez y culpaban a la policía por creer en esa falsedad sin validar su historia. Tras clasificar varios de los casos, la policía filtró la cantidad de homicidios confirmados de

213 a 11. Henry sería sentenciado a muerte pero tendría su sentencia conmutada con su cadena perpetua en 1998 por el gobierno de George W. Bush.

Tras haber conmutado su sentencia de muerte con su cadena perpetua, Henry permaneció en prisión por tres años más. Sin embargo, Henry fue encontrado sin vida en su celda el 12 de Marzo de 2001. Luego de realizar la autopsia, la policía confirmó que la causa de su muerte fue una falla cardíaca y no se sospechaba de un juego sucio. Por su rol de haber confesado crímenes que no había cometido, a Henry le dieron el alias de "The Confession Killer (El asesino de las confesiones)," un alias que sigue siendo el más famoso hasta el día de hoy.